VICENTE PIÑEIRO

HISPANIA
COMBATE TOTAL

De Augusto a la reorganización general de los territorios conquistados

Sinopsis

Hispania, Combate Total, cuenta la historia de las cruentas guerras que tuvieron lugar durante más de diez años entre las tribus cántabras y astures que se enfrentaron con los ejércitos de Roma cuando Augusto pretendía conquistar el noroeste de Hispania, no por el sometimiento de estas naciones inquietas y turbulentas, (Suetonio) o por la ambición de aumentar el Imperio, sino por la justa causa e imperiosa necesidad de conciliar a las diferentes tribus.

Augusto, al ver que sus generales no podían acabar con la guerra y como esta se hacía cada vez más peligrosa, él mismo toma el mando y después de derrotar a los astures en Lancia y en el Vindio, abren la ruta Segisamo, Lancia, Bergidum hasta Galaecia y la derrota final de los galaicos en el misterioso Monte Medulio.

A partir de ahí comienza la reorganización de los territorios conquistados. Por miedo a los bárbaros, a finales del siglo III se fortifican las ciudades y se construye la muralla de Lucus Ausgusti, declarada por la Unesco Patrimonio Mundial de la Humanidad.

Nota

E su Cronicón del siglo XVII *Antigüedades y cosas memorables del Principado de Asturias* Luis Alfonso de Carvallo (1571-1635), dice que Gausón fue uno de los caudillos de los astures en lucha por la independencia contra los romanos y que habría dirigido a las tribus astures en las guerras de los años 29 y 27 a, C., sobreviviendo a la guerra del año 26.

Mención de Tirso de Avilés a una inscripción encontrada en el castillo de Tudela, en las proximidades de Oviedo.

O nobiles et supervi astures,	"*¡Oh nobles y soberbios astures,*
quos romani vincere vix potuere,	*a quienes los romanos apenas pudieron vencer,*
liset Gauson superato.	*aún después de vencido Gausón!*"

En esta novela había que pintar el árbol genealógico de la historia de la conquista del noroeste de Hispania por Roma iniciada con las llamadas Guerras Cántabro – Astures. A mí se me ocurre, ya que la mayoría de los personajes son de ficción y organizar una genealogía es imposible y porque además no quiero arriesgarme a sufrir errores de perspectiva histórica, se me ocurrió distinguir cuatro momentos que serían así:

```
       -------AUGUSTO
          |
CLAUDIO----NERVA----CARACALLA
                    |
          FINALES SIGLO III.
```

Entre estos cuatro emperadores se relevaron legiones, se estructuraron diócesis y conventos, se sustituyeron legados por gobernadores... Habría que estudiar las inscripciones para emparentar a los personajes que circularon por aquellos siglos desde el inicio de las Guerras Cántabro – Astures hasta la Organización de los territorios conquistados. Algo así como desde el Tiempo de los bárbaros al tiempo de los bárbaros que también podría ser el título de este libro.

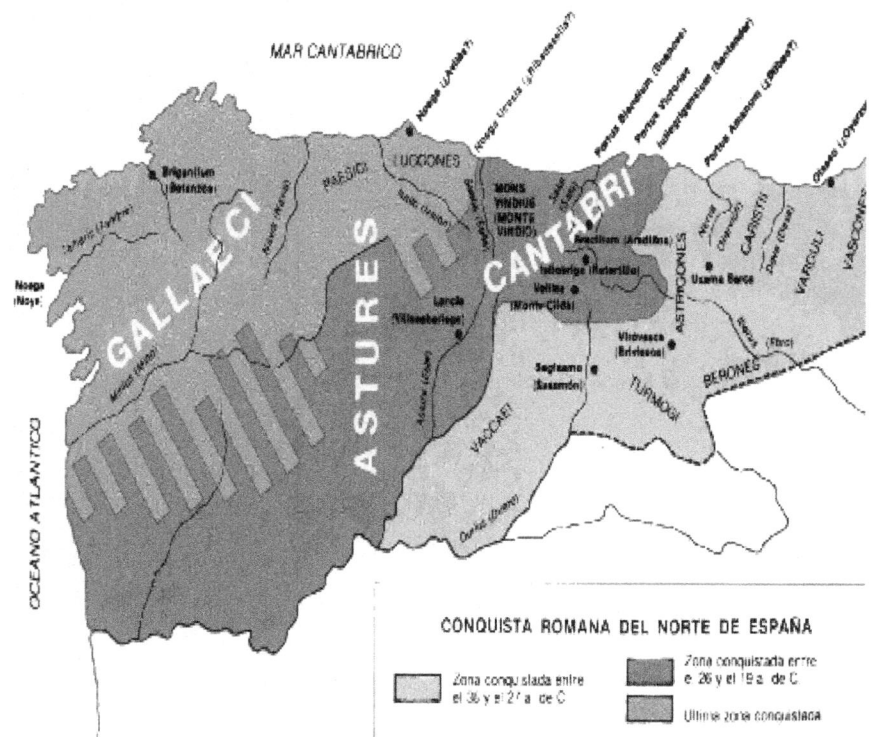

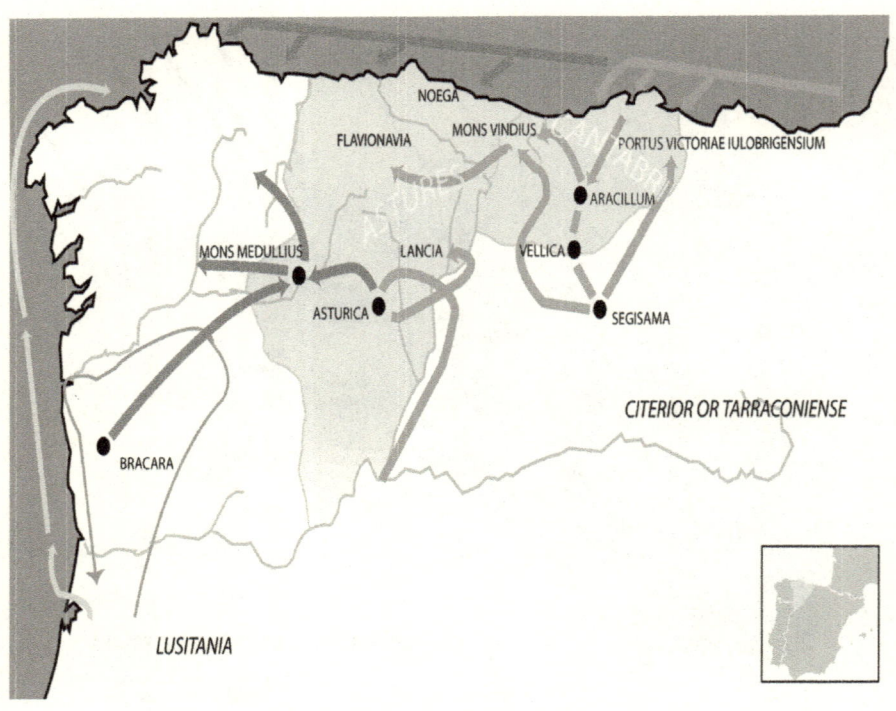

ÍNDICE GENERAL

Yo, Hijo de Aravus, Conocí a Gausón y a Cinnano y pronto cambió mi vida. **9**
Hacia los campamentos del Astura. **49**
La conjura I. **55**
La conjura II. **87**
La traición de los brigaecinos. **118**
La batalla del Astura, la derrota. **127**
Lancia. **136**
Augusto en la guerra. **146**
Desde Bergidum Flavium a la tierra de los coporos. **160**
El Medulio. **183**
Epílogo. **225**
Glosario del cronicón primero y segundo. **226**
Cronicón de Hidacio de Chaves. La organización de los territorios conquistados. Proaemium. **241**
Calutia. **247**
Se inician las obras de la muralla de Lucus Augusti. **306**
Glosario Cronicón de Hidacio de Chaves. **336**

CRONICÓN PRIMERO

YO, HIJO DE ARAVUS, CONOCÍ A GAUSÓN Y A CINNANO Y PRONTO CAMBIÓ MI VIDA.

I. Primavera. Anno 727[1] a. u. c. (29 a. C.)
(Ab urbe condita.)

Vine a este mundo cuando mi pueblo era libre y no estaba sometido al yugo de Roma. Los astures transmontanos, vivíamos en grandes montañas desde las que podíamos ver el techo de los extensos bosques que ondulaban como el humo de las hogueras y se alejaban como el aliento hasta el fin de la tierra. El clima, unas veces era brusco y otras veces era suave y la tierra no era muy generosa. Sólo el mar decían que era caritativo y dadivoso. El castro en el que nací estaba situado sobre un cerro formado por el río Cúa y desde él, podía ver la totalidad de las tierras que se extendían a lo lejos. Mi madre se llamaba Amma, mi padre Aravus y era el jefe de un clan emparentado con el de los bolgenses. Amanecía en el castro y las mujeres ya se habían levantado. No tenían que hacerlo antes que los hombres, pero ellas trabajaban más y eran más ansiosas. Los niños anunciaban sus primeras voces. En algunas cabañas se escuchaban

---

[1]A. U. C. La fecha que tradicionalmente asignan los historiadores a la fundación de Roma es 753 a. C. Los romanos calculaban el tiempo a partir de ese hecho designando el año *Ab urbe condita*, o a, u, c (desde la fundación de la ciudad) Así el año primero d. C. sería 754 a, u, c y así sucesivamente.

lamentos, en otras, quejidos. Las mujeres corrían y los hombres, como casi siempre, protestaban diciendo que querían dormir un poco más. Nuestro poblado y su comarca eran los primeros lugares de la tierra que visitaba el sol. En otoño, su luz poderosamente atrayente, convidaba a ver a nuestros ojos las panorámicas más hermosas de la tierra. El sol no tenía trompetas pero nos pedía acción y nos animaba a despojar los cuerpos del frío de la noche. El humo de los hogares no era el primer visitante indiscreto que aparecía por la mañana en alguna de nuestras cabañas y buscaba escondrijos para ocultarse y subir por la noche a las estrellas. Aunque los hombres sólo podíamos tener una esposa, ellas recibían a otros hombres en sus lechos sin que por ello los dioses protectores de la familia las abandonaran, sólo los hombres lo hacían y no es porque ese fuera su deseo, sino porque ellas ejercían el poder de ese territorio sagrado del hogar y de la familia. A veces, era porque la mayoría de los hombres estaban lejos dedicándose a actividades violentas como la caza o a las asaltarías en ese otro terreno sagrado del campo de batalla. Aunque yo nunca había tenido dudas de quién era mi padre, otros no sabían quién podía ser entre todos aquellos que habían pasado las noches en el lecho de sus madres, y como un padre es necesario para irse iniciando como hombre y soportar los avatares de la existencia infantil, muchos buscaban protección y amor en sus tíos, hermanos de su madre. La vida era bonita por la mañana. Nuestro castro no era el más afortunado, en otros, tal vez se comía mejor, pero no recuerdo que nunca nos haya faltado la comida, pues criábamos animales domésticos para nuestro propio consumo o salíamos a cazar con nuestras lanzas arrojadizas, y los ríos caudalosos como el Sil y el Cúi también nos proporcionaban abundantes pescados. Nosotros siempre bebíamos agua, pero a veces también bebíamos vino o cerveza y hacíamos pan amasando la harina de bellotas trituradas. No éramos los más desafortunados, pues en las montañas más altas era muy difícil cazar y los cultivos no producían demasiado. En nuestra tierra, aunque casi todos éramos muy pobres, todo tenía vida. Las plantas, los árboles, las piedras. El sol a veces caminaba por ella, a veces hablaba; tanto los valles como las montañas estaban iluminadas por las estrellas que alimentaban a los peces, a los pájaros, a los hombres y el resto de los animales se enamoraban. Los ríos también se encontraban por el camino y se abrazaban. Las flores crecían con sus virtudes caritativas, amorosas, medicinales; la magia funcionaba, todo era maravilloso y de color. Nuestras casas eran redondas y estaban aisladas en el pequeño espacio de terreno que ocupaba cada familia. Pero ello no significa que esa individualidad estuviera ausente de una jerarquía que guiara y condujera a nuestras pacíficas vecindades, que siempre habían vivido en los llanos o en las vegas de los ríos, y que por razones de seguridad nuestros antepasados habían tenido que trasladar a sitios más inexpugnables y de fácil defensa, acrecentada por la construcción de murallas. El castro era nuestro lugar sagrado, nuestro mundo y ese mundo estaba hecho a la medida de quienes lo habitábamos y de los espacios que necesitábamos para vivir. En el castro nacíamos, vivíamos y moríamos y dentro de él y en su entorno, empezábamos a entender nuestra existencia. A sus puertas o a lo largo del perímetro de las murallas, se detenía el enemigo, fuese hombre o animal. Dentro de él existía la memoria, los cuentos, el amor y se establecían las reglas que había que adoptar tanto ante la vida como ante la muerte. Por todas partes había reinos que en vez de unirse para combatir a los romanos se enfrentaban entre ellos. A veces los hombres eran celosos como las plantas, a veces malvados. Algunas plantas eran capaces de matar con sus aromas, de ahogar con sus ramas y de tender trampas por el camino. Pero aunque nuestros poblados estaban situados en lugares altos, en colinas y montes de mediana altura; ocultos entre las defensas que la naturaleza nos proporcionaba, ojos había por todas partes. Los hombres, algunos grandes y otros más pequeños, pero robustos, estaban hechos de la savia de la tierra y eran tan duros como las piedras de las defensas que los protegían, que no era fácil clavarles una espada. En cada castro, ciudad o lugar, había una tribu; en cada tribu un rey. Así, nuestros espacios estaban poblados de espacios diferentes, de seres pacíficos que si no fuera la necesidad casi nunca saldríamos fuera. La naturaleza, como los hombres, como los seres y las plantas que la habitaban, necesitaba reemplazarse, por eso se vivía y se moría para regresar renovado con todo el derecho a los nuevos placeres que la nueva vida podía ofrecer. Poco a poco, nuestros poblados quedaron abandonados, nuestros valles desiertos, olvidados de la vida como las profundas cuevas y galerías que había por debajo de la tierra. Las invasiones romanas y el miedo nos habían obligado a subir a las altas montañas, a las cumbres, respirar su aliento frío. Hacía mucho frío. El sol casi no salía de su escondite. Al otro lado, el mar estaba solo. En los ríos los peces no amanecían ni conocían las ramas de los árboles. A las raíces el hielo les cortaba el paso. La savia y la respiración se congelaban y no encontraban el mar de restos vegetales en descomposición. Así no conocían a los gusanos, ni a las hormigas, ni a los infinitos seres que les podían dar la vida. Las ramas eran grises; los ríos eran grises; el cielo era gris; los ríos de agua estaban helados y los pájaros no existían. No veían las ramas de los árboles para aterrizar. El mundo estaba en guerra, estaba fatigado. Allí los pájaros no cantaban, los pensamientos se enfriaban y daba el sueño. En las montañas tuvimos que luchar contra los caminos engañadores; muchos cayeron en los abismos, en el fondo de la tierra, en el desorden del universo y no los hemos vuelto a ver. Tuvimos que habituarnos a luchar contra el exterminio, excavar en las rocas para protegernos y aprovechar los barrancos para situar nuestras defensas. Primero, nos acostumbramos a escuchar el silencio, a ver en las sombras y a luchar contra las bestias. A veces, con la humedad nos pudríamos como la madera que sostenía los techos de nuestras cabañas. La barba nos crecía y la piel se esponjaba. Los hombres éramos crueles, despiadados. Los galaicos, que vivían en tierras apartadas, decían que un mundo oscuro y misterioso habitaba debajo de ellos. Afirmaban que debajo de sus poblados existían complejos laberintos de cuevas excavadas, minas y túneles en donde vivían gentes mucho más antiguas que ellos. Tal vez los primeros habitantes de aquellas tierras que guardaban infinitos tesoros y riquezas. Desde sus túneles se podía llegar a los ríos subterráneos, a pozos y fuentes a los que acudían a por agua para ellos y para sus caballos. En los poblados más antiguos, algunas viviendas, recintos defensivos, utensilios de la vida cotidiana, armas y algunas cosas más, para los gallegos eran la obra y el testimonio de esos habitantes subterráneos. Decían que alguno se había aparecido quejándose de que los hombres los habían expulsado de la superficie de la tierra enviándolos al otro mundo, a la oscuridad, al desorden del universo. El miedo les produjo temblores disparatados y la tierra los cubrió de arcilla, de rocas y de lava, por eso les había quedado un color terroso. Ellos también habían tenido que luchar contra el exterminio y convertirse en seres enfermos y huidizos. Serios en sus tratos, estos seres podían convertir el oro con el que pagaban en excrementos si alguien no cumplía lo convenido. Sería bueno que hubieran estado aquí con nosotros para que el oro que los romanos arrancaban de las minas que había en nuestra tierra, se convirtiera en excrementos de cabra cuando se lo llevaron a Roma. Pero como si algo pasara, el aire que lo recorría todo en igualdad de las sombras y de la luz, me envió primero un eco, después un sonido. El canto de un pajarito recorría la tierra de los cazadores. Un pajarito débil que no resistiría los lazos más estrechos en los que podía ser atrapado. Conocí a Gausón el día que pasó por nuestro poblado de camino a las tierras de los coporos. Le seguía Cinnano, un druida recién llegado de Aquitania que nos dijo que después de la reciente insurrección en la Galia que había sido reprimida por un tal Mesala Corvino, los druidas estaban perseguidos y él había tenido que huir y refugiarse entre los Cántabros que geográficamente estaban más cerca y con los que los aquitanos tenían estrechas relaciones, potenciadas con la idea de que ambos pueblos habían querido rebelarse juntos contra los romanos. Gausón, un guerrero de las montañas de Proaza, recorría los territorios de los astures que vivíamos al sur de la cordillera del Vindio, y manifestaba su intención de visitar a los príncipes de los coporos, cuyo castro principal se asentaba a las orillas del río Minius para regresar por las tierras de los Seurri y seguir, desde las fuentes del río Navia, la linde de sus riberas escarpadas con la intención de visitar a los albiones y a los egis en una reunión en la frontera que divide las tierras astures y galaicas. Gausón quería conseguir la participación de los miles de consumados guerrilleros Galaicos que vivían más allá de la frontera del río. El druida se ofreció a acompañarlo, aprovechando aquel pequeño período de paz y el viaje, para negociar con otras tribus astures una conjura que empezaba a dar vueltas en su cabeza para atacar a las tropas romanas que, poco a poco, se acomodaban para pasar el invierno en las tierras de los amacos construyendo varios campamentos a las orillas del río Astura. Cuando llegaron a nuestro poblado, nosotros estábamos danzando bajo la luz de la luna en una de nuestras actuaciones religiosas. Ellos bajaron de las montañas por caminos escarpados, en donde el viento a veces les sorprendía, asaltándolos en el camino como si fuera un guerrero invisible. Cuando empezaron a divisar las llanuras, continuaron el viaje sobre un manto de hierba verde que tendían los dioses desde las montañas en las que tenía su fuente el río Navia. Las hierbas eran variadas y había flores de enamorar. Casi todas crecían en aquel lugar y algunas sólo en las riberas del río. De lejos las viejas montañas alzaban sus cabellos blancos. Entre ellas senderos estrechos se desparramaban, viéndose las siluetas y los perfiles a través de las imágenes en blanco y negro que dibujaba la diosa Luna. De pronto, los guerreros que danzaban percibieron el respirar pesado de los forasteros y aquello los paró, Quién sois y adónde vais, preguntó mi padre, Yo soy Gausón, hijo de Mascelio, jefe de un clan de los corovesci de una tribu de los luggones, Y yo Cinnano, un druida huido de Aquitania, Yo Aravus, jefe de un clan de los bolgenses, mi mujer es Amma y él es Velio, mi hijo, Un druida, murmuraban los de mi poblado, Si, un sacerdote de las tribus de otras tierras, dijo el druida, Dicen que sois poseedores de terribles poderes, dije, Ja, rió el druida. No tengáis miedo de mis poderes. Soy lo que veis, un hombre, un simple sacerdote de los aquitanos, Pero eres muy extraño, insistí, Ellos lucharon contra los romanos, dijo Gausón, Todavía no nos habéis dicho adónde os dirigís, repitió mi padre, Nosotros vamos más allá del río Navia, al otro lado de las montañas que separan nuestra tierra de la de los Galaicos. Queremos informar a las tribus galaicas del peligro inminente de Roma. Informarles de nuestros planes. Tres legiones han acampado en tierras de los amacos. Invernan, pero su intención es atacar a los astures y penetrar en sus tierras por las llanuras. Pero nosotros no nos vamos a quedar de brazos cruzados y estamos madurando un plan con los cántabros, Tenemos noticias por los mercaderes de lo mismo que tú nos has contado ahora, dijo mi padre, Qué plan es ese que dices que estáis madurando, pregunté, Unir a las tribus bajo un único mando, como hicieron los cántabros con un tal Corocota y con su ayuda atacar a las legiones del Astura por sorpresa en sus cuarteles de invierno cogiéndolas desprevenidas. Las legiones nos hacen invernando en nuestros refugios de las montañas. Ellos no esperan un ataque en esta época no apta para la guerra y eso será nuestra victoria. Los aniquilaremos por completo, dijo Gausón, Muchos soldados penetran por las llanuras, otros desembarcan en los puertos y la invasión es inminente. Lancia ha sido atacada. Los cántabros ya luchan contra los romanos. El emperador está en Tarraco y dicen los comerciantes que llegan a tierras cántabras, que ha manifestado su deseo de desplazarse acompañado con varias de sus legiones, sino lo ha hecho ya. Dicen que vienen para restaurar la paz entre nuestros pueblos, pues los vacceos, los turmogos y los autrigones se han quejado a Roma de las asaltarías de los cántabros y amenazan con una guerra generalizada, dijo el druida que podía hablar en el idioma de los Cántabros, También invadirán tierras astures. Nosotros en nuestras incursiones al sur y al este, hemos atacado a los vacceos y a otras tribus aliadas de Roma. El emperador está impaciente y le han aconsejado que intervenga de una vez por todas. Nosotros ya contamos con el apoyo de todas las tribus que habitan en las cumbres de las montañas, y les enviamos mensajes, o visitamos también a las tribus que viven debajo de ellas, dijo Gausón, Ciertamente, si como decís pretenden atravesar las llanuras, las tribus cismontanas seremos los primeras en sufrir el ataque de las legiones, dijo Aravus, Ya conocemos el dicho de que llegarán antes a las montañas las aguas del océano que las legiones de Roma, dije, Por eso nos dirigimos a tierras galaicas que tienen hombres suficientes para luchar con nosotros pues una vez se despejen las llanuras, no se detendrán, dijo Gausón, Oh Roma, siempre Roma, exclamó mi padre, Roma quiere apoderarse de nuestra tierra, de nuestro oro. Excavar nuestras minas y robar nuestros tesoros. Además, Roma necesita esclavos, esclavos para mantener el sistema de producción y para tener esclavos son necesarias las guerras. Los grandes latifundistas que influyen en la política, tanto en la capital como en las provincias, necesitan de ellos para que las balanzas estén siempre equilibradas. Ahora andan colocando legiones que son como inmensos brazos con los que aprietan a los cántabros, pero vendrán a por los astures también. Los romanos seguirán esta dirección para ir a las tierras de los Galaicos, pero no sin antes someter a nuestros pueblos, hacernos sus esclavos y robar nuestros bienes. Por eso debéis abandonar este lugar y subir a las montañas. Tenéis poco tiempo, tal vez a final del otoño ya no deberíais estar aquí. Nosotros llevamos una misión, una vez cumplida, alguno de vosotros ya podéis acompañarnos, dijo Gausón. Cumplidos los requisitos de bienvenida, se les invitó a lavarse y a comer. El druida para lavarse eligió el agua y Gausón le copió el reflejo. Aquello llamó nuestra atención, porque nosotros nos aseábamos con orines con los que también enjabonábamos los dientes. Improvisamos una cena del clan, refreímos con grasa de manteca los restos de carne que nos sobraron y los cenamos con pan entre risas y algaradas, adornándolos con sal roja y bebiendo vino para que su sabor recalentado fuera apetitoso. Comimos en una cabaña que usábamos para las grandes reuniones, sentados en círculo por orden de edad y de rango, siendo este el sentido en el que se servía la comida. Una hoguera en el centro del salón, calentaba el asiento de los bancos de piedra que estaban pegados a las paredes. A medida que el fuego calentaba el ambiente, y la comida y la bebida calentaban nuestros cuerpos, nos íbamos despojando de nuestras capas negras y amarrábamos nuestros largos cabellos con cintas para que su roce sobre la piel no nos diera calor. Algunas mujeres, que a veces acompañaban a los hombres en la caza, se deshacían de sus sayos o de sus vestidos adornados de flores. Después de comer, bebimos agua abundantemente. El druida nos habló de la debilidad interna del estado romano, sumido en una guerra civil que se libraba en Oriente y que favorecía las expectativas de expansión y de rapiña de los pueblos bárbaros, Durante el camino hemos tenido que viajar por las sendas de los osos y el desfiladero de las xanas, dijo Gausón. Un estrecho sendero pegado a las paredes rocosas, viendo, a veces, desde mucha altura correr a la gran fuente que forma el Arrollo de las Xanas, rindiéndoles culto encendiendo hogueras y tirándoles pedazos de pan. Las divinidades a veces nos llamaban, a veces nos seducían. A lo largo del río las veíamos lavar la ropa, peinar sus rubios y largos cabellos con peines de oro, o devanar madejas de hilo de oro y plata. Estaba ante dos seres cuyo carácter no había visto muchas veces, tal vez ninguna. El druida era alto y delgado, de espesa barba blanca, llevaba capa, una túnica hasta los pies y el pelo blanco y muy largo. Sin embargo, Gausón no era tan alto, pero su porte atemorizaba por la anchura de sus brazos y de su cuello. Era de aquellos hombres que parece que no mueren nunca, Este pan tiene un sabor diferente del que comemos en nuestra tierra. Sin embargo, los ingredientes y la manera de fabricarlo son más o menos los mismos, decía el druida que encomiaba nuestro pan, A mí me parece que es igual en todos los lugares, dijo Vado, un viejo guerrero de nuestra tribu que nos acompañaba en el banquete, Yo creo que ese sabor tal vez sea por culpa de que este vino es muy flojo. Ahora que lo pienso, le hemos pagado muchas láminas de plata cortadas a aquellos guerreros que nos lo han vendido, dijo Aravus, El vino lo habrán conseguido en las asaltarías y como no hay mucho, lo mezclarían con agua para vender más, dijo Gausón, A veces se lo venden a mercaderes que a su vez lo vuelven a vender, dije, Así es de flojo. Yo prefiero la cerveza, pero tampoco tenemos en abundancia. Todos los días bebemos agua, y la cerveza o el vino, como ahora, lo guardamos para los grandes acontecimientos, Os estamos agradecidos por vuestra hospitalidad, dijo Gausón, Es nuestro deber, dijo Aravus. Fueron bien atendidos, pues, aunque nosotros le ofrecimos un jabalí a la diosa Decantia de los tres que salimos a cazar aquel mismo día por la mañana, casi se nos había agotado la carne que habíamos comido abundantemente al mediodía para gastar nuestras energías la noche de plenilunio. Después de cenar, las mujeres danzaron desnudas alrededor del fuego para incitar a los viajeros. Aquella era la primera vez que había visto a un druida. Nunca antes había estado tan cerca de uno para mirarle; sólo los conocía en las imágenes que se formaban en mi cabeza por las historias que se contaban de ellos, en los que describían sus maneras de vestir, sus ceremonias tradicionales, sus rituales secretos. Nos vendría bien que os quedarais unos días con nosotros y que el druida hiciera uso de sus magníficos poderes, pues ante la estación de las heladas que se aproxima y de los mantos nubosos que ocultarán el sol, muchas veces arrastrando fríos vientos del norte, evitaría que el ganado enflaqueciera y no se agotaran las provisiones, dije. Mi fascinación por el druida hacía que interrumpiera constantemente la conversación que mantenía con mi padre y con otros señores del clan que nos acompañaban en el banquete; pero mis ansias de conocimiento impedían que el temor a un castigo no fuera tan grande como mi curiosidad. El druida me observaba con sus brillantes ojos que transmitían un saber que alimentaba mi cuerpo más que la comida. En la conversación hablaba de la política romana, de misterios, de la tierra, del hombre y del más allá. Recuerdo haber quedado muy impresionado cuando me dijo que algunos druidas tenían que estudiar más de veinte inviernos para ganarse ese nombre. Por qué tenéis que estudiar tanto tiempo, pues veinte inviernos me parecían interminables, pregunté, Hijo de Aravus, los druidas tenemos la misión de mantener al hombre, a la tierra y al más allá en armonía. Nosotros somos los pensadores de las tribus, los maestros, los intérpretes de la ley, los médicos, los filósofos y los guardianes de los misterios. El druida sabía que mi nombre era Velio pero no recuerdo que alguna vez lo hubiera pronunciado. Mi nombre para él era hijo de Aravus. Eran muchas cosas, pero el druida advirtió en mí, posiblemente por la cara de espanto que había puesto, que tanto trabajo me desilusionaba. Tal vez te he impresionado y querrías parecerte a mí, dijo, Yo no puedo parecerme a ti, druida, no conozco la escritura ni las ciencias que tú conoces, Todavía, pero puedes conocerlas. Si lo deseas yo te enseñaré, Me enseñarás a ser un druida, pregunté, No es necesario que seas un druida. En estas tierras no serías comprendido. Pero puedes aprender a ser un guía espiritual, un sacerdote. O algo parecido a un bardo, un historiador de la tribu. Ellos también forman parte del druidismo, Y seré tan culto como los celtíberos, Mucho más. Para mí aquello que decía el druida de permanecer también a una orden de los sabios, pero en otras ramas más llevaderas, la de los bardos que eran los historiadores de la tribu y los adivinos, me llenaba de ganas de vivir y de ilusiones, Por qué nosotros no tenemos druidas en nuestras tribus, dije, Nuestros sacerdotes también son sabios y como los druidas también rinden culto a los dioses, a la naturaleza, a las fuentes, a los ríos, a la luna, dijo Gausón, Pero a veces sólo los vemos afanosos cuando danzamos en las noches de plenilunio, dije. Había muchas cosas que no me atrevía a preguntar porque las respuestas de mis vecinos serían que estaba un poco cargante y mi padre me diría que desfilaban muchas tonterías por mi cabeza. Todo aquello me hizo pensar muchos días y muchas noches y a formular infinitas preguntas no sólo a los miembros de mi familia, a mi abuela, por ejemplo, que acumulaba más conocimientos que todos los demás; si no a los transeúntes, a los mercaderes y a un grueso y viejo roble al que ya le costaba sostenerse muy cerca de las defensas y que me acariciaba con sus ramas que trepaban desde el suelo alrededor de su tronco. Los ancianos que eran muy respetados en nuestras tribus, decían que aquel árbol había protegido sus casas del rayo. El roble era como mi abuelo y me quería porque me había visto crecer. Muy cerca de él nuestra tribu había dedicado un ara a Bodonuaego. Muy cerca de ella estaba el roble, así también antes de tomar una decisión, cómo ir o no ir a las asaltarías, a la guerra o incluso antes de iniciar cualquier viaje, les consultábamos, pues ellos eran también nuestros oráculos. Ellos nos daban y predecían nuestra suerte y nuestro futuro. Sólo nos exigían fe y atención ante los miedos que estaban ocultos dentro de nosotros y que al habitarnos podían transformar nuestra vida con su presencia. A veces los guerreros de la tribu salían a las asaltarías individualmente y sin apego a los resultados. Su lucha, era una lucha por recobrar esa parte de la que la naturaleza nos privaba y que repartía en abundancia por otros lugares, sabiendo que lo único que importaba era el momento, el aquí y el ahora. El camino o la lucha de los guerreros astures que a veces no obedecían a jefe que los guiara, eran para todos, y siempre estaban dispuestos a guerrear con aquellos que desearan enfrentarse a sus retos. Embarcarse en este camino era ponerse en contacto con la divinidad, aquella que se comunica con ellos a través de los presagios de las runas. Finalizada la fiesta y el banquete, nuestros invitados se instalaron en una cabaña que habíamos llenado con paja para que durmieran envueltos en ella aquella noche. Cinnano se interesó por nuestras construcciones defensivas que manifestaban nuestro poder y nuestro prestigio y antes de que nuestros invitados se retiraran a descansar, Gausón, Cinnano, mi padre y yo, paseamos alrededor de las defensas andando como extraños que se sentían cómodos. El olor da la carne quemada de los jabalíes todavía atravesada las paredes de piedra y de madera de nuestras casas y llegaba a los hocicos de los animales salvajes que se acercaban por las noches, Sois una sociedad guerrera. En las Galias también lo somos, dijo el druida mientras observaba con mucha atención, Nosotros deseamos que estas construcciones funcionen para la defensa, que intimiden al enemigo y a las fieras que a veces pretenden matar a nuestros animales domésticos, a nuestros cerdos y a nuestros caballos, dijo mi padre. Yo sabía que al druida no le habían impresionado nuestras defensas, Nuestra tierra está más castigada por los romanos y por las rivalidades entre las tribus que la vuestra, dijo el druida. Nosotros nos protegemos con murallas de piedra rodeadas por grandes fosos. Desde puestos de guardia elevados sobre torres divisamos al enemigo. Casi todos nuestros castros tienen murallas de dimensiones considerables y desde ellas controlamos los accesos paralelos a los muros, obligando así al enemigo a exponerse a los defensores, En vuestra tierra habrá tribus muy poderosas, dijo mi padre, Bueno, el prestigio de una tribu se ve en sus murallas defensivas. En sus entradas se muestra la anchura de las defensas, que es el exponente militar más claro cumpliendo así con su empleo intimidatorio, dijo el druida, Nuestro castro es pequeño, redondo. Nuestras casas son independientes. Somos pobres y vivimos alejados de las zonas más conflictivas, por eso no les hemos dedicado a las defensas la calidad de los muros de aparejos bien trabados en forma de murallas que tienen otras tribus y sobre los que se podía caminar, dijo mi padre, Como ves, druida, no se parece en nada a las fortalezas que tú nos pintas en nuestra imaginación. Nuestro castro se defiende detrás de dos muros de piedras desordenadas, rellenadas con tierra y piedras más pequeñas, sin torres ni murallas. No obstante no estamos está falto de obstáculos, elementos y laberintos, para obligar a los asaltantes a cambiar de dirección y perderse en un terreno desconocido adonde nosotros los podemos sorprender fácilmente, dijo mi padre. El druida mostró por mí un gran interés y me invitó a visitar las tierras de los cántabros en donde se refugiaba y daba escuela instruyendo a otros jóvenes como yo en muchos de sus conocimientos; aquello tan desconocido y maravilloso en nuestros pueblos como la escritura, a leer y a interpretar textos antiguos en caracteres griegos o de otros pueblos, En nuestros propios textos, se vaticina la misión de los druidas, nuestras funciones jurídicas o institucionales y también la derrota de los romanos, dijo el druida otra vez que habló conmigo, Pero yo no sé leer. Aunque los tuviera delante de mí, no entendería nada porque no tenemos escritura, dije, En mis tierras muchos no conocen la escritura y aunque tuvieran nuestros textos delante de ellos tampoco entenderían nada. Los druidas escribimos nuestras doctrinas religiosas en el idioma de los griegos y no lo hacemos así para que el pueblo no nos entienda, sino porque nuestro pueblo, al no tener una escritura propia, nos tenemos que valer de la escritura de otros pueblos, Dicen los comerciantes que los pueblos que viven un poco más al sur adquieren conocimientos de los íberos y de los romanos. Meses después, nada más iniciado el otoño marché con Cinnano y con Gausón que a la vuelta de su viaje pasaron a recogerme. Antes de partir me despedí del roble y oré ante el ara erigida al dios Bodonuaego para que me trasmitiera su sabiduría y pronosticara mi destino, Muy pronto, tu vida caminará entre nuevos horizontes, joven Velio, horizontes que se despejarán al tiempo que se te vayan desvaneciendo las confusiones, dijo el druida, Nuestras tribus están muy distantes, es cierto. Llevamos varios días cabalgando y la tierra no tiene fin, dije, Entre ellas existen ríos, desfiladeros y montañas, dijo Gausón, En mis tierras los intercambios entre los hijos de los jefes significaban paz, pues casi son prisioneros y garantizan una alianza duradera. No obstante, los hijos de un gran jefe de tribu tendrán la mitad de su destino en los jefes de las tribus enemigas, dijo el druida, Pero aquí ser admitidos entre las distintas gentilidades en pie de igualdad, no significa una alianza de paz, pues es tanta la distancia que iniciar una guerra o incursiones de rapiña entre nosotros no sería posible ni en los propósitos, dije. En cierta forma, nunca creí que a mi padre o al padre de Gausón, le gustara eso demasiado y que estos dos jefes nunca consideraron la posibilidad de hacerse la guerra, Tú aprenderás, Velio, aprenderás para poder ayudar a tu tribu, a tu gente cuando regreses cargado de nuevos conocimientos, dijo Gausón, Percibí paisajes que jamás había visto, grandes cordales montañosos perpendiculares a la cordillera cantábrica entre los que marchaba el río Trubia, Así somos nosotros, Velio, como este paisaje que vemos nada más abrir los ojos al mundo el día que nacemos, dijo Gausón, Ya veo la desigualdad de esta tierra, la rudeza de las elevadas rocas y la suavidad de las vegas, dije, Mira allá. Ves aquella elevada montaña. Ella es nuestro techo, es el techo de nuestras tierras, al este y al oeste otras sierras la custodian y a todas bajo sus faldas, en las destacadas vegas las acaricia el río que viaja hacia el norte. Como te decía, nosotros somos deudores del clima y del relieve. En el valle llueve, a veces se inunda de niebla y hace calor. Arriba, el frío en inmenso. Sólo abajo los veranos son cálidos y secos, arriba casi nunca lo son, dijo Gausón, Aquí tendréis buena caza. He visto por el camino corzos y venados, dije, También hay jabalís, pero es mejor no encontrarlos delante de nosotros, dijo Gausón, Y zorros y lobos, aunque yo todavía no he visto ninguno, dijo el druida, Pronto todos bajaremos a por bellotas. Unos recogeremos las de los robles y otros las de las encinas. Ya veis que abajo abunda el roble al que nunca le falta humedad y frescor, ni encinas más arriba buscando el sol. Zonas de umbría y soleadas, nieblas y cambios de temperatura son corrientes en las diferentes alturas de nuestros valles y montañas, dijo Gausón que supongo que lo decía para contárselo al druida porque yo también era astur y ya lo sabía. El verano declinaba y pronto llegaría el tiempo muy frío. El sol cada día tardaba menos tiempo en esconderse, Muy pronto ya no será fácil subir y bajar de las montañas, dijo Gausón, y debemos procurarnos alimentos para pasar el invierno. Sobre todo carne, bellotas para hacer el pan, cebada y pieles para cubrirnos del frío. Las ovejas xaldas también nos proporcionaban lana suficiente para hacer sayos que vestíamos ceñidos como era costumbre entre nosotros. A veces, las mujeres los adornaban con colores extraídos de variadas sustancias vegetales, Pronto lloverá, dijo el druida. Lo presiento, Desde que las legiones acampan a sus anchas en el Astura, los amacos están muy inquietos. Los soldados a las orillas de su ciudad, dan muchas vueltas, duermen cerca de ellos por las noches y a los exploradores y los comerciantes les parece insólito que los romanos no los hayan importunado todavía. Muchos creen que las legiones están de paso y pretenden pasar el invierno para retirarse en la primavera. Pero los cántabros no lo creen y nosotros tampoco. Los orniacos y los amaci están preocupados y pueden cometer alguna tontería, sobre todo después de saber que los lancienses han tenido que abandonar su ciudad de Lancia por el miedo a las legiones romanas que acampan a las orillas del Astura, dijo Gausón, Pero han sido los soldados de esas legiones que acampan a las orillas del Astura quiénes han expulsado de su ciudad a los lancienses, pregunté, Según los exploradores cántabros, los lancienses no han sufrido el ataque de esas legiones. Ha sido el miedo quien les ha hecho huir. Ellos escaparon hacia el sur, pero las legiones X Gemina y V Alaudae al mando de Carisio que estaban de maniobras en tierras vacceas les han cortado el paso, y ellos, al darse cuenta de que su ciudad no había sido invadida y que estaba vacía, regresaron a ella, dijo Gausón, Sin duda, las noticias viajan, recorren las montañas como las ardillas que andan de árbol en árbol, dijo el druida. Cuando hablábamos de guerra, mis manos se movían hacia mi puñal y a veces, en vez de sujetar las riendas de mi asturcón, cogía con fuerza la lanza que traía a un lado de la montura o buscaba la honda o algún dardo que tenía ocultos entre mis ropas. Gausón llevaba una espada corta, un escudo, un hacha de doble filo, dardos, una honda y una lanza. Típicas armas que habría que medir con las de los romanos si es que presentaban combate. El druida portaba un puñal de oro. Los ríos de esta parte son caudalosos, tal vez habría que detener sus aguas en las crecidas y después dejar que arrastraran a las legiones romanas cuando se atrevieran a cruzar por aquí, dijo Gausón, Pero no podemos detenerlas. Tal vez nos sirvan para buscar refugios entre los encajonamientos de las montañas navegando por ellos en nuestras barcas de cuero, dije porque me pareció que tenía que decirlo. A medida que atravesábamos valles y montañas muy similares a los lugares en los que yo había vivido y cabalgado, fui pensando en cómo iba a ser mi vida en otro gran reino tan desordenado e indigente como el nuestro. Qué cambiaría. Pero me tranquilizaron las palabras de Gausón cuando me dijo que mucha nobleza joven había pasado por su reino. Yo iba a estar asimilando una vida digna como si fuera un hijo más de aquel jefe de la tribu, de aquella unidad familiar que me consideraría de su propiedad como todo lo que existía en aquel entorno natural de las altas montañas. El sabio druida, que parecía adivinar mis pensamientos, cabalgaba y sonreía. Nos detuvimos para cenar y encendimos fuego. La luna llena nos miraba a veces cuando aparecía al otro lado de una nube viajera. Mientras el druida hizo fuego, Gausón y yo salimos de caza y regresamos con una cría de macho cabrío que comimos acompañada por algunos pedazos de pan que llevábamos en nuestros morrales. Después de cenar pasamos la noche lejos de aquel lugar porque el fuego y el olor de la comida podía atraer a los osos. Todos vestíamos una capa negra y la noche era una caverna llena de sombras. Bebimos agua en abundancia, pues habíamos sudado bastante aquel día que tuvimos que andar subiendo por terrenos montañosos delante de nuestros caballos. Excepto Cinnano, Gausón y yo llevábamos el pelo ceñido por una banda y para dormir bien aquella noche buscamos la parte más blanda que pudimos encontrar sobre la aspereza del suelo. No teníamos paja y tuvimos que acomodarnos sobre la hierba. La luz de la luna llena clareaba el territorio en el que se desenvolvían las dimensiones de nuestra existencia. Allí, el espacio era amplio y a él bajaban los dioses a la tierra desde sus moradas astrales. Todavía no había amanecido cuando desperté y había visto a Gausón en el mismo borde de la montaña mirando el horizonte que se empezaba a vestir con los colores rosados del naciente. En el fondo transcurría un río. Muy pronto veremos los límites de nuestro territorio, dijo extendiendo su mano cuando me acerqué a él, En qué dirección está, En la dirección de aquel cordal. Debajo de él se puede ver el cauce del río Trubia. Arriba de él, el techo de Proaza, dijo mostrando la dirección con la misma mano. Fueron varios días de viaje rodeando y subiendo montañas, arañándonos con las abundantes silbas y esquivando a otras poblaciones que podían ser hostiles, sobre todo bandidos que andaban a las asaltarías de los caminantes, pues las tribus guerreaban constantemente. Entre nuestras comunidades y clanes convivían conceptos y posturas diferentes que rompían las buenas relaciones. Así discutíamos siempre entre nosotros y era muy raro estar de acuerdo en nada. Lo que hoy era visto de una manera, mañana se veía de otra. Lo que unos cambiaban los otros lo resistían y a la inversa. Pronto llegaríamos al castro, a la ciudad de Gausón, a su territorio sagrado. Allí conocería su existencia humana. El lugar en el que nació, en el que vivió y el que posiblemente no vaya a morir, porque Gausón era un guerrero y su muerte tenía que ser en combate, en el territorio de la muerte heroica. Cuando llegamos al final de la cresta de una montaña divisamos un gran recinto circular cuya primera línea era rodeada por dos fosos y estaba fortificado. Nos acercamos a la puerta y cuatro hombres montados en sus pequeños asturcones nos salieron al paso. Entre su pelo y su crecida barba no se les veían más que dos pequeños ojos negros. Nada cambiaba, eran más o menos como los que vivían en mi poblado. A los hombres de aquella tierra a veces sólo se les diferenciaba por su altura, por su manera de hablar o de caminar, pero viéndolos de lejos parecían todos iguales. En la puerta de entrada resaltaba su exponente militar y de prestigio, pues sus muros construidos colectivamente por todos los habitantes del castro para su propia defensa, eran más gruesos erigidos con piedras bien trabadas y destacaba una reforma cerca de la entrada con dos puestos de guardia y torreones que habían sido copiados de los campamentos romanos, construcción de la que tal vez era buen conocedor el druida. Ante mis ojos estaba el corazón de los luggones, una más de las numerosas tribus que se repartían desde el fin de las llanuras hasta lo más alto de las montañas. En los castros más poblados donde habitaban gentilidades y clanes poderosos, las fortificaciones tenían que confirmar su prestigio y su poder. Estas poblaciones eran atacadas constantemente por bandas de otras localidades habitadas por clanes más pobres. No era difícil distinguir unos de otros. Unos eran fortalezas inexpugnables con recintos amurallados de piedras redondas y rodeadas de fosos. Según nos íbamos acercando a la entrada adivinaba su anchura que permitiría que un gran número de defensores se apostaran sobre ellas. En nuestro castro para defenderse por encima de las paredes nos subíamos a plataformas de madera que construíamos pegadas a las paredes. Otros castros, sin embargo, estaban protegidos tan solo por amontonamientos de tierra que hacían de parapetos, aunque a veces esa tierra ocultaba un muro de aparejos bien trabados. Entramos en el recinto y me encontré con una gran población que vivía en chozas que guardaban un orden no sólo en sus formas, sino también en su construcción y en sus dimensiones. Entre ellas había espacios abiertos en donde se desarrollaban diversas actividades, tales como la cocción de la cerámica, cestería y fabricación de objetos metálicos. En algunos espacios también jugaban los niños. En nuestro castro jugaban fuera del recinto, pues no tenían peligro de despeñarse por la montaña como en el castro de Gausón. Dentro de las casas criaban algún ganado pequeño y almacenaban víveres que a veces, tal y como también hacíamos nosotros, los colocábamos cerca de la cocina situada en el centro de la casa. Las bellotas, por ejemplo, que se tenían que secar para machacarlas, triturarlas y una vez molidas convertirlas en pan. Nada nuevo me encontré allí que yo no hubiese visto antes. Las chozas, casi todas circulares, estaban distribuidas alrededor de un espacio libre y construidas de tierra seca con estacas de madera chantadas en el suelo y afianzadas por una pequeña zanja de cimentación, pequeños zócalos de piedra y techumbres de paja. En nuestro castro, que estaba construido más o menos igual, también había alguna casa de piedra. Sólo un gran salón comunitario con un banco corrido alrededor en el que se realizaban las grandes reuniones de los jefes era de piedra en el castro de Gausón y tenía las puertas de madera que subían bastante del suelo que estaba relleno de arena y piedras pequeñas. En esa cabaña se comía y se bebía para sellar las relaciones sociales. A veces se defecaba allí mismo y se tapaban los excrementos con la arena que si no se renovaba constantemente era del color de la mierda. Pronto fui presentado a Mascelio, el jefe de la tribu, que no ocultó su sorpresa ante mi presencia. La decisión de que yo estuviera allí era decisión de Gausón y del druida que les parecía que nuestras dos tribus debían estar más unidas que nunca porque ahora el enemigo era de todos y mucho más grande y poderoso que cualquiera otro que existiera desde la tierra de los vascones hasta la de los galaicos. Roma era un enemigo tan fuerte que con él no se podía andar a las asaltarías. Cántabros y astures combatimos contra los romanos. Por nuestra parte, Gausón, en el que sin duda confiaron los hombres y los jefes de numerosas tribus, y por la parte de los cántabros, Corocota, que había reunido bajo su mando a numerosos clanes, a sus guerreros y sus armas. Nosotros, los astures, todavía no habíamos participado en la gran contienda que estaba muy próxima, tan solo teníamos la experiencia de pequeños combates contra Estatilio Tauro que había llegado a nuestras tierras con intención de intimidar para que las tribus no realizaran asaltarías de rapiña y desestabilizaran la paz en las llanuras. Pero las tribus no se quedaron en sus montañas muriéndose con el hambre. No obstante, los vacceos se acobardaron porque las tropas de Satatilio Tauro instalaron un campamento en un lugar tambíen muy próximo al de la tribu de los amacos. Pero el rencor que los vacceos guardaban a Roma, y que Roma conocía, obligaba a que esa paz estuviera bajo la vigilancia del carcelero, mejor que basada en la libertad de la firma de un acuerdo político. Aquel campamento, sin duda, era una base para futuras acometidas romanas, pero también era una torre de vigilancia desde la que poder evitar las inquietudes vacceas. Tal vez era el mismo lugar que ahora había empezado a llenarse de varias legiones del ejército de Roma. Desde que Sexto Apuleyo se ha ido a recibir el premio de sus falsos triunfos. No han tardado mucho en venir otros. Llegan tomando el puesto de los anteriores y su presencia intimida a los pobladores de algunas ciudades. Mujeres y niños indefensos y a hombres desarmados, dedicados a los oficios y al trabajo del campo han huido hacia las montañas. Algunos buscando el sur. Pero no debemos inquietarnos por ellos antes de pensar, dijo Gausón en una reunión del consejo a la que fui invitado a asistir. Los gestos de aquellas curtidas caras que observaba no me parecieron blandos. Más bien eran gestos malhumorados, inquietos, que arrugaban sus expresiones como el que aguanta el dolor o padece estreñimiento. Pero algunos mercaderes traían más noticias que pronto viajaban como el viento. La voz de la guerra sonaba. Era la voz del miedo cuyo filo segaba de una sola estocada poblaciones enteras, Dicen que Augusto abandonó precipitadamente las Galias para llegar a Tarraco. Si decide venir aquí muchas legiones lo acompañarán, comentó Mascelio, Tal vez esté preocupado por las noticias que algunas tribus le hacen llegar de estas tierras. Todos sabemos que los correos que ha creado viajan como el viento portando noticias. Sus caballos corren a la velocidad del pensamiento, dijo el druida, Nadie puede viajar así, druida, dijo Gausón, Oh, si tú supieras, hijo, si tú supieras, dijo suavemente el druida. Yo escuchaba aquellos debates que de momento no eran más que la apertura para una buena comida. La cerveza, el agua y la carne de chivo, estaban preparadas para el banquete. Fuera de la casa de reunión, las mujeres con sus vestidos floreados y capas y los hombres vestidos con sayo blanco y capas negras, hacían su propia fiesta bailando y danzando en corro a los sonidos de gaitas y cuernos. En mi honor y en el de mi tribu también se hicieron brindis, Por una alianza duradera, dijo Mascelio, Por una paz duradera, dijo Gausón, Por casi todo, pensaba yo, Muchos pueblos astures ya se han refugiado en las montañas para evitar represalias y enfrentamientos con las tropas romanas que llegaban por tierra y por mar. Según van entrando, por el camino cogen por sorpresa a las tribus;

nosotros no todavía no hemos tenido necesidad de abandonar nuestras tierras. Nuestro castro está bien protegido por las montañas y sólo un águila podría adivinar su situación, dijo Mascelio. Aquel mismo día los hombres se ataron el pelo con un frontal. Hicieron sacrificios y se realizaron competiciones de tipo gimnástico. Carreras a caballo, combates de boxeo, tiro con flechas, cuchillos y dardos y lucha de bandos con escaramuzas en grupos de guerrillas y en formación cerrada. Gausón se quitó su capa larga de lana y su puso el casco de tres cimeras, cogió su escudo redondo, se ató su largo pelo y acarició la barba. Realizó combates con alguno de sus hombres y a veces por su corpulencia parecía que podía frenar a un caballo y tumbar a un oso. A Gausón no le hacían falta muchas armas, podía defenderse perfectamente sólo con sus brazos. Sus brazos eran como dos troncos del roble. A veces desafiaba a más de veinte de sus hombres empuñando el hacha con la mano derecha y los dejaba tumbados en el suelo. No era la primera vez que dejaba los campos sembrados de cadáveres de soldados romanos. Casi siempre luchaba con su hacha de doble filo, pero si tenía que usar la lanza o los dardos, lo hacía hacia la izquierda o la derecha, incluso cuando alguien le atacaba por la espalda lanzaba su hacha hacia atrás y era raro que fallara el objetivo. Cuando le he visto pelear me pareció que estaba ante un ejército, un gran jefe para guiar a las tribus astures en la lucha contra Roma. En esa aventura el druida y yo le ayudamos, Prepárate, Velio, te toca participar en los ejercicios, dijo Gausón, Todavía estoy muy cansado del viaje y mi caballo no lo está menos, dije, Hazlo, o te obligarán por la fuerza, dijo el druida. Miré para el caballo y me pareció que comprendía, pero también sospeché que su mirada, con la que los caballos a veces hablan, me decía que no tendría muchas posibilidades de triunfar. Aquella era una tribu guerrera, impetuosa. Una tribu que despeñaba sin compasión a los condenados a la pena de muerte y apedreaba hasta morir a los parricidas más allá de las montañas y de los ríos. Se presentía algo importante, algo gordo. Muchos jefes iban y venían acompañados por pequeños grupos de guerreros. Caras que antes eran enemigas, que se habían asaltado y rapiñado, castigado por las muertes causadas en las escaramuzas, ahora se saludaban y coman juntos, tal vez algunos de los alimentos que anteriormente se habían robado. El druida que arrastraba mucha experiencia en la lucha contra Roma, participó en todas las juntas y me tuvo a su lado como si fuera un adorno. Tal vez por mi juventud, o porque veía en mí a un futuro guía prudente y sensible capaz de ser el freno de un desenfrenado guerrero. A lo largo de los ríos Navia y Narcea, cruzando vegas y subiendo las montañas. Por el este y por el oeste llegaron a las tierras de los pésicos y de los luggones representantes de los clanes de las tribus que vivían hacia el sur y hacia el este más allá de las montañas. Los delegados de los amaci, zoeale, superati, orniacos, lancienses; la tribu de los cabarcus que no dijeron el nombre de la ciudad en la que vivían; bedunienses sorteando a las legiones que se movían entre Segisamo y las tierras de los amacos; los tiburi; saelenos desde sus respectivas localidades. A nuestro clan lo representaba yo. Todos iban pasando por los diferentes lugares de reunión y después se transmitían los acuerdos. A veces, en el castro de Gausón se juntaban dos o tres jefes al mismo tiempo, a veces sólo dos, siempre reunidos en la gran casa con Gausón, con su padre Mascelio y con otros representantes con poderes religiosos. Nuestros dioses siempre estaban presentes en las reuniones y los sacrificios se cumplían. Entre las tribus de las montañosas se mantenían unas relaciones más cordiales que con las tribus de la meseta, pues en las montañas todas compartían un clima hostil y una misma pobreza. Las tribus que estaban más allá de las montañas eran más fértiles y más ricas y tenían acceso a otros mercados. En mi castro, por ejemplo, vivíamos mejor que se vivía en el de Gausón. En la montaña casi todos se dedican al pastoreo y de vez en cuando a la caza y a recoger bellotas. A veces bajaban las ovejas y el resto del ganado a zonas más bajas hasta la mitad de la ladera e incluso hasta los fondos de los valles. La población también era más reducida que en otros lugares, pues allí sólo vivían los que nacían en el lugar y si aumentaba el numero era porque cuando andaban a las asaltarías traían consigo, además de lo que se rapiñaba en los graneros de otras tribus más ricas, alguna mujer que después se quedaba con ellos en la montaña. Generalmente, entre las tribus de las montañas no se efectuaban asaltarías de rapiña porque más o menos todos tenían lo mismo para comer, Nuestros herreros fabrican utensilios de metal que les vendemos a los comerciantes, tejidos que hilan nuestras mujeres en nuestra industria familiar, cestas, monedas que después feriamos a cambio de alimentos. A veces, cambiamos nuestros alimentos por pescado que traen a toda prisa desde la costa, así una o dos veces al año comemos mejillones y ostras, dijo Gausón una vez que me vio muy preocupado por la falta de frutos y pastos para el ganado. Dentro y fuera del castro, se ofrecían animales y se preparaban banquetes para los guerreros que continuamente acompañaban a los jefes. Siempre que se celebraba una reunión importante, se consumía muy pronto el vino y la cerveza celebrando una fiesta. Los jefes discutían, jugaban y peleaban, a veces como si fueran chiquillos. A los más rencorosos se les notaba la ira en sus ojos encendidos. Sus ojos parecían ventanas o cuevas ardientes. Dentro de la gran casa no se prestaba atención al bullicio del exterior ni al hedor de las defecaciones. La concentración era intensa, pues en aquellos planes que se traían y se llevaban, estaba en juego el liderazgo, la supervivencia, la vida, la muerte y la propiedad. A veces no comprendía aquel movimiento de jefes astures en los que yo era el único representante de mi tribu. No quería defraudar al druida al presentarle mis dudas, o mi ignorancia, ante las conversaciones que hablaban de guerra con palabras que tal vez eran las que no me dejaban comprender, porque yo conocía el carácter de aquellas gentes. Palabras que hablaban de unión de todas las tribus ante un enemigo común, cuando nosotros éramos por naturaleza desunidos; de un único jefe cuando todos queríamos mandar. Pero aunque yo no casi nunca comprendía nada y no conocía a aquellos grandes guerreros de los que hablaban con orgullo, todo me parecía formidable. Sólo lo comencé a creer cuando se anunciaron las llegadas de jefes cántabros buscando acuerdos entre nuestras gentilidades, Vuestra tierra es hermosa y los caminos inciertos, dijeron Anna, Dovidena y Amburu, un jefe de los pembeli, de la tribu de los orgenomescos que venía acompañado por su mujer, por su hija y cinco jóvenes guerreros, En la cumbre de las montañas el viento nos frenaba y nosotros no somos el enemigo, pero el manto de los valles que se desplegaba ante nuestros ojos ya lo sabía, dijo Amburu, Aquí el viento lastima como en vuestras montañas. Cuando llega muy frío nuestros pechos y nuestras gargantas expectoran lo que los malos aires arrastran y que nosotros tragamos sin ver, dijo Mascelio, Eso no pasa en las llanuras en donde los vientos son más secos y los días son claros y calientes, dije yo, Si no fuera el viento con su voz, en este lugar todo sería paz y silencio y yo me alimentaría con él. Aquí los vientos no son calientes pero son perfumados y su atmósfera invita a turbarse con grandes pensamientos, dijo el druida que asistía, Ante aquellos preliminares, en los que yo casi nunca abría la boca, se apoderaba de mí un deseo loco de abandonar, de marcharme a otras aventuras, de sumergirme en mis reflexiones como hacían los druidas. Y así lo hacía a veces y en mis alucinaciones que me hacían parecer dormido, alejado de ellos, viajaba por encima de las montañas, de una a otra como las aves de rapiña, viéndolo todo. A veces llegaba al mar que nunca antes había visto dejándome acariciar por las delgadas olas del aire, ya que a las de agua nunca me habían tocado. Los mercaderes me decían que el agua del mar era azul, como el cielo sin nubes y eso era natural si el cielo se miraba en ellas constantemente. Yo eso lo comprendía porque casi siempre me contemplaba en el agua del río y en ella veía el cielo y veía mi cara. Pero el cielo en las aguas del río no era azul como decían que era en las aguas del mar. Sin embargo, las nubes que también pasaban sobre los espejos del río se veían blancas cuando no llegaban cargadas de lluvia. Muchos hombres y mujeres ya no se miraban en ella para no ver sus arrugas. El agua del río que arrastraba las hojas de los árboles no se llevaba nuestras imágenes. De pronto, como si regresara de un largo viaje, las palabras que se pronunciaban en aquella reunión, rebotaban como las bellotas cuando se lanzaban contra una pared. Si no fuera porque allí no había agua nada más que en dos pucheros, pensaría que las palabras eran como los peces, ágiles y ligeras, que iban de un lado para el otro, de rebote en rebote, como hojas sin peso. Los jefes cántabros estaban exaltados; tal vez porque en ese momento resistían las primeras acometidas de las legiones romanas y nosotros todavía no habíamos entrado en combate. De los choques de antaño sólo quedaba el recuerdo de antiguas escaramuzas. Pero entre todos reinaba la incertidumbre. Cada uno de nuestros pueblos se repartía en la tierra como las estrellas por el cielo y cada uno ocupaban su lugar en el espacio que le correspondía; pero en la tierra todavía ninguno destacaba por su brillo. Aquellos hombres que ahora comían con hambre feroz, se miraban hasta el interior donde existían cántaros de lágrimas. Tal vez porque yo era el más joven, hijo de un jefe astur. Sus miradas me llegaban como si fueran las de un caballo que se detiene ante una flor porque tiene miedo de pisarla. Desde que había venido al hogar de Gausón siempre había oído hablar de guerra y derramamientos de sangre. Pero cuando acabaron de comer, los jefes se quedaron solos descansando del banquete y entregándose a un sueño reparador capaz de traicionar a la peor de las bestias. Mientras ellos dormían, el druida y yo nos fuimos a pasear por debajo de unos robles a los que el frío no les dejaba crecer que se repartían asentados en la hierba de los alrededores del castro. Gausón nos había recordado que no debíamos alejáramos demasiado porque cuando los jefes despertaran de su siesta quería enseñarles las defensas y sus juegos de guerra. El druida, vestido con una túnica blanca parecía un fuego, una luz, o la lumbre recién escapada de una hoguera. A su lado sentía calor, tal vez él también sentía calor, por eso paseaba sobre el suelo verde, debajo de los árboles, Sólo soy lo que ves, hijo de Aravus. Entremos más en este campo verde en el que los rayos del sol que se infiltran dibujan la respiración y las sombras. En él estaremos libres de los olores de la carne churrascada, dijo el druida, Druida, si yo fuera el sol me sentiría más fuerte porque tú me darías fuerza, y si fuera el invierno huiría atemorizado, Hijo de Aravus. El sol es una estrella fría y sus rayos son oscuros, Pero no es lo que parece, Si el sol fuese un globo de fuego, acercándose a él, el calor cada vez sería más intenso, pero cuando más te acercas a las cúspides coronadas de nieve. A las cumbres pintadas de blanco, poco a poco, se experimenta un frío intenso. Ya ves, hijo de Aravus, que cuando más te acercas al sol la temperatura desciende. Las palabras de los sabios casi siempre guiaban los errantes pasos de los que queríamos saber a través de acertijos y rimas, juegos de palabras y sentimientos. Aquel hombre luz, hombre dios, hombre lumbre que iluminaba los bosques espesos; podía guiar los errantes pasos de los que caminaban hacia la sabiduría a través de la luz o a través de un embrollo. Aquel druida que podía reponer fuerzas y curar las lesiones, caminaba a mi lado sobre aquel terreno firme y verde. A veces, parecía que había encarnado el espíritu del sol manifestando su poder, pero su cuerpo era frágil y muchas veces se detenía para descansar un poco. Para el druida, el invierno y el verano estaban en orden. Pero el odio, la muerte que dejaba los espacios sin vida, sería un trastorno cósmico o los vientos de la guerra que venían infectados de otros lugares. Nuestros jefes planearon un complot de acuerdo con las tribus cántabras para aniquilar por sorpresa a tres legiones que construían grandes campamentos al lado del Astura en los que al parecer pretendían pasar el invierno. Aquella conjura secreta nos hacía sentir como la lluvia que no se expone a acercarse a ciertos lugares permaneciendo siempre a distancia. Nuestras tierras parecían espacios abortados en donde los fetos bufaban vientos abrasadores, lugares que se teñirían de sangre y que a la vuelta ya no serían los mismos; sitios que buscarían la lluvia para purificarse, neutralizar las desgracias y para que con la lluvia los magos hicieran una medicina con la que rociar el país entero y su efecto sacara de la cuarentena a los dioses para luchar contra el enemigo. Gausón nos llamó porque los jefes cántabros ya habían dormido la siesta y se disponían para ver las defensas. Cinnano y yo nos mantuvimos al margen yendo detrás de ellos. Puntualmente comenzaba a anochecer. El sol ya se había ocultado detrás de las montañas. Unas nubes oscuras separaron la realidad del sueño, la luz de la oscuridad. Pronto comenzó a llover y nos refugiamos en un cobertizo cubierto de paja. Las goteras no tardaron en cambiarnos de lugar. La naturaleza tenía sus herreros y en las nubes sus talleres. Con sus martillos de hierro empezaron a petar y el trueno de sus golpes agrietaba las montañas. De sus entrañas cavernosas salían los murciélagos a retozar entre aquel festival de agua y fuego. Nuberu extendía su amplio sombrero negro por el cielo. Los lobos se enzarzaban en rabiosas peleas; gruñidos y rasguños se sentían, parecía que otros espíritus malignos se divertían haciéndoles daño. Los fogonazos de los rayos iluminaban el paisaje y caían acompañando a las gotas de agua. Unos y otras bajaban como si alguien los llamara. Algunas pintas, tal vez por el efecto de la luz, eran brillantes igual que el agua congelada que caía violentamente desde las nubes pintando un campo de piedras preciosas. Un mar de esmeraldas que algunos pájaros locos querían picar porque las confundían con granos de cebada. Pero si los picaban se derretían en sus bocas, dentro de sus picos y los pájaros interrogaban a los hombres. Los guerreros hablaban a la vez que recorrían las defensas y formulaban muchas preguntas, pero la firmeza en las palabras de Gausón y de Mascelio ayudaba para conseguir el compromiso que debía ser respetado. Era de noche y ya había salido la luna. Paró de llover y las mujeres volvían a danzar, parecían luciérnagas o centellas que se encendían y se apagaban moviendo sus vestidos decorados con pinturas vegetales. En aquella danza alrededor del fuego, los hombres se protegían, buscaban una muralla detrás de la que protegerse. Y las mujeres danzaban, estaban resueltas a todo. Una música enloquecida de flautas, tambores y cuernos despejaba la oscuridad. En los ríos, los peces, como los pájaros en manadas, no se detenían, se enroscaban. Ellos también danzaban. Con la danza intentaban explicarse, viajar por las aguas conmovidas. Un fuego, una inmensa hoguera les despejaba el camino. Con aquellas danzas, las mujeres llamaban a los guerreros para enfrentarse a Roma y subieron a las colinas con las almas encendidas. Pero antes pidieron consejo a los dioses. Sacrificaron su comida a Tarannis y a Bodonuaego; a la luna y a todos les llevaban ofrendas, sacrificios, comida, peces, fruta y oro. Los curanderos se pusieron en contacto con todos y sanaron a los hombres delicados de salud, a los moribundos ya no los despeñaban y les calzaban los pies. Les restauraban el alma y el cuerpo y se sentían como si volvieran a nacer.

HACIA LOS CAMPAMENTOS DEL ASTURA

II. Anno 727 a. u. c. (29 a. C.)

Al otro día todos nos dispusimos a iniciar la marcha a una gran reunión de las tribus en un lugar muy próximo a las tierras de los amacos. Llevábamos en nuestras cabezas la conjura, el plan secreto de sorprender a las legiones del Astura atacándolas por sorpresa para aniquilarlas por completo. Los romanos no esperarían un ataque en invierno pues contaban que nosotros, debido a la dificultad de bajar las montañas, invernaríamos como ellos. Pero nosotros, con el respaldo de los cántabros bajaríamos casi a los niveles de las llanuras, donde el monte no está inclinado. Desde el lugar elegido para montar nuestros cuarteles, tal vez no veríamos los campamentos de las tres legiones que Roma había instalado a las orillas del Astura, pero casi. Acompañamos a Gausón y a su tribu por la cumbre de las montañas. Los días serían largos y el tiempo ya empezaba a ser muy frío. Pronto empezaría a nevar. Habría más juntas, más acuerdos. Gausón había dado instrucciones y el resto de los jefes habían reunido a todos los cabecillas de los clanes que formaban las tribus para que ellos también dieran instrucciones a sus familias como era costumbre siguiendo el plan trazado. Nosotros subimos a las montañas, pero la danza de la lluvia y de la tierra no cerraría los caminos para que muy pronto los volviéramos a bajar. Anduvimos siguiendo un rumbo conocido. En el castro, en todos los castros quedaron los más viejos, algunas mujeres y los niños más pequeños. A la gran reunión sólo fuimos los guerreros, mujeres y hombres, pues en nuestras tribus las mujeres también formaban bandas guerreras más audaces a veces que las de los hombres. Cuando habíamos cabalgado algunas jornadas, el paisaje nos parecía que comenzaba a cambiar. Era como si hubiese desaparecido el color de las plantas. Los árboles por la noche parecían de carbón y las hojas de la floresta se confundían con las piedras. En aquel lugar, la naturaleza no había despertado. El polvillo que la fertilizaba no había sido arrastrado por el viento. Quizás se había detenido ante las enormes montañas que parecían enormes gigantes, enormes soldados de guardia difíciles de convencer para pasar por sus puertas. Pero nuestros asturcones pacían porque las plantas sólo querían ocultar sus bellezas al ojo de los hombres. Las coníferas y los helechos repoblaban en las zonas más perturbadas y se adaptaban a las condiciones de la tierra, a veces inundada por arroyos navegables enfurecidos que viajaban frenéticos escondidos entre las paredes de las montañas. En las montañas las plantas tampoco eran carnosas, pues la vida en aquellos lugares era breve. El camino continuaba su marcha, y sin darnos cuenta copiaba el rumbo del río, seguía el mismo rumbo. Ambos caminos viajaban pegados a la tierra. Las nubes, que a veces transportaban castros y ciudades, flotaban y también querían seguir el mismo rumbo. Parecía como si una atracción irresistible las empujara hacia cierto lugar. Los ríos no subían las montañas y en aquella tierra las había en abundancia; los caminos no trepaban por ellas tampoco, porque si lo hicieran, estarían siempre solos. Los trechos de las montañas eran más pequeños; eran, más o menos, como las pisadas de los osos y de los lobos. El druida caminaba por debajo de los cerros y me parecía que escuchaba la voz del río. Que hablaba con el río. Las xanas, a veces erguían la cabeza por encima de las aguas para ver si nosotros seguíamos el rumbo. Cuando las veíamos, la volvían a sumergir. Los trágicos de la tribu, los que siempre anticipaban los acontecimientos, pensaban que las xanas se habían ahogado, o se habían perdido entre los pozos sin fondo del río, pues casi siempre tardaban mucho tiempo en aparecer. Tal vez aquellas eran las imágenes de un cuento que me habían contado, un cuento muy viejo del pasado o del futuro que, como en un mundo gigante que cabía en mi cabeza, no me dejaba ver el mundo real que estaba delante o detrás de mí, dejando que aquel mundo ficticio, que solamente era real en los sueños y en los pensamientos, me hiciera sentir envidia de los poetas para poder jugar con la luz y con las sombras, El día comienza a cambiar de color y nuestros caballos alcanzaban menos distancia en cada uno de los pasos, dije, Creo que debíamos descansar, dijo Gausón, Y nuestros caballos se sentirán agradecidos, dije, Hace varios días que no vemos el sol, dijo el druida, Tal vez se ha caído en las lagunas que se esconden entre las nubes y se ha apagado, dijo

Gausón. Todos estábamos inquietos. Oíamos aullar a los lobos, parecían hambrientos. Las cumbres empezaban a estar nevadas y no era fácil encontrar comida. Hubo que tomar precauciones al dormir profundamente aquella noche. Sin hacer el menor caso, pero sin bajar la guardia. Varios hombres vigilaban la paz de nuestro descanso mientras que todos dormíamos. Los de mi tribu, mi padre y mi madre también estaban de camino y pensaba que nos juntaríamos antes de llegar al campamento improvisado o en el mismo campamento nos veríamos. Allí íbamos a elegir a un jefe único, un líder como habían elegido los cántabros a aquel Corocota. Seguimos la marcha viendo fisuras en el aire, canaletas que traían aguas agresivas que degradaban las piedras y abrían rendijas en las rocas. Los ruidos del viento a veces atronaban nuestros oídos. Los miedos se nos seguían presentando porque en aquel tiempo era casi siempre de noche y en cada grieta, en cada cavidad los sentíamos. Pero nadie se había perdido. Los caminos eran variados, tenían infinitas ramificaciones. Unos eran trazados por el agua, los menos por los pies de los hombres y de los caballos. Algunos eran como galerías bajo los árboles; agujeros de gran hondura cuyas ramas dobladas hacia abajo parecían estalactitas vueltas del revés, altas torres con enormes grietas que parecían puertas. Por uno y por otro lado, a veces el sol mezclaba los colores y los viajeros parecían pájaros de colores. En los bosques a los que algunos más próximos a las llanuras no estábamos acostumbrados, las voces pululaban cargando el aire de golpes, de cantos y de pasos. Pero sólo eran voces, ruidos que la imaginación transformaba en imágenes. Algunos sufrían convulsiones y calambres a consecuencia del frío y la humedad. Muchos de los que habían subido por primera vez a la cima de las montañas cambiaron de color muchas veces para volverlas a bajar. Pero muy pronto llegaríamos al campamento y reposaríamos de la excitante faena, de la larga caminata. Al llegar todos descansaron, quedaron completamente quietos. Se habían ahuyentado los tenebrosos ruidos. El agua corría montaña abajo y arrastraba a las hojas que quedaban atrapadas en los manantiales. El otoño empezaba a hacer de las suyas y soplaba el viento, caía el granizo, la nieve y la lluvia y a veces lucía un sol troglodita que se comía a las nubes y a los nuberus. Cuántos días habíamos pasado caminando y cabalgando por aquellas tierras hostiles desde que abandonamos las montañas de Proaza. Cuántos soles. Cuántas lunas. Cerrábamos los ojos pero los reflejos aparecían, poco a poco penetraban. A medida que nos acercábamos teníamos que esquivar a las patrullas romanas y veíamos tormentas en horizontes desconsolados, Hijo de Aravus, dijo el druida mientras se limpiaba los chorros de sudor frío que salían de su cuerpo como si dentro de él sucedieran catástrofes, calentamientos y sacudidas brutales. Prepárate, porque pronto conocerás a Corocota, un guerrero de ojos severos, que tiene los vientos de una fiera, la vista de un águila y la fuerza de un toro. Sin duda ya lo he conocido, pensé, pues no creo que entre Gausón y él haya mucha diferencia.

LA CONJURA I

III. Anno 727 a. u. c. (29 a. C.)

Instalamos nuestro campamento en los niveles más bajos de la montaña a la derecha del Astura. Al río o a sus fuentes se les veía bajar. Un poco más allá del mismo río había tres campamentos romanos. Subir y bajar de las heladas montañas tantas veces nos hacía a todos desdichados. Las aves migratorias que iban y venían se quedaban más tiempo en cada lugar y cuando retornaban, sus cuerpos se hallaban más holgados. Los viajes eran peligrosos. Miembros de clanes enteros, que en las migraciones se habían encontrado con los romanos, eligieron quitarse la vida matando a toda la familia antes de entregarse. Todos estuvimos pendientes de la tribu de los brigaecinos. Ellos eran la única tribu que todavía no había enviado a ningún representante a confirmar su participación en la conjura secreta y sabían por nuestros informadores en qué lugar exacto habíamos instalado nuestro campamento en el que definitivamente tomaríamos las últimas decisiones antes de atacar a las legiones del Astura. Las discusiones del consejo, el cansancio de los viajes, la copiosa cena, la borrachera y alguna pelea nos había dejado con ganas de dormir. Las aguas que todos los días hacían joven al río, bajaban sin saber, fluían a nuestro lado y se las veía marchar. Los romanos, como si fueran las aguas de los torrentes que se salen de su cauce, estaban por todas partes y había que tomar muchas precauciones, pues si éramos descubiertos, los soldados de los tres campamentos se pondrían en guardia y entonces el ataque por sorpresa sería para nosotros. Un teje maneje dio vueltas por nuestras cabezas mucho tiempo, pero nos sorprendíamos al comprender que a todos nos pasaba lo mismo y nos preparamos para dormir. Aquella noche los provocativos cascos de un caballo nos despertaron como si sobre nuestros rostros cayeran fríos copos de nieve. Un hombre que llegaba cabalgando traía noticias. Se dirigió a Gausón que ya se había adelantado a recibirlo. Le ofrecimos pan, carne y agua. Habla rápido explorador, le urgió Gausón casi sin dejarle comer, La tribu de los brigaecinos tiene miedo, dijo, En su ciudad nadie sabe nada. Es como si se los hubiese tragado la tierra. Era verdad, pero la conjura estaba planeada y con los brigaecinos o sin ellos, los soldados de los tres campamentos de vigilancia del ejército romano que habían acampado junto al Astura, debían ser atacados por sorpresa y aniquilados antes de la primavera, Los brigaecinos están acobardados ante la imposibilidad de combatir contra las legiones romanas, dijo el explorador, Tal vez decidan ser sumisos, dijo Clotio, uno de los hombres fieles de Gausón, Debéis vigilarlos, pues si deciden ser sumisos pueden planear la traición. Eso ya ha ocurrido en las Galias y en otros lugares, yo lo sé, dijo el druida. Pero los que estábamos allí esperando aún no lo sabíamos. Nada más llegar a nuestros campamentos secretos e iniciar tareas de exploración y vigilancia, un intenso vendaval de soldados romanos que se dispersaba por la tierra a las orillas del Astura, se ponía delante de nuestros pensamientos como las montañas en el horizonte y los árboles en medio de los bosques. Definitivamente, tuvimos que abandonar las irrupciones que efectuábamos en los territorios comunales de otras tribus que vivían en las fecundas planicies, y nos obligó a casi todas las tribus que formábamos la nación astur de las montañas a no salir de ellas. Pues a la vista de las legiones y de lo que se estaba preparando, era muy peligroso abandonarlas y mucho más asaltar a aquellas tribus de las llanuras que habían pedido protección a Roma. A las legiones no se les debía de invitar a subir a las montañas, aunque para nosotros, en ellas serían más fáciles de combatir. Ese estado intranquilizó a nuestros jefes y ahogó nuestras alegrías. Pero la necesidad y la falta de alimentos obligaban a que grupos de jóvenes guerreros se aventuraran, no sólo contra las tribus de las planicies, sino también contra las caravanas romanas que iban y venían desde los puertos a los campamentos abarrotadas de víveres para sus tropas. Durante varios días pequeñas bandas de guerreros astures bajaban desde el refugio en las montañas hasta lugares más llanos y con pequeñas escaramuzas atraían hacia el bosque a las patrullas romanas para tenderles emboscadas entre los árboles. A los romanos los cántabros los asaltaban y cuando lo hacíamos nosotros nos confundían. Gausón que tenía a sus órdenes a los jefes, a veces también bajaba. Aquella vez había llovido abundantemente y se empaparon los caminos. El invierno avisaba y las patas de los caballos se enterraban entre la lama como los afilados cuchillos en la carne quemada de los animales sacrificados para satisfacer nuestras necesidades culinarias y de vestido. A mucha distancia, los paisajes parecían desnudos, los bosques desamparados y los castros estaban entre las montañas escondidos debajo de las hojas oxidadas que habían caído de los árboles. A veces, llenaban los fosos hasta el nivel de la tierra y podían caer en ellos como los osos en las trampas aquellos que no conocieran cada palmo del terreno y no supieran que estaban allí. Decían que una legión romana conseguía esconderse de igual manera debajo de sus escudos. Según el tiempo enfriaba, un dios borracho del viento mecía la delgada tela y espantaba a las menguadas e inocentes hojas muertas que llegaban volando y volando se iban como los sueños y las ilusiones. Algunas se quedaban acurrucadas para siempre en los mil rincones del bosque; escondidas del dios loco, protegidas de su aliento. A otras, las arrastraban los ríos engrandecidos y muchas levantaban el vuelo confundiéndose con los pájaros. Todo era asombroso. Ahora que me acuerdo, algunos jefes con poderes religiosos imploraban a los dioses para que las redes de la vegetación no interrumpieran el camino. En tiempos pasados, casi todos los días, las tribus atacaban castros y poblados y guerreaban entre ellas. Los más jóvenes siempre querían participar en todas las incursiones. Los jefes de las tribus y los hombres libres que los seguían escuchaban ensimismados al cantor que inventaba canciones de sus algaradas. Para alimentarnos se cazaba y los animales muertos aguardaban por los carniceros para ser desmembrados. Los insectos acudían. La mayoría de las mujeres, herederas y propietarias de casi todo, excepto aquellas más jóvenes que querían parecerse a los hombres y guerrear con ellos de igual a igual, no acompañaban a los guerreros y se quedaban en los poblados cuidando de los niños, atendiendo en los campos las labores del cultivo y alimentando el ganado. Y así, cuando los guerreros regresaban de guerrear, encontraban sus graneros repletos, los campos cultivados y los recintos atendidos por la mano de sus dueñas. Regresar al campamento improvisado, era como volver al hogar. Allí, excepto cabañas, teníamos casi de todo. Dormíamos al aire libre debajo de los árboles o arrimados a las peñas, pero a eso ya estábamos acostumbrados. Sólo los braseros que la madera del roble mantenía encendidos toda la noche le daban al ambiente un aspecto hogareño. Casi todos los árboles habían perdido sus hojas y el frío que bajaba de las estrellas no tenía impedimentos para llegar al suelo. A veces también nos calentábamos con la cerveza, pues grano teníamos en abundancia para elaborarla. En muchos lugares, tantos como tribus había en el monte, cada tribu hacía la suya propia. La grasa y la sangre de un caballo sacrificado escurrían por la boca de los hombres y de las mujeres que les acompañaban. Y como si todos fuéramos una misma tribu, los astures que éramos mayoría en aquella concentración y muchos cántabros que se unieran a la conjura, calentamos con la lumbre y la cerveza un triunfo que, constantemente, una vez más y a hurtadillas, varios guerreros habían alcanzado en una nueva escaramuza muy cerca de las tierras de los vacceos, pues unos desprevenidos, creyendo que nosotros nos habíamos escondido por el miedo que les teníamos a los romanos, habían bajado la guardia. A los tormogidos y autrigones sometidos a Roma y suministradores para los romanos de gran parte de las reservas humanas y culinarias de las contiendas que estaban por llegar, recientemente se les saquearon algunos de sus castros por los guerreros cántabros. A veces, sobre todo los más viejos que temían un poco más la amenaza de Roma, preferían emigrar a otras tierras o conseguir llegar hasta la Bética que estaba más pacificada. En ningún lugar de nuestras tierras jamás prevalecía la paz. Ni siquiera en las montañas en donde los hombres nos peleábamos por las mujeres para ocupar el mejor lugar en su tribu particular. Así éramos todos. Unos y otros habitamos la larga sierra que desde más allá de la tierra de los vascones se extendía hasta la de los galaicos. En el campamento el hedor fétido y aún mefítico, era dominante. La sangre de los animales formaba charcos en la tierra y fluía arrastrada por la lluvia en busca de corrientes para llegar hasta el río. Mi padre participaba en las grandes reuniones y bebía abundantemente mezclado entre la aglomeración de hombres y mujeres excitadas y vociferantes. Por las noches un cantor tocaba la flauta y cantaba entonando apasionadas melodías a las estrellas que habitaban un cielo punteado. Todos cenamos en silencio. Después de cenar, hablaron los jefes y los sacerdotes. La noche era serena. El viento no se sentía. La canción y la música del flautista se quedaban allí, entre las gentes de las tribus; aquellos sonidos no iban a desplazarse entre las ramas ya débiles y caducas que habían soportado el calor estival. Otro druida, de los muchos que habían huido de Aquitania para refugiarse entre los cántabros, llegó a nuestro campamento viajando en el espacio exiguo de un carromato de mercaderes, le dijo algo a nuestro cantor en voz muy baja y éste cambió la letra de sus canciones. Las melodías que repetían nuestras algaradas, el grano que antaño se amontonaba en las despensas, el ganado que descansaba en los cobertizos del largo viaje, caballos para los jóvenes guerreros y algunas piezas de plata o de bronce para adornar a nuestras mujeres, más de lo que ya lo hacía la propia naturaleza, se tornó violenta. Las palabras del cantor ahora eran gritos de furia, de guerra y de derramamiento de sangre. El cantor hizo una pausa y el druida empezó a contar, He viajado siguiendo la dirección de una vía de origen militar que enlaza la tierra de los amacos con Tarraco y mi tierra Burdigala en Aquitania. Pero he tenido que dar muchas vueltas para evitar a las tropas romanas pasando por Vellica, Aracillum, Iuliobriga, Octaviolca, Pisoraca y por otros lugares, y en todas partes he visto un águila plateada al frente de una máquina de matar cada vez más numerosa que teñía de sangre los campos y las riberas de los ríos. Los romanos desembarcan en las playas de los cántabros abarrotando la arena de víveres. He visto yo, igual que estos mercaderes que han llegado conmigo, como las tropas romanas, aprovechando la sorpresa, atacaron por la retaguardia a las poblaciones de Vellica y Aracillum. He tenido que esconderme de las patrullas que se adelantaban explorando el terreno. Los legionarios cierran los claros. Por mar y por tierra entran, como cuando se llenan los campos de malas hierbas que hay que arrancar. Poco a poco, alcanzamos las orillas del Astura, y guiados por sus aguas bajamos por su ribera hasta la ciudad de Lancia que había quedado abandonada. Pero tuvimos que desviarnos porque muy cerca de la tierra de los amacos, a las riberas del mismo río acampan miles de soldados. Con mucho cuidado para no ser sorprendidos por las patrullas que estaban muy ocupadas cavando un foso y construyendo los campamentos, hemos visto símbolos de toros, leones, águilas, elefantes y alondras adornando los emblemas y los cascos de los soldados. Les hemos visto construir campamentos a las orillas del río. Su seguro refugio para pasar la temporada de frío y de lluvias. Los cántabros creen que cuando finalice el invierno y las legiones dejen de invernar, en la próxima primavera atacarán a los astures. Ahora están invernando y es el momento de matar al oso mientras está dormido. Hemos llegado hasta aquí guiados por mercaderes. Por el camino se nos iban uniendo los lancienses y gente de otras tribus que contaban sus historias y preguntaban bañados en un sudor nervioso como el que ahora me baña a mí, No sois muchos los lancienses que habéis venido. Tal vez vuestra tribu no conocía el lugar exacto de la concentración, dijo Gausón al grupo de lascienses que habían llegado acompañando al druida, Cuando hemos abandonado Lancia, muchos nos dispersamos. Algunos se concentraron formando pequeños grupos acampados bien arriba en las montañas, otros anduvimos solos y nos juntamos a las caravanas de mercaderes que conocen la posición de las patrullas romanas. Fue un viaje de ida y vuelta. De ida cuando abandonamos la ciudad y huimos al sur. De vuelta cuando tuvimos que dar marcha atrás ante las legiones que nos cerraban el paso, dijo Palurus, miembro de un viejo clan lasciense, Deberíais haber huido todos hacia aquí. Pues ya conocíais nuestro plan y el de los cántabros, dijo Gausón, Si huyésemos todos hacia aquí podíamos haber descubierto este campamento secreto y el plan trazado no hubiese podido llevarse a cabo, Si así lo habéis decidido al huir, entonces habéis tomado la decisión correcta. Tal vez cuando abandonasteis la ciudad, nosotros aún no habíamos llegado aquí. Pues una y otra cosa ha ocurrido casi al mismo tiempo, dijo Gausón. Decían que Augusto poco valía como soldado. Que cojeaba del lado izquierdo y los frecuentes dolores de cabeza que padecía lo hacían insoportable. Ni las cuatro túnicas que vestía debajo de su gruesa toga y de sus piernas le quitaban el frío que le hacía experimentar un entorpecimiento en su mano derecha. Es decir, nosotros disfrutábamos sabiendo que era delicado para ser un guerrero, pero tenía treinta legiones. Sin embargo, todo el peso estratégico de las batallas iba a recaer sobre él. Igualmente, sabíamos que en el campo de batalla se guerrea con los soldados y no con el emperador. La noche se pintó de negro y todos nos habíamos acercado al cantor que cantaba erguido muy cerca del fuego. Después se sentó y el druida se acercó a él. Muchos se arrimaron para verlo más cerca porque el druida era parecido a un oso. Hablaron de su tierra, de las Galias y de la guerra que se había librado en Aquitania. Se citaron héroes antiguos, hombres y mujeres por igual. Las llamas del fuego iluminaban el oscuro túnel de la noche y hasta el día siguiente, cuando las primeras luces del día anunciaron en el crepúsculo matutino la salida, hablaron sin parar emitiendo todo tipo de voces. Urracas y otros pájaros de desgracia parlamentaban graznando subidos a los arbustos y a los peñascos impresionando a los residentes de la montaña. Aves frías, lechuzas, búhos, buitres, elocuentes mirlos y gorriones que guardaban espíritus en su buche. Todos vimos enseguida que pronto amanecía y que la luz se vería otra vez cuando saliéramos de las cavernas de una noche tan larga. En aquel espacio en el que nos habíamos reunido, nos amontonábamos alrededor del fuego como si fuéramos las aguas de los ríos en el mar y todos rodeábamos a todos como cuando las aguas se rodean. En las cazuelas ardían olas espumosas y algunas cortaban como cuchillos.

Estrellas centelleantes, ojos centelleantes y así era aquella fiesta con sabor a montaña. Se acercaba el tiempo de la lucha y a cada momento, a cada paso se sucedían nuevos personajes, nuevos atrasos. La montaña se inclinaba, nos echaba de encima y la procesión de los que bajaban era violenta, escoltada de ruidos. El druida movía su instinto por su cabeza blanqueada. Por sus largos cabellos. Respiraba hondo y miraba para todos. Sin perderle de vista, muchos jefes se pegaban a él como las raíces profundas a los árboles. Nuestros sacerdotes sentían celos. Alertados por las palabras del druida y de los lascienses que habían llegado con más noticias. Recién salida la primera luz del día, Gausón, con sus fieles guerreros Vero, Clotio y Ambato bajaron precipitadamente de las montañas. Yo me fui con ellos y nos preparamos para una emboscada contra un grupo de soldados romanos que nos habíamos encontrado inspeccionando el terreno un poco alejados de sus campamentos. Nosotros también inspeccionábamos lo más lejos posible para enterarnos de los movimientos del enemigo y prevenir las posibles consecuencias antes de que las tres legiones que estaban de vagar preparándose para atacarnos en primavera, emprendieran a penetrar en tierras más abruptas. Es decir, subir a nuestras montañas para aniquilarnos. Había muchos romanos por todas partes. Escupidas de fuego de las inmensas hogueras, que se encendían por la mañana y en los campamentos romanos, abrían el camino. A lo lejos veíamos caer lluvias de brasas que parecían estrellas sin gobierno flotando como las luciérnagas. A esas luces que después flotaban apagadas las llevaba el aire que las dejaba caer sobre las montañas y sobre las aguas del río. A veces, podían ser confundidas con pepitas de oro, rayos de sol, llamas y flores deshojadas por una mano loca. Todos mirábamos y todos queríamos evitar el ataque, escondernos de aquel asaetado que salía lanzado por un arco de fuego que muchos brazos tensaban y destensaban, brazos temerosos y aturdidos por el miedo de la noche. Pronto comenzamos a escondernos detrás de los árboles y por encima de algunas rocas que había a la orilla de un paso de carros que quedaba hondo, Están muy cerca, dijo Gausón, El color rojo de sus uniformes parecen charcos de sangre, dije, Muy pronto la será de verdad y la lluvia la conducirá hasta el río, dijo Gausón, Esos soldados que pertenecen a una de las legiones acampadas, dijo Clotio, Los sorprenderemos evitando el combate cuerpo a cuerpo, dijo Gausón, Da igual, me parece que están poco ágiles. En este tiempo no hacen mucho ejercicio y comen bien, dijo Vero. Aprovechamos las condiciones del terreno con movimientos en círculo o de media luna lanzándoles dardos sin cesar. Así fueron aniquilados cuando entraron en un bosque espeso y pasaban sin mirar al cielo. No fue el comienzo o la continuación de la guerra, fue, tal vez, una simple escaramuza, pero también una satisfacción aunque sólo fuera por habernos estropeado el invierno, No se les debe permitir entrar más adelante, pues pueden descubrir nuestros asentamientos y fortificaciones, dijo Clotio,

Apoderaros de sus túnicas de lino, dijo Gausón, Son largas hasta la rodilla, pero tienen las mangas cortas, dije. Además de sus túnicas, cogimos sus cintos de cuero y los correajes cruzados y adornados con borlas y rosetas que les confluían en la cintura. Sus espadas con empuñaduras de bronce, estaban dentro de una vaina con refuerzos metálicos fijadas al cinturón por medio de ganchos. Del segundo correaje sustentaban un puñal. Pendiendo de la cintura sobre la parte anterior a la túnica, lucían un conjunto de tiras de cuero decoradas con laminillas de bronce triangulares en el extremo inferior. Sus escudos eran pesados, oblongos, de madera, con umbos centrales y reforzados en la orla con láminas de metal. Cuando se intentaron defender los sujetaron a los brazos mediante correas. Iban bien equipados, sus lanzas eran largas y algunos aún llevaban colgados de ellas la impedimenta de campaña. Después de la escaramuza decidimos regresar a la concentración y dos días más tarde por la noche, más envalentonados nos acercamos casi a las orillas de uno de los campamentos y no tardamos en descubrir detrás de una maleza que hacía de cortina a la llanura que tenía enfrente, el respirar lento y los salivazos de los legionarios de infantería y de caballería que competían con los sapos gigantescos. Cohortes, centurias, decurias con sus respectivos oficiales, pretores, centuriones, decuriones, optiones, tribunos y por lo menos a tres legados y otros oficiales que se alternaban en el mando estaban allí. En aquella planicie se habían detenido para levantar los tres cuarteles de invierno que vistos desde la cima de las montañas parecían uno sólo. Eran como plazas fuertes. Los alrededores del campamento se llenaron de barracones, talleres y hospitales. Aquel campamento llegó a ser una ciudad muy habitada. Dispusieron torreones, murallas de madera y lo dividieron en cuatro partes con dos vías perpendiculares. Tenían salas de baños y de reuniones, capillas para adorar a los dioses y oficinas para los escribientes. Los comerciantes traían prostitutas para hacer negocio y entre ellos se construyeron una casa de baños y un anfiteatro. En los alrededores se cercaron los campos que se arrendaron a los campesinos de la zona para que pastara el ganado atendido por los esclavos que a menudo tenían los legionarios. Sin duda, mejor que un campamento era una gran conglomeración urbana. También habían organizado un hospital de campaña con servicios médicos para los hombres y veterinarios para los animales. A muchos soldados sólo se les veía cavar el foso, pero la tierra era dura y empezaba a estar helada. Al anochecer, anduvieron dispersos por las orillas del río moviéndose lentamente entre la oscuridad. A nosotros, el miedo a que nos descubrieran nos había puesto la piel pálida y tuvimos que untar la cara con barro que amasamos en las aguas del río. Los romanos en poco tiempo casi habían construido los campamentos en tres lugares diferentes, con sus tres fosos y sus amurallamientos, tal vez como medida de precaución. En nuestros pechos los tambores se lanzaron a la deriva como por un río a saltos en una nave sin gobierno. En aquel correr de nuestros corazones; en aquel ir y venir, vimos selvas y montañas, rocas a montones y al dar la vuelta encontramos unas piedras lloronas, unas piedras de agua que anunciaban lluvia y unas serpientes que, como si fueran legionarios, escupían hacia el cielo. Rodeados por nuestros caballos que nos daban calor con sus cuerpos, porque era peligroso encender fuego que podía ser visto por las patrullas de vigilancia, nos sentamos en corro debajo de un grupo de robles cuyas hojas caducas y caídas ya se extendían por el suelo, hojas abultadas que eran cama o asiento, Hay que matar alguno de esos lobos, dijo uno de los nuestros que trabajaba de herrero para las tribus. Mi puñal está bien afilado, Son miles y ahora no debemos provocarlos, podían descubrirnos y tendríamos que matarnos con el tejo antes de que pudieran descubrir nuestros campamentos y nuestros planes, dijo Clotio, Si siguen creyendo que estamos en las montañas invernando como los osos, estarán desprevenidos y nos será fácil, dijo Gausón. Hablábamos en voz muy baja, Si el ataque es por sorpresa y además es de muchos guerreros al mismo tiempo lanzándose en tromba y enfurecidos, no les dará tiempo a reaccionar y les aniquilaremos como tenemos previsto, dijo Clotio, Sí, si no nos estrellamos contra una pared, dijo Gausón. Ahora ir y buscad la forma y el lugar por dónde entrar. Recorred el campamento. Informadnos bien, no olvidéis que cuando ataquemos debemos llegar sigilosamente acercándonos lo suficiente hasta alcanzar posiciones que no nos expongan y que los soldados romanos no encuentren el lugar que tienen que defender, Deberíamos decirle al druida que con sus poderes hiciera desaparecer a todos los animales que les dan alimento. Atacarles en los caminos por los que vienen desde los puertos y dejar que sólo coman gallinas cuya carne convierte en cobarde a quienes la comen, dije yo. Tal vez Gausón ya sospechaba que iba a ser él quien empujaría a las tribus astures a una resistencia heroica contra Roma. Sólo faltaba levantar al aire las espadas en una gran asamblea y pronunciar su nombre; Gausón, Gausón, Gausón, muy pronto gritarían los jóvenes guerreros el nombre de su jefe, Podíamos acercarnos con sigilo e intentar plantar fuego en sus almacenes y en los depósitos que guardan sus trajes y sus armas, dijo Vado, No me digas eso. El poder de las legiones si están despiertas es superior a cualquier cosa que te puedas imaginar. Yo también he luchado contra ellas. Muchas veces los he asaltado en los caminos. No olvidéis que he luchado en las montañas contra tres generales romanos antes de que estos llegaran aquí. Hasta que llegue el momento de atacar estaréis al acecho sólo para informar. Cuando ataquemos ya nos meteremos ahí dentro y les haremos mucho daño. Vosotros ahora os mantendréis ocultos, como cuando estamos por los bosques. Para vosotros esos campamentos son como una selva de árboles que se mueven, que hablan, que ven, que piensan, que no son fáciles de podar ni de quemar. Si queréis sobrevivir olvidéis lo que os he dicho, dijo Gausón, No te vayas impaciente por mí, Gausón, no te defraudaré. Estaremos ocultos como el eco que se oye pero no se ve, ni después de que se siente se sabe nada más de su existencia, dijo Vado, El druida ha dicho que a veces no son los romanos solos quienes saquean los lugares conquistados, sino los mercenarios que los acompañan y ellos no pueden hacer nada para impedirlo porque ya están bastante ocupados en la lucha. Dijo que esos siempre violaban a las mujeres y que muchas aparecían asesinadas al lado de las fuentes como cuando las xanas exhiben sus tesoros y son atravesadas por un cuchillo de hierro, dije, La mayoría de estos asesinos son los enemigos que viven dentro de nuestro propio país. Nuestros enemigos de dentro que se organizan aprovechando la confusión, dijo Gausón. Una ligera brisa transportaba desde los campamentos un hedor fétido despedido por los órganos de desecho de los animales sacrificados para el alimento de las tropas, Si llueve y esa carne putrefacta abarrotada de gusanos y de olores viaja hasta el río, asistiréis al entierro de los peces. Pero si se levanta un viento viajero, asistiréis al entierro de las frutas. Se cortará la respiración de la naturaleza y esta morirá, dijo Gausón que casi hablaba como si fuera el druida. Por la mañana habíamos dejado a varios exploradores observando desde los árboles que formaban los bosques de pequeña altura y regresamos a los campamentos. Nada más llegar la curiosidad nos rodeaba. Todos querían saber y hablamos con los jefes de todas las tribus en una reunión multitudinaria, Ellos nunca dejarán de construir. Construir es una de sus disciplinas militares, esperen o no un ataque inminente. Yo los he visto, dijo el druida, Nosotros también les hemos visto cavar zanjas día y noche, dijo un jefe de los amacos que eran casi vecinos de los romanos acampamentados, Antes que nada, es de saber que para el ejército romano, siempre están presentes las defensas puntuales y las defensas lineales, las fortificaciones y las murallas, dijo el druida, Cuando llegaron eligieron cuidadosamente el lugar y se agruparon por cohortes. Pero su tradición es fortificarse, cavar un foso y quedar al abrigo de una defensa, dijo el jefe de los amacos, La primera fortificación la han construido en muy poco tiempo, dijo un guerrero de los amacos, Los romanos siempre temen el efecto de choque producido por un asalto en donde no conocen bien al enemigo. Este campamento que han puesto en funcionamiento y que tal vez no dejen de aumentar mientras estén aquí, fue previsto para una duración limitada, aunque otros antes que estos situaron otro muy cerca de manera permanente, dijo el druida, Sin duda, aprovecharían el mismo lugar, dijo Gausón. Para nosotros las fortificaciones romanas eran algo bastante misterioso. La razón de ser del ejército romano residía en el combate y un buen general no desencadenaba las hostilidades sin importarle el lugar de su campamento y elegía el terreno más apropiado a los medios de que disponía; además, también debía de tener en cuenta las fuerzas del enemigo que podían chocar contra él, Un buen general romano debe conocer perfectamente las tropas puestas a sus órdenes, el número de soldados, jinetes, legionarios o auxiliares bajo su mando, y sobre todo, cuál es su valor. Si están descansadas o fatigadas, si se hallan mal o bien preparadas, si han adquirido el hábito de combatir y cómo están de animadas. Debe informarse de las fuerzas reunidas del enemigo enviando espías que pueden ser exploradores, viajeros, mercaderes. En las Galias establecían un orden de marcha yendo en la vanguardia las tropas auxiliares y la caballería explorando el terreno y, si era necesario, respondían cualquier agresión con rapidez dejando en la retaguardia a las unidades menos valiosas. Los soldados están bien adiestrados, en obras de ingeniería y máquinas. Es la infantería la suministradora de mano de obra, mientras que la caballería, incluida la de las tropas auxiliares, asegura la supervisión y la protección, dijo el druida, Y nosotros sólo somos avalanchas de salvajes que aullamos como los lobos cuando nos lanzamos a la batalla, dije, Pero avanzamos rápidamente por territorio enemigo, dijo Gausón. Los aullidos de los lobos se confundían con los ladridos de los perros que rastreaban los alrededores de los campamentos para mantener despiertos a los centinelas. Los bosques en aquella tierra no eran sólo de árboles, robles o encinas de hoja perenne que también abundaban, sino por los campos de cebada, mijo, trigo y centeno que se mezclaban y se confundían. Alguno de estos cereales alcanzaba a veces casi dos metros de altura.

En este tiempo de invierno, el centeno y el trigo estaban aplastados por la lluvia y por el frío, y los granos esparcidos por el suelo no se habían podido recoger por el miedo a las legiones. Los romanos tampoco lo habían recogido porque estaban ocupados en otros haberes y la comida les era servida desde los puertos adonde llegaban galeras de remos de la flota de guerra romana que además de transportar a los soldados, venían cargados de víveres. A veces las galeras desplazaban grandes cantidades de cargas según fueran trirremes o quinquerremes. Sin embargo, a nosotros aquellos lugares de plantas moribundas nos servían para arrastrarnos entre ellas sin ser vistos aunque a veces los robustos tallos del mijo nos hacían daño en las piernas. Casi siempre nos subíamos a los árboles que tenían la corteza agrietada por la edad y no a los ejemplares jóvenes de corteza lisa. Muchos árboles de hoja caduca aún no habían perdido de todo sus hojas aunque debajo de ellos el suelo era del color de la tierra rojiza. En aquel tiempo frío tardaba un poco más en amanecer y eso nos había permitido tomarnos las cosas con menos precipitación. Cuando dejamos a los espías entre el enemigo nos retiramos a nuestros espacios de poder y seguimos mandando aviso de la actividad de las legiones a todos los territorios comunales, grandes y pequeños, para que tomaran precauciones ante las posibles arremetidas y para que no se dejaran ver. Pero todos sentían curiosidad y era muy raro que ni una sola tribu no estuviera informada y con ganas de ver el espectáculo. El invierno no era tiempo de guerrear, sino de pensar. El clima non era propicio para salir de caza muy lejos, vaciarles las despensas a las tribus amigas de Roma y además del clima, las tropas romanas también estaban allí para impedirlo. Pero nuestras despensas podían escasear, pues, aunque todos habíamos trasladado los víveres desde las montañas, centeno, escanda, mijo y carros enteros de bellotas que todavía había que secar bien para hacer el pan, no podíamos comer sin preocuparnos durante muchos días. Quedaban unos días felices, pero de intensos preparativos, de ejecución de planes que se llevarían con el máximo secreto entre cántabros y astures para aniquilar a las tropas romanas cogiéndolas desprevenidas. Los lascienses que se refugiaron en las montañas cuando abandonaron su ciudad a causa de la amenaza de las legiones y sus tropas auxiliares que acampaban muy cerca, presionaban a las tribus para atacar de una vez todos juntos y por sorpresa los campamentos romanos un día de duro invierno. Tiempo no apto para la guerra, mientras los romanos siguieran creyéndonos refugiados en las montañas. Algunos jefes de clanes muy poderosos hablaban de la ayuda de los cántabros con ataques por el norte y que para preparar la conjura era necesaria ya la presencia de todos. La inquietud y el miedo a lo que supuestamente pretendían los romanos en la primavera, hacían que nuestros corazones trabajaran más deprisa. Había mucho tiempo para pensar y un día, Gausón, guiado por ímpetus de guerra y con la ayuda de todos los jóvenes que le seguían, convocó una asamblea urgente de todas las tribus. Cada vez había más gente en las congregaciones, pues, conocida la situación de las legiones y visto el soberbio interés de Roma, pueblos enteros eran abandonados para refugiarse en las montañas. En aquella improvisada hermandad se decidió llamar a más gente todavía. Cada uno traería su comida, sus víveres, sus animales y sus despensas y haría sacrificios a los dioses. Supimos a través de los buscadores de oro, estaño, plomo y plata que iban y venían a las explotaciones auríferas en Bergidum, que Augusto había estado en Tarraco y que allí también había recibido las quejas de los vacceos y de las otras tribus, a las que, muchas veces, los astures de las montañas y los cántabros habíamos saqueado con nuestras asaltarías. Así pues, sabíamos que Augusto estaba acampado en Segisamo con tres columnas de tropas. Algunas ya habían iniciado fieros ataques contra la ciudad que resistía más de lo previsto. Corocota ya luchaba contra ellos y su presencia para atacar a las legiones al frente de las tropas cántabras, tal vez no sería posible. Para nosotros, guerrear entre tribus era como ejercitarse en un campo de prácticas. Los cántabros y los astures nunca dejábamos de hacerlo, ni siquiera en invierno, pues aún que fuese con los pies en la lama, o en la irrealidad de la niebla y de la lluvia que nos nublaba los ojos y no nos dejaba divisar al enemigo, ello no nos impedía desnudar las pequeñas espadas y permanecer de pie apoyados en ellas con los huesos empapados. Una noche que Gausón había salido a poner trampas para liebres y a cazar en mi compañía; lejos de nuestro campamento montaña arriba, una yegua de luz sobre la que cabalgaba un guerrero formidable apareció ante los ojos de todos que ya subíamos por la montaña. El jinete se quedó parado calmando a su nervioso caballo, Quién eres, preguntó Gausón, Un guerrero que viaja, dijo, Pero tendrás un nombre, preguntó Gausón, Corocota, mi nombre es Corocota, He oído hablar de ti, Y qué has oído, Que eres un gran guerrero. Corocota nos pasó por sus ojos. Yo ahora comprendía las palabras del druida. Aquel guerrero que nos miraba montado en su caballo tenía la voz de los capitanes. Sus brazos eran dos bolas de arcilla y su pecho bien iluminado por la luz de la luna que brillaba sobre la montaña, desarmaba al enemigo sólo con mirarlo. Sus ojos parecían fijos, pequeños, severos. Llevaba el pelo largo como nosotros, atado por una cinta alrededor de la frente. Su barba era espesa y sus ropas no lo destacaban en la noche. Una nube tapó la luna y la noche se quedó sin luz, He visto un templo dedicado al dios Aerno de los zoela. Tal vez algún familiar de los zoela que pasaba por aquí lo ha erigido y es natural porque estamos en tiempo de guerra. La luz de la luna volvía a brillar y al cielo, después de la lluvia luminosa que el hielo salpicaba, se le había quedado un semblante pálido. El olor del campo acompañaba a las imágenes. El campo olía a campo, el río a río; el aire olía a aire y los caballos a viejo. Un suave viento, como si fuera un fantasma, deambulaba y hablaba de besos. Aquella noche enfrente de mí estaba Corocota, pero la oscuridad no me permitió ver bien sus ojos severos aunque con su vista de águila tal vez él me había visto bien a mí, Observo que andáis todos libremente. Quién sois y a qué tribu pertenecéis, dijo Corocota, Yo soy Gausón, Lo sospechaba, Me sorprendes, No te sorprendas, eres tal y como te han descrito los que te conocen y alaban tu valentía y pericia en el campo de batalla, Te pido disculpas, Corocota, por no haberte reconocido cuando te he visto, Ahórratelas, no tiene importancia, En dónde están tus hombres, porque no habrás venido sin compañía, Mis hombres no sentían curiosidad; están cansados y han preferido echarse a dormir, Hemos sabido por un druida que está con nosotros en los campamentos desde los que vigilamos a las legiones del Astura, que tú has conseguido unir a los guerreros de todas vuestras tribus en pos de un jefe común. Es decir, de ti. Nosotros queremos hacer lo mismo; unirnos para vencer a Roma, He oído decir que sólo tú puedes conseguirlo, Acaso vienes a la reunión para unirte a las tropas cántabras que suponemos atacareis a las legiones por el norte, A esa reunión ya han llegado muchos de mis mejores hombres para perfilar el ataque. No es necesario que yo me quede. Cuando llegue el día y la hora nos abalanzaremos por la espalda contra ellos en masa compacta y en tromba como si fuéramos las olas de un mar embravecido contra las costas, les vaciaremos los ojos y hundiremos nuestras espadas y nuestras lanzas en sus vientres hasta la empuñadura. Los cántabros no queremos que nos cojan vivos si nos derriban. Roma se complace en el exterminio aplastando, pisoteando y derribando nuestros pueblos, obligándonos a una esclavitud que no queremos y a que les entreguemos nuestras miserias para complacer un tesoro que tiene que mantener esclavos. Muy pronto por estas montañas subirá un ruido espantoso, rugidos de dolor formando filas hasta que el viento los arrastre lejos. A medida que avanzaba la noche y enfriaba más, la niebla comenzaba a expandirse y apenas se veían las caras. Sólo los gritos de agonía de las aves nocturnas daban fe de que ahí afuera algo estaba pasando, que seguía la vida. Las figuras de todos se diluían y comenzábamos a estar perdidos. Pero la magia empezó a funcionar y el fuego salió de su cueva como el genio de su lámpara protegida, Te suponía muy lejos de aquí, Corocota, en el favor de la alegría y de la vida o en el disfavor de la tristeza y de la muerte. Nos habían dicho que estabas atacando las tropas de Augusto que tienen cercado Aracillum. En un principio todos pensábamos que tú estabas dentro de la ciudad, pero después nos han dicho que tú guerreabas con los romanos sorprendiéndolos con emboscadas no dejándolos acercarse. También dicen que Augusto se desespera, que está muy impaciente y que ha empezado a padecer fiebres, Permitidme que desmonte, así estaré más cómodo, dijo Corocota que aún estaba subido a la grupa de su caballo. Corocota había desmontado y ante tal personaje no podíamos más que centrarnos en él y aprovecharnos de su espíritu. Era más o menos de la misma altura que Gausón. Las diferencias eran insignificantes. De los dos Gausón era el más joven, aunque a veces no se notara demasiado, tal vez por las facciones gastadas de ambos guerreros que tenían a sus espaldas muchas batallas libradas. Nos sentamos, prendimos fuego y hablamos un poco más, Háblanos del emperador. Tú has oído hablar de él mucho más que nosotros, dijo Gausón, Oh, no sé más que vosotros. Tal vez las noticias me llegan menos adulteradas porque las recibo mucho antes. Una vez me contaron que nombraba a los soldados y a todos los mandos por su nombre. Su memoria no necesita ser auxiliada. También me han dicho que aunque está muy nervioso, tiene suma paciencia con todos, dijo Corocota, Pero se irrita, dije, Se irrita, porque aunque tiene mucha paciencia con sus mandos, amigos y con todo lo cotidiano, tiene muy poca para la guerra, dijo Corocota, Desde que él ha llegado se han incrementado los ataques en vuestras ciudades. Por ahí dicen que casi han destruido las puertas de Aracillum con los arietes y que colocan grandes pesos en las catapultas, dijo Gausón, Pero nosotros hemos destruido nuestras casas y los troncos que sacamos de ellas los dejamos caer encima de los arietes destruyéndolos y desde las torres les lanzamos piedras, flechas y dardos. Los soldados romanos utilizan tretas, consignas, palabras que confunden, pues su idioma no es el nuestro y casi nunca entendemos lo que dicen. Sólo algunos mercaderes los entienden, pero no se atreven a quedarse con nosotros para interpretar las palabras porque tienen miedo a morir, dijo Corocota, Al druida a veces nosotros tampoco entendemos lo que dice, pero hacemos un esfuerzo para comprender sus gestos que a veces son más fáciles de comprender que las palabras, dije, Entonces el ataque a Cantabria ya ha comenzado bajo el mando de Augusto. Todo el mundo dice que vuestra tierra es su primer objetivo, dijo Gausón, Pero enseguida querrá conquistar también a los astures. Sino para qué crees que están aquí esas tres legiones, nada más que esperando que llegue la primavera para atacar a vuestras tribus y someternos a todos, dijo Corocota, Pero tú ahora puedes estar aquí. Acaso hay una tregua en tus tierras, dijo Gausón, No hemos podido resistir la tentación de acercarnos aquí. No está tan lejos el lugar de Aracillum en donde me muevo con mis hombres del río Astura. Desde donde nace siguiendo su curso bajamos rápidamente hasta aquí. Quería ver de cerca esa realidad de la que tanto se habla. Nuestra tierra está bien defendida. Aracillum es difícil de conquistar. El emperador enfermará antes de conseguirlo si sigue con sus achaques. Puedo estar aquí porque mis hombres ocupan el tiempo de los romanos emboscándolos en los caminos sin acercarse, tendiéndoles emboscadas sin fin y poniéndonos a buen recaudo entre nuestros picos. Mientras tengamos controlados los desembarcos de la flota que llega de Aquitania cargada de víveres, tendremos controlado a Augusto que les ha ordenado que hagan rápidos desembarcos a nuestras espaldas, pero aun así resistiremos. Aracillum resistirá hasta que Augusto se rinda o abandone el frente, dijo Corocota,

Por qué no les atacáis en la playa cuando desembarcan y esperáis a que entren en los caminos, dije, Ellos han construido fuertes para vigilar las playas y resguardar detrás de las defensas sus inmensos depósitos de suministros. Cuando un barco atraca, desembarcan hombres y mercancías y esos hombres protegen la llegada de otro barco que espera lejos su turno. A cada desembarco se juntan más legionarios, más centuriones, más armas y más sacos abarrotados de alimentos, aceite, vino y cerveza. No podemos enfrentarnos a Roma en campo abierto y una playa lo es. Por eso los esperamos en las zonas cubiertas y a veces les rapiñamos los graneros. En ese tipo de guerrilla nosotros somos mejores que ellos. Pero cada día es más difícil, pues las tropas que acompañan a las caravanas son como murallas, recintos cerrados tras de los que se parapetan los sacos y las ánforas, dijo Corocota, Ya has satisfecho tu curiosidad, dijo Gausón, Sentía gran curiosidad por todo desde que supimos que Augusto salió de Tarraco cabalgando al frente de la Columna Central Pisuerga arriba, pero él se quedó a las puertas esperando los primeros deshielos y mandando seguir a las tropas que a duras penas consiguieron llegar. Nos preocupaban los asentamientos romanos al lado del Astura. Queríamos saber cuáles eran las legiones que los formaban. Cuáles eran sus mandos. Las tropas de Augusto no disponían de vías fáciles para caminar desde Tarraco. Los caminos sólo están adoquinados en Roma. Pero los caminos de la tierra no les son vedados. A los romanos no los detiene la fatiga ni el sueño y todos los caminos se les aparecen iguales. Dicen los mercaderes que durante el viaje talaron cientos de árboles para atravesar los bosques, despejar los peñascos elevados en los desfiladeros, podar y aplanar el suelo y prevenir marcas en pedruscos con la dirección a seguir por si tenían que dar la vuelta. Para atravesar los ríos no pudieron contar con la marina para cruzar los ríos y tal vez construyeron puentes con barcas dispuestas borda contra borda, atándoles fuertemente unas a otras y disponiendo una pasarela por encima. Pero, Oh, duda, también habrán construido puentes de piedra, dijo Corocota, Nosotros ya vigilamos con sumo cuidado todos sus movimientos. No han traído estruendos de alegría, sino lamentos, dijo Gausón, Tendremos que habituarnos a la lucha del exterminio, dijo Corocota, En mi tierra muchos hombres ya han tenido que saltar barrancos para salvarse y huir, dijo Gausón, Igual suerte corrieron incluso los árboles, dijo Corocota, Dicen que su hambre de matar es voraz y su sed es insaciable, dije, Ese mismo interés en conocer a las tropas por dentro nosotros lo sentimos también. Nos hubiera gustado introducirnos entre ellos como las aguas entre lechos invisibles. Por un druida sabemos muchas cosas de ti, especialmente algunos detalles de vuestras correrías en las tierras de los vacceos, turmogidos y autrigones en las que a veces casi hemos coincidido, dijo Gausón, Vuestras guerrillas contra las tropas romanas ya son legendarias pues es de saber vuestra lucha contra Satatilio Tauro, Calvisio Savino y Sexto Apuleyo, cuando siguiendo las intenciones de conquistar en Hispania los pueblos que todavía no habían conquistado lucharon a muerte para conseguir el apetecido fruto, dijo Corocota, Todos los que hoy estamos vivos luchamos contra ellos, a mí aún me duelen algunas heridas que me hice durante los combates, dijo Gausón, Augusto estará impaciente hasta que comience el deshielo. Se puso al frente de las legiones para custodiarlas como si fuera un dios llevándolas a la presencia del enemigo. Roma rumia excusas y justificaciones complicadas, acompañadas de exclamaciones ruidosas de las tribus afectadas. Desde Segisamo, lugar en donde las tropas de Augusto ha establecido su campamento al lado del río Brulles ya han enviado columnas contra Aracillum en combinación con la flota que desembarca centurias enteras en Portus Blendius para atacarnos por el norte. Pero como ya os he dicho no los dejamos llegar. De vosotros sabré por correos cuando estaréis preparados para salir en tromba. Procurad que no se retrase el ataque, cada día que pasa hay un peligro nuevo. Apurad los preparativos. Nos dejes que las tribus y los hombres deliberen por secciones, convócalos a todos de una vez. Demuéstrales que tú puedes guiarlos y rompe las puertas de los campamentos de Roma. Mis hombres quieren combatir enseguida y supongo que los tuyos también. Que no se irriten, pueden cometer la locura de salir sin jefe alguno y eso sería fatal, dijo Corocota. En la oscuridad de la noche empañada por la niebla algunos espíritus malhumorados rondaban cerca.

Unos querían morir por segunda vez en una gran batalla. Pero aquellos espíritus ahora eran rosas y flores silvestres, amapolas y margaritas que habían brotado en primavera del polvo de los enterrados y que en polvo se habían convertido como los muertos antiguos. El encanto infinito de la naturaleza que piensa y conduce, sensual y visionaria, que revolotea entre el placer y el dolor, entre los ensueños y las lágrimas, Observo que andas bien en la oscuridad, dijo Gausón, Como los espíritus. Ah, y decidle a Cinnano, el druida viajero, que no se olvide de mí. Todavía le quedan muchas horas de escuela que impartir en nuestra tribu, Se lo diré, pero él permanece con nosotros porque los caminos son oscuros y sus ojos cansados ya no ven como los nuestros, Mientras tanto, aprovechadlo bien. Nos veremos pronto, Y poco a poco desapareció entre las fronteras difuminadas de la noche, Y cuando el cansancio y el sueño reclamaban su tiempo, Corocota y Gausón se despidieron y el guerrero cántabro inició la marcha hacia su campamento entre la inaccesible oscuridad que nadie se atrevía a tocar. Los dos guerreros tenían una misión que muchos romanos y traidores de otras tribus procurarían que no se cumpliera. Cántabros y astures intentarían aniquilar a las legiones antes de que el sol finalizara su viaje por la estación fría. En aquel tiempo aterido, las plantas no interrumpirían el camino y algunas invernaban como los osos. En otro tiempo, dos guerreros notables, en vez de unirse se enfrentaban entre ellos. Pero ahora sabían en qué lado estaban y pasaban sin ser percibidos. Pero ojos envidiosos había por todas partes. Gausón y Corocota siempre se sentían observados, sobre ellos recaía una gran responsabilidad, pero seguían los caminos de su destino que antes de nacer ya habían sido trazados y viajaban por ellos día y noche sin reparar en nada. Dando una vuelta en el sendero, a Corocota tres árboles se le pusieron por delante. Su montura se detuvo, pero no eran árboles, eran tres de sus hombres que habían sentido el paso lento de un caballo, Hemos sentido los pasos de un caballo, señor, y nos pusimos en guardia; por la noche no se distinguen los colores y con esta niebla no se ven las estrellas, dijo uno de sus hombres, Estamos llenos de miedo y nos asustamos de nuestras propias sombras. Es bueno tomar precauciones, pues las sombras alteran la dirección de los caminos y confunden a los viajeros, dijo Corocota. Unos y otros guerreros viajarían en direcciones opuestas con una misión en sus corazones, ayudar a salvar sus reinos. Durante el resto de la noche todos sentirían el mundo oculto en donde los miedos y los ruidos de vagaban de arbustos que se rompían y animales que emitían furiosos rugidos vagaban por la oscuridad.

LA CONJURA II

IV, Diciembre. Anno 727 a. u. c. (26 a. c.)

Cada vez llegaban más guerreros a la concentración. Muchos galaicos también llegaban. Yo los veía y me parecía que estaban allí como cuando bajaron del techo de Lusitania y apoyaron a Viriato para luchar contra los romanos. Todos estaban deliberando por secciones y cada uno sabía más que el otro. Algunos eran amos crueles que obligaban a sus criados a suplicarles para apaciguar sus deseos de sacrificarlos como si fueran animales. A otros los devoraba la sed y la cerveza que bebían a torrentes aunque no estuviera lista para su consumo todavía. Dentro del propio campamento nos rapiñábamos unos a los otros, sobre todo bebidas. Aquel desorden, aquel desbarajuste probaban a Gausón que a aquellas gentes que se deleitaban con la bebida, con la sangre y con las ganas de matar, había que doblegarlos bajo una sola voluntad prometiéndoles guerra, saqueos, el vino de los romanos, sus armas, sus caballos, su comida. Si querían todo eso deberían seguir las órdenes de un guía, de un general, de un guerrero. Sólo así podrían saciarse por completo. Deberían guardar su ferocidad para la batalla que sería larga y dura si no salía como estaba previsto, pero corta y sabrosa si se efectuaba con disciplina, con orden, obedeciendo al mando. En el campamento nos amontonábamos para escuchar a Gausón. Todos necesitábamos abrir nuevas ventanas, pulsar los aires, pulsar los colores dejándole un paso a la luz en las tenebrosas penumbras. A medida que la muchedumbre se calmaba el camino se hacía más ligero, sutil, aliviado. Antes de partir para la concentración, las tribus se habían reunido para escuchar a los más viejos. Algunos, que estaban subidos a los caballos como si fueran a salir a la guerra ya mismo, se bajaron de ellos y entre todos se abrieron grandes grietas que parecían puertas; colosales entradas principales. El camino era recto y el olor a hierba quemada, a hojas caídas, marchitas, lo hacía más suave. Estaban cansados, sus pies embarrados y dibujaban una imagen como cuando los guerreros suben por las colinas. Las nubes de humedad se cruzaban en sus pies formando caminos de humo blanco y el camino era blanco. Poco a poco nos fuimos agrupando en una sola asamblea. Sólo faltaban los brigaecinos que decididamente parecía que no iban a venir. Había clanes enteros de los cántabros involucrados en la conjura a las órdenes de Gausón. Todos nos juntamos a parlamentar para fraguar de manera secreta el ataque guiados por Gausón, Propongo un ataque por sorpresa al estilo de los que efectuamos en las asaltarías de rapiña, dijo Gausón, Pero el campamento está situado en campo abierto y es ahí en donde los romanos son más fuertes, le contestaron, Jugaremos con el factor sorpresa, dijo Gausón, Bajar al ataque, y cuál es la sorpresa, dijeron, Ellos no esperan un asalto en invierno, esa es la sorpresa, dijo Gausón, Estás seguro de que nunca os han visto merodeando cerca de sus campamentos. Todos sabemos que habéis matado a varios de sus hombres, dijeron, Ellos creen que nosotros, los astures, estamos refugiados en las montañas de las que en invierno nadie puede subir ni bajar. Además sabemos que ellos creen que han sido los guerreros cántabros con los que ya están en guerra quienes los han atacado y matado a los soldados, dijo Gausón, Es mejor que piensen eso, que la nieve y el frío nos tienen prisioneros así esa tranquilidad los relaja y es el momento de cogerlos desprevenidos, dijeron, Cogerlos y aniquilarlos a todos, dije interviniendo por primera vez, A todos. Con la ayuda de los cántabros los sorprenderemos por la espalda y no podrán reaccionar, dijo Gausón. Había migajas de comida tiradas por el suelo, jarras y restos de deposiciones humanas y animales. Los dioses estaban atendidos por sus esclavos que a veces pasaban el día contemplándolos. Yo imaginaba una manada de lobos vestidos de romanos, pero allí había otra manada. Todos los presentes aparentaban ser fieros. Alguno quería ser el más fiero. Pero uno tenía que ser el jefe y muy pronto tendría que empezar a dar órdenes y a gobernar el conjunto, Atacar a los romanos en campo abierto es muy arriesgado, tú lo sabes, dijo Vado, Por eso trazaremos un plan que maduraremos unos días más. Un plan de ataque contando con el factor sorpresa, dijo Gausón, Hilas bien Gausón. Eres experto en la lucha y tus tácticas son mañosas, dijeron, No os precipitéis en adulaciones porque todo tiene un precio que muchos pagaremos, dijo Gausón, Qué precio, pues, quisieron saber, Lo sabréis más adelante, mientras, tened paciencia, dijo Gausón, Tal vez este ataque sea muy precipitado. Esas legiones están inactivas invernando y no sabemos lo que harán en primavera. Quizá regresen por donde han venido si estos meses de invierno son meses de paz, dijeron, Para las legiones, en la primavera se presentará una gran ceremonia. Para la naturaleza, una ceremonia de vida, para los romanos, una ceremonia de muerte, dijo Gausón, Los jefes con más experiencia en combates elegidos por las tribus entre las etnias mayores o federaciones, capaces de empujar a los indígenas contra enemigo tan poderoso, se colocaban todos juntos por orden de rango y número de guerreros. Sentados y en compañía de los hombres y mujeres de sus clanes, cenaban enfrente de un fuego tenue bajo la mirada atenta de una luna de plata a la que diera paso un rápido atardecer invernal. Se hablaba de la actividad bélica que se extendía en todo el territorio astur. Después de cenar, se hizo un recuento de espadas en el que participamos todos. Cada señor, granjero, guerreador, hombre libre, jefe o siervo, habría de presentar la suya junto a los miembros de su familia, tribu o clan al que perteneciese. Algunas estaban clavadas al pie del guerrero que no le quitaba los ojos de encima, Los campamentos del Astura para los romanos son sus cuarteles de invierno en los que se preparan para iniciar un ataque en primavera. Ya sé que esto es harto repetido muchas veces, pero hay que repetirlo para no olvidarlo. A nuestros oídos van y vienen noticias de que en los campamentos se ocultan cohortes, medias legiones, tropas auxiliares, pero nadie lo sabe, dijo Gausón que se había quedado sólo con sus hombres más fieles, conmigo, con los sacerdotes de su tribu y con dos druidas, Es posible que sean legionarios de la columna occidental que han viajado con Augusto. Tal vez su jefe supremo sea Antistio del que ya habréis oído hablar. Nos han dicho que Augusto ha repartido las provincias del Imperio con el Senado, haciéndose él mismo cargo de las inseguras y reservándose para su propio control las provincias que ellos empiezan a llamar Citerior y Ulterior Lusitana. Así tiene un mayor control sobre el ejército, pues al quedarse el Senado con las provincias pacificadas del inmenso espacio conquistado por Roma, al ejército el Senado no lo necesita, dijo uno de los druidas que había llegado con los mercaderes, Es tiempo de elegir a un jefe. A un jefe qué una a todas las tribus. Un jefe valeroso, qué luche, qué no se rinda. Qué sus palabras no sean lamentos fúnebres, ni llantos, ni gemidos de dolor. Qué sea sabio y joven. Un guerrero acostumbrado a pelear y que su fama esté llena de gloria y de honor, grité para que todos me oyeran, Ese es Gausón, gritaron los guerreros sentenciando mis palabras con brutal conformidad y haciendo resonar sus armas, La asamblea volvía a aumentar. Los que se marchaban regresaron. Tal vez estaban desorientados hablando de guerra, de legones, de ataques y de conjuras, sin día señalado y sin saber ni cómo ni cuándo. Gausón agradeció el ímpetu con el que los guerreros habían pronunciado aquellas palabras. No hizo falta otra votación. No hubo discusiones. A Gausón hacía mucho tiempo que se le sentía como se sienten los latidos del corazón de la tierra. Gausón se había erguido como si con sólo con aquellos gritos fuera suficiente para su elección. Para casi todos, Gausón era el mejor de los jefes, fiel y gran estratega, Todos conocéis las conquistas de Roma, su poder militar y sus crímenes. Si queremos ser libres debemos pensar en la guerra. Tal vez moriremos y así también seremos libres. Pero moriremos menos si combatimos todos unidos. Muchos somos los que tenemos experiencia guerrera contra los romanos y en las prácticas de nuestras asaltarías en las que muchos ya luchamos juntos contra otras tribus. Las tropas romanas son ágiles y están bien disciplinadas. Todos sabéis que su éxito es debido más a su organización que a su fuerza. Unidos a las órdenes de un jefe debéis ser fieles al que manda, porque mandará un solo ejército, un ejército numeroso que unirá a nuestros pequeños ejércitos que, con sus pequeñas experiencias, estará formado por grupos invencibles, dijo Gausón y todos se animaron, Estáis seguros que queréis que yo sea vuestro jefe, preguntó, Queremos. .Queremos. Queremos, gritaban todos moviéndose, abrazándose y a veces dándose enzurrones, levantando las espadas y obligándoles a sonreír a los que tenían la cara seria, Basta, gritaban otros. Dejadle hablar, Somos muchos los que vivimos aquí alejados de nuestros lugares de nacimiento, dijo Attiu del clan astur de los zoeale, Estos montes son muy fríos para nosotros y tenemos que alimentarnos bien.

Calentar nuestros espíritus, dijo Eonina, una joven de la tribu cántabra de los coniscos refugiada con los astures, Pronto se acabará el vino y la cebada para hacer cerveza. Nuestros graneros se vacían porque somos muchos a comer y a beber. Debemos atacar ya o el hambre nos obligará a marchar a nuestras casas o a lanzarnos a asaltarías que serán más peligrosas que meternos en eses campamentos, dijo Elanio de un clan de las montañas, Los romanos tienen vino en abundancia, cerveza y vino y muy pronto será nuestro. Confiad en nuestro caudillo Gausón, dije, Los legionarios no beben vino, dijo el druida. Yo lo sé, Si ellos no lo beben, nosotros se lo beberemos y calentaremos nuestros corazones, dijo Gausón, Los cántabros también lo tienen en abundancia. Ellos asaltan las caravanas que van cargadas de comida y vino desde los puertos dijeron, Pero no pueden trasladarlo hasta aquí. Tardaría meses en llegar. Los caminos son pedregosos a veces cuesta arriba y los animales que los transportan perderían el equilibrio, dijo Eoina, Pero acaso la carne con agua no satisface vuestras barrigas, dijo Clotio del clan astur de los bolgenses, Antes llegarán las aguas del océano que las legiones romanas, dijo uno que estaba mareado repitiendo un dicho que circulaba por todos, Si no bebemos cerveza ni vino, beberemos agua. Racionaremos las tortas y cuidaremos de las bellotas. Las mantendremos calientes para poder machacarlas bien y hacer el pan, pues gracias a ellas todavía nos podemos alimentar mucho tiempo, dijo Gausón. Siempre hablábamos de lo mismo. Los mercaderes y nuestros espías confirmaban lo que decían los cántabros: "Las tropas romanas llegan por tierra y por mar, desembarcando con suministros frente a las desembocaduras de los ríos Salia y Sauga. Augusto había llegado por tierra al frente de la Columna Central y para muchos de nuestros jefes acostumbrados a guerrear, todos los legionarios de Roma juntos no eran suficientes para meterles miedo. Se rumoreaba que el Emperador en persona se haría cargo de las contiendas y ya no precisaba de legado que le hiciera las veces, lo que suponía en guerrero menos o un guerrero más. Algunos también pensaban si ya no eran suficientes los generales, los tribunos y los centuriones, Pero para qué los quieren si Augusto es todos los generales de Roma juntos, dijo Vado, En dónde está ahora vuestro caudillo Corocota, preguntó Allucio que había llegado desde las tierras galaicas con un pequeño ejército de la tribu de los coporos. Acaso no va a estar presente en nuestras reuniones, preguntó, Corocota está luchando contra las legiones de la Columna Central y contra las tropas que desembarcan en los puertos, contestó Gausón. Su táctica es la que todos seguimos. Emboscadas, ataques rápidos y huidas a los castros y a los picachos. Corocota no está dentro de Aracillum, pero con sus fieros ataques por sorpresa contra las legiones que llegan por mar entorpece que Augusto refuerce sus tropas y el suministro de alimentos. Es peligroso enfrentarse a los romanos en campo abierto. Cuando sus tropas están formadas y organizadas, mirar para sus lanzas es como ver los dientes afilados de una fiera que asusta cuando se mira para su boca. Las legiones tienen anchos pies y se agitan de un lado a otro sobre ellos y poco a poco se van acercando y, aunque alguno piense que a la cima de las montañas llegarán antes las aguas de los océanos que los ejércitos de Roma, ellos subirán aunque para eso tengan que clavar los dientes en las rocas. Pero más emisarios venían y nada más llegar, se les decía que ahora había un jefe único, un caudillo del que tendrían que recibir órdenes. Cada uno ponía su cara de sorpresa. Otros de: Es lo mejor, y otros de: Ya lo sabía yo, aunque no había quién no se creyera mejor que el jefe y comentaba que a él le habían dado elección. Aquellas caras ya no serían las mismas cuando regresaran del combate, con sus pesadillas y sus desgarros. Al día siguiente sería el penúltimo de preparativos militares antes de iniciar el ataque. Los cántabros ya habían sido avisados del momento decisivo y sólo esperábamos su confirmación para hacerlo todos en el tiempo. Los ejercicios de despliegue desplazándonos hasta las colinas alejadas de nuestros campamentos para hostigarnos unos a otros como haríamos con el enemigo, nos tuvieron ocupados buena parte de ese día. Una de las mejores armas de cualquier ejército era conocer los planes del otro. Un druida nos había contado que durante la Guerra de las Galias, Julio César había vencido a muchos britanos porque algunas tribus, sometiéndose a él, revelaban los planes de las otras.

    Las rivalidades entre algunos de nuestros pueblos quedaban manifiestas en los entrenamientos para el combate. Se discutía sobre asuntos que venían de tiempos inmemoriales y algunas tribus poseían más influencia y más poder. A la llegada de los romanos se olvidaban del pasado y jefes, e hijos de jefes, que se habían conocido por primera vez, ahora se hacían amigos. No se hablaba de territorios, ni de reparto de tierras, sólo pensaban en regresar a sus casas después de victoriosos combates. Aquel día cuando se terminaron los ensayos de guerra, se bajó de las colinas y se llenaron cántaros con el agua que corría de un afluente por la montaña. Los que habían quedado vigilando el improvisado campamento cazaron varios chivos cuya carne repartimos entre todos y que después comimos de buena gana, pues el ejercicio físico nos había abierto bastante el apetito. Antes lo habíamos sacrificado en honor a Bodonuaego. Todos pensaban que el mejor sacrificio al dios serían cautivos de guerra romanos pero ya llegaría ese día. Mientras, el dios estaba satisfecho. Después de comer, los más jóvenes practicaban el pugilato y corrían trazando una distancia felicitándose el que llegaba primero. Todos vestíamos de negro. Alguno tocaba la flauta. Por la noche le haríamos un culto a la luna. Yo pensaba que aquel día deberíamos descansar para estar frescos en el combate. Pero muy pronto aquellas escaramuzas de entrenamiento en el que los hombres se envalentonaban porque el enemigo no luchaba a matar, tenían que acabar para dar paso, de una vez por todas, a esas peleas encarnizadas de las batallas que matando o muriendo aliviaban la agitación y la inquietud. Tal vez los jefes de las facciones que ostentaban la mayor autoridad de los numerosos clanes familiares, empezaban a inquietarse y exigían saber las determinaciones del caudillo para llevar a cabo la conjura planeada. Para nosotros, los adiestramientos para enfrentarnos a los romanos, sabido cuáles eran sus tácticas y sus armas, alegraban a nuestro caudillo y a los jefes de nuestros clanes, porque esos conocimientos nos protegían de enemigo tan poderoso. Todos los guerreros reunidos parecían echar a suertes quién de ellos iba a tomar las más difíciles decisiones. A veces sus voces subían de tono. Yo quise acercarme para decirles que quería ayudarles. Paso a paso, rascando el suelo, como si quisiera pegarme a él y no llegar nunca. Sin darme cuenta, estaba casi dentro del círculo. Pero mi padre era quién, como jefe de nuestro clan, tomaba las decisiones aunque mi madre no le quitaba un ojo de encima. Yo estuve allí a su lado como un guerrero más, aunque a mí la guerra no me satisfacía. Hablaban por delante y por detrás de mí y de tanto girar la cabeza casi me mareo. Todos chillaban porque todos querían ser los amos, Roma quiere arreglar de una vez todos los conflictos que manan entre nosotros enviando legados y contingentes militares más o menos numerosos. Una prueba de ello son esas legiones que acampan a sus anchas al lado del Astura. En sus esquemas, que trazan en Tarraco, se decreta en contra de la sublevación de nuestros pueblos, porque el miedo de los romanos es que esta rebeldía se convierta en un pésimo ejemplo para los pueblos vecinos, sometidos al Imperio y sea motivo para una revolución general, dijo Gausón, No vamos a culparnos ahora de nada. Todos hemos sido responsables de causar inseguridad entre las tribus y provocar a Roma, dijo mi padre, No me pareció muy acertado atacar a aquellos soldados que vigilaban las inmediaciones de los campamentos, dijeron como queriendo reprochar a Gausón. Los mercaderes dicen que desde ese día se extendió la noticia entre las legiones. Los romanos se irritaron más de lo que ya estaban y todavía tienen apiñados y podrecidos los cuerpos de los soldados muertos. Pero es de esperar que pronto los incineren. De momento, los exhiben para que corra la noticia de que se van a vengar, Aquello fue como una cuestión de consuelo, eso es todo, dijo Gausón. Para ellos no es más de una de tantas escaramuzas que tienen con nosotros y los cántabros. Es mejor permanecer lejos de las legiones mientras no iniciemos el ataque definitivo. De hoy a mañana ninguno de nosotros se alejará del campamento. Nosotros conocemos muy bien los terrenos de las montañas y no hemos puesto en peligro nuestro plan con esas acciones, Claro, porque culpan a los cántabros, dijeron, Por las montañas nuestros andares son lentos, pero seguros y nos trasladamos como nos parece y nos aportan sabiduría. Podemos ver el mundo debajo de nuestros pies. Pues nuestra actitud, como la del cuervo, más que guerrera es contemplativa. Mirando hacia todas partes, vemos todos los horizontes y todos los soles, y los romanos no. Desde mi montaña puedo echarle una sonrisa al mundo y el mundo me responde con una caricia que me manda en el aire. No estamos acostumbrados a vivir en jaulas y Roma para nosotros ha de ser una jaula y el oro que tenemos no lo podemos comer, dijo Gausón, Noto la antipatía y el desvío, dijo el jefe de todos los clanes de la tribu zoeale. Nos degollaremos unos a otros antes de enfrentarnos con Roma o permaneceremos unidos en una única y poderosa tribu, Degollaros o luchar, dijo irritado el druida, de otra manera, os convertiréis en esclavos, Basta, dijo Gausón. Odio las palabras inútiles. Las noticias se transmitieron por todas partes. De un lado al otro; desde los galaicos hasta los vascones y desde el norte hasta el sur. Desde las tierras más altas hasta las tierras más bajas. Muchos, como sabiendo ya las noticias. Como si fueran transmitidas por sus antecesores desde un mundo del más allá, se habían precipitado a partir para prestar su apoyo. Los clanes recibieron los mensajes a través de animales, de plantas y de otros símbolos totémicos en donde creían que estaba residiendo el alma de algún pariente. Como peregrinos, acudieron a la llamada del guerra y ahora obedecerían a su caudillo que, aunque no era un dios, sino tan sólo un hombre como ellos, había sido elegido para matar al oso antes de que amamantara a sus cachorros y al oso hay que matarlo en invierno, porque si es muerto en verano, su hígado es amargo y sus propiedades como antídoto para el veneno no son eficaces. Detrás de ellos quedaron los densos bosques. Los galaicos que se unieron a la lucha viajaron días y noches por debajo de sus seguras montañas. A los guerreros galaicos no les gustaban los terrenos abiertos. Todos, se dieron cita en su destino, en su punto de encuentro. Los de la tribu de los coporos, nada más llegar, comenzaban a sentir morriña. Aquella tarde noche antes de la batalla las tribus se reunieron en consejo. Siempre había reuniones, porque cada día llegaban nuevos guerreros, clanes enteros que, unos con la disculpa del mal tiempo, del hielo o de las nevadas y otros tal vez por desidia o por miedo, tardaban mucho tiempo en llegar. Esperaron la noche para rendirle culto a la luna danzando en aquel lugar dominado por la diosa y desde el que se podían ver las montañas. Cuando acabaran las danzas comenzarían el último consejo. La luna llena y risueña observaba y sonreía desde la morada de los muertos. El fuego, la carne y el pan de bellotas les abrían la boca sin demora. Sin duda, los que llegaban estaban demasiado cansados del largo y abrupto viaje. Tal vez los brigaecinos también se decidirían casi al final, o no se decidirían nunca y no se presentarían para combatir. Los guerreros de guardia montados en pequeños y resistentes asturcones vigilaban hasta la línea del monte. Una densa niebla le cortaba el paso a los reflujos de la luna. Unos esclavos juntaban más leña, hojas y arbustos secos para quemar, pues la noche se presentaba muy fría. En las montañas había nevado abundantemente hacía dos noches y los aires bajaban helados. Los cántabros ya estaban cerca, de lo contrario no podrían llegar, tal vez ellos también tenían otro campamento improvisado cerca en la meseta del que nosotros no sabíamos. Los cocineros asaban machos cabríos. El caudillo ayudado por los jefes conducía el consejo con habilidad y siempre dejaban que los sacerdotes y los druidas aquitanos tomaran parte y calmaran la atmósfera que a veces era sofocante, Pronto comenzará el descenso y todos los hombres y mujeres hábiles en el combate iniciaremos la marcha. Otros se quedarán aquí. Druidas, sacerdotes, mujeres, hombres viejos y niños. Pase lo que pase aquí estarán protegidos aunque este lugar no esté precisamente en las cima de nuestras montañas. Pero Antes de iniciar la marcha hacia los niveles llanos en donde habremos de atacar a las tres legiones matando a sus soldados y a sus jefes. Cada tribu en su conjunto o cada hombre y mujer por separado, puede dedicarse a rendir homenaje y sacrificios a los dioses. Los designios de éstos son muy importantes y nos serán propicios y nos fortalecerán las ganas de enfrentarnos a los romanos, dijo Gausón. Pero los recién llegados estaban cansados de haber subido y bajado montañas para llegar allí en un esfuerzo del que nadie estaba habituado en invierno a pesar de vivir en constante ambiente de guerra. Es posible que el color se detuviera ante aquellas montañas, ante aquellos campos que debido a las heladas parecían montañas de arena. Gausón y sus guerreros, tal y como les había enseñado el druida, escuchaban las voces de los árboles. En los regatos, los peces, como las xanas, erguían la cabeza por encima del agua para verlos cabalgar. Cuando los veían la volvían a sumergir. Casi todos los guerreros pensaban que los peces también se ahogaban entre los pozos sin fondo del río. A casi todos les parecía que estaban en sus castros, poblados y ciudades. Los concanos sacrificaron caballos y les bebieron la sangre. Los mayores y más abundantes sacrificios se los hicimos a Tarannis. Sin embargo, no estábamos solos. Placeres y dolores. Magia para el bien y para el mal. Potencias y seres invisibles se desplazaban a nuestro alrededor y por nuestros pensamientos. Sacerdotes que recibían el homenaje de los dioses a cambio de la adoración de ellos y de todos nosotros. Cinnano y otros dos druidas aquitanos se reunieron en consejo con los jefes. En sus pensamientos y premoniciones aparecían reflejos de un mundo nuevo. De un mundo que no tenía corazón en su cuerpo. Ideas primitivas, aunque parecieran absurdas, eran para ellos conceptos de esperanza. Sus convicciones sobre la vida y la muerte se corroboraban en sus creencias y en sus prácticas salvajes y despiadadas. Ellos, conocedores de fábulas y leyendas, referirían lo sucedido en tiempos lejanos, o quizá en tiempos futuros, con narraciones fantásticas aplicando la conseja al alma del jefe al caudillo salvador de su poder. Los tres druidas que se refugiaban con los astures a veces acudían a cobijarse debajo de los robles. Aquel día previo a la gran batalla, ellos seguían su historia religiosa de adoración a los robles. Cinnano me invitó a ir con ellos y quedarme a un lado cuando iniciaran algún ritual. Ninguna gente de las tribus, ni siquiera el propio Gausón, había presenciado jamás cosa de ellos. Nadie se atrevía a molestarlos. Tal vez para los druidas cada árbol era un santuario natural. A veces buscaban las zonas más boscosas y más agrestes aunque tuvieran que desplazarse montaña arriba por el bosque espeso. Ellos sufrían cuando se despedazaban algunos robles que estaban vivos para hacer fuego sin la menor consideración a su sufrimiento. La severidad de su culto, en tiempos pasados, se reducía a penas horribles para los que se atrevían a descortezar a los robles, penas tales como cortarles el ombligo y clavarlos en la parte del árbol que había sido pelada obligándole después a dar vueltas al tronco hasta que sus tripas quedaban enrolladas al árbol. De esa manera se reemplazaba la corteza muerta por un sustituto vivo del culpable, Los druidas matabais a un hombre por un árbol, le dije a Cinnano cuando me relataba historias de los celtas en las Galias y en las numerosas tribus afines que existían desde el fin de la tierra, más allá de los montañas galaicas, hasta el Rin, Era vida por vida, dijo, Has dicho tribus, acaso existen tantos bosques para cobijarlas a todas, pregunté, Hijo de Aravus, para que te hagas una idea, una ardilla podría atravesar el mundo saltando de árbol en árbol sin tocar el suelo. El druida metió una mano en el bolsillo de su túnica blanca y sacó una moneda que me mostró para contarme una historia, Ves esta moneda. En un santuario de Grecia puesto en un lugar llamado Cros, estaba prohibido cortar un ciprés bajo la multa de un millar de dracmas. Esta es una de esas monedas que han tenido que pagar unos locos de una tribu amiga cuando yo andaba por allí de peregrino. Pero aún que sea cosa de druidas, en ningún lugar de la tierra se sigue más a rajatabla esta religión que en el corazón de Roma. En la gran metrópoli, en el foro, en el centro afanoso de la vida de los romanos, se le dio culto a una higuera sagrada hasta que se secó y los romanos quedaron desconsolados. Incluso en las pendientes de una colina crecía un cornejo apreciado como una de las cosas más sagradas de Roma. Si al que pasaba por allí le parecía que necesitaba que lo regaran, daba gritos de alarma y las gentes corrían con cubos llenos de agua como si fueran a apagar un incendio. Después de escuchar aquellas historias me parecía que los árboles me miraban, o que ellos se sentían observados, incómodos. Pero seguían en el lugar que habían nacido sin reparar. Así anduvimos un buen trecho y dando la vuelta a un sendero la imaginación me empezó a trabajar y me pareció que tres árboles se nos ponían por delante, No te detengas hijo de Aravus, es tu imaginación, dijo el druida que volvía a leer mis pensamientos y hasta mis sueños, Me pareció que tres árboles se nos ponían en medio del sendero y el más grueso de los tres, me dijo: Quién eres tú y a dónde vas por esos mundos sin montura y acompañando a tan ilustres sacerdotes. No te alejes mucho, pues te espera una guerra, dije, Tal vez han sido los espíritus arbóreos quienes se han comunicado contigo, pues los árboles viven, mueren y tienen espíritus como nosotros, dijo Cinnano, Cuando regresemos me fijaré si estos árboles están en el mismo lugar. Tal vez, se asusten de sus propias sombras y alteren la dirección de los caminos para confundir a los viajeros, dije, No, hijo de Aravus. Ellos saben que el viajero que se guíe por las estrellas siempre encontrará su camino, dijo Cinnano, Yo siempre pensé que dentro de ellos vivían espíritus pequeños que como viven mucho tiempo en la oscuridad, los colores no los tienen aprendidos y las estrellas son de colores, dije, Tal vez algunos buscan a quien les enseñe a conocer los colores, así podrían alumbrar su mundo interior y ser más felices. No estorbar en los caminos quedándose para siempre en el mismo lugar y los habitantes del aire poblaran sus ramas con sus nidos en la estación que brotan las flores, dijo Cinnano, Cuando la estación es fría los árboles pierden sus hojas y los pájaros se van, dije, Tal vez algún hombre debería perder el cabello para que los seres que pueblan su cabeza también se vayan, dijo Cinnano.

El druida cantó:

Oh árboles del bosque,
dadnos cura y alegría,
dadnos muérdago y pan,
a los hombres cada día.

Vais a hacer una hoguera, druida, dije, Cuando Gausón mató a los soldados de vigilancia. Debería haber dejado alguno con vida. Así nosotros podríamos quemarlos vivos y obtener ciertas ventajas matándoles de esa suerte, dijo Cinnano. Ni el sacrificio de los soldados romanos, ni el de ningún hombre entraba en mis deseos. Me aterraba la idea de asesinar, ni siquiera a un animal. Entre nosotros había víctimas para inmolar todos los días, criminales para sacrificar a los dioses, cautivos de guerra y ahora habría romanos si estallaba la guerra. Para los druidas, cuantos más romanos muriesen más fértiles serían las tierras. Ellos hablaban de construir formidables imágenes de cestería, de madera o ramas de árboles, rellenarlas de hombres vivos o de animales y prenderles fuego a las imágenes para que ardieran con todos dentro del armazón. Pero bastante derroche había ya de vidas humanas por el hambre, el frío y las rapiñas y ahora se presentaba una carnicería mayor con el enfrentamiento a las legiones romanas. A veces me parecía que para los druidas aquello era un festival con juegos de guerra mortales que empezaban con tiros al blanco derribando de una pedrada o a flechazos a las víctimas que había que sacrificar. Tal vez, si los druidas si asentaran en nuestras tierras se harían fuertes y tendrían que eliminar a nuestros sacerdotes y curanderos. Yo sabía que a los nuestros no les importaban tanto los criminales o los prisioneros, sino las brujas o los hechiceros considerados seres nocivos y peligrosos, como si fueran animales afectados por el maleficio de la hechicería. Los druidas decían que algunos animales salvajes eran personas transformadas con el maligno propósito de proseguir con sus fabulaciones malignas contra el bienestar de sus vecinos. Pero yo no les tenía miedo a los druidas. Ellos habían salido al bosque a rezar en sus altares naturales como hacían en su tierra. Aquellos hombres roble habían entrado en su templo y me habían llevado con ellos. Por momentos pensé que me iban a sacrificar a mí. Primero encendieron fuego frotando dos pedazos de madera seca que llevaban guardados en sus mochilas, Ahora hijo de Aravus, verás que frotando dos pedazos de roble sacamos el fuego que el dios del cielo nos manda en los rayos caídos en las tormentas. Porque estos árboles son los elegidos del dios. Cuando crecen aquí en la tierra, el mismo dios les manda el muérdago en otro rayo, dijo Cinnano, Muy cerca de mi casa vive un grueso y viejo roble que ha protegido nuestras casas del rayo. Por eso muchas veces lo veo fulminado. Ese roble es como mi abuelo y me quiere porque me ha visto crecer, dije, El dios te ha protegido a través de él, dijo Cinnano, Ahora comprendo porque está tan estropeado. Ha recibido la ira del dios del cielo parando todos sus rayos, o sus castigos, dije, Tal vez nunca habéis arrancado el muérdago que el dios os enviaba con las propiedades mágicas del rayo, dijo Cinnano, Todos los robles han sido fulminados por el rayo divino, pregunté, Y en todos hay una emanación visible del fuego celestial. Observa como nosotros coronados con las hojas del roble, en este rito mágico extraemos con todo cuidado ese fuego mágico y poderoso, ese poder del rayo que nosotros le transmitiremos a Gausón y a ti ahora mismo, dijo Cinnano. No sabía yo asimilar aquella ciencia de modo ciego como hacían ellos ni pisar el terreno de la magia dejándome llevar por las tinieblas, porque algo sólido estaba a la vuelta de la noche que le tapaba el paso, como una enorme montaña, a cualquier evento de la imaginación.

Los druidas volvieron a cantar:

Mantente siempre firme como el roble,
que flameen de muérdago tus ramas,
tus ramas amarillas y doradas.
El color si es dorado es tu tesoro,
en él está tu vida, está tu muerte,
tú eres el espíritu del roble,
tú eres como el muérdago del roble,
pero si alguien te corta, morirás.

Había Visto una ceremonia druídica. En verdad que nunca me hubiera negado a presenciarla aunque para ello tuviera que viajar hasta el otro extremo del mundo. Estaba satisfecho con mi suerte. Después de la ceremonia pude contemplar de cerca el muérdago y me pareció que si fuera noche cerrada, dentro de él se encendería una luz. Los druidas sonreían enfrente de mí en la complacencia de verme admirado. La luz que desprendían bebía el rocío que se suspendía en las ramas de los árboles y en las hierbas. Los insectos acudirían a la luz que se expandía de la mezcla que el muérdago, los trajes blancos luminosos de los druidas y el blanco del rocío, convertían en el verdadero centro de aquel bosque. Mi imaginación se exaltaba, Esto que acabas de ver, hijo de Aravus, encierra para nosotros miles de recuerdos de nuestra religión. Allá a donde vayas el bosque estará cubierto de ellos. Bajo la sombra de cualquier enramado encontrarás a un druida con su blanco ropaje luciendo su hoz de oro brillando en cada rayo de sol. Nuestro culto ahora se ha celebrado aquí en tierras lejanas, en un sitio solitario, pero romántico. No es el bosque de los carnutos, pero será nuestro monumento en tierras astures al que podrás venir para quedar pasmado o para protegerlo cuando nosotros ya no estemos aquí. Aquí mismo levantaremos un ara, un monumento en el que tú serás el sacerdote. Ahora como no será fácil descubrir el sitio debes ir a buscar a Gausón para que lo traigas aquí sirviéndole de guía. No me atreví a preguntar por qué querían que Gausón fuera a aquella parte del bosque, pero supuse que sería para darle a comer el muérdago y así proveerlo de los poderes del trueno y del rayo en su lucha contra los romanos. Gausón vaciló al principio, pero se acordó del poder de los druidas, aunque tampoco quería que estuvieran por encima de los sacerdotes y curanderos de nuestras tribus que con sus hechizos y sus medicinas curaban de las fiebres y de las torceduras. Tal vez no eran tan sabios como los druidas, pero eran nuestros sacerdotes y curanderos y les queríamos, Todo será bueno, Gausón, cuando las ruedas de la guerra empiecen a girar, le dije a Gausón cuando caminábamos hacia el lugar, Crees, Velio, qué los druidas las van a engrasar con su magia para que no chirríen, No lo sé. Pero estoy temblando, si fuera un caballo me inquietaría, dije, Tal vez es que andan cerca los lobos, dijo Gausón, He visto el brillo de sus ojos en la oscuridad, dije, No temas, no se acercarán, dijo Gausón, Prefiero ver a los lobos que ver a los hombres cargarse de dardos y de piedras para sus hondas, beber en exceso y a sus mujeres agarrándose a ellos llorando, dije, Algunas mujeres no los soltarán hasta el amanecer, dijo Gausón, La mayor parte de los hombres no son guerreros, sino campesinos y sus mujeres también querrán ir detrás de ellos, dije, Ya casi hemos llegado. Ahí se ve la hoguera de los druidas, dijo Gausón. Una hoguera ardía e iluminaba. Los lobos sentían curiosidad, pero no se acercaban. Gausón apartó un poco los cabellos de la cara y alzó las cejas. Los druidas se entregaron a los cuidados del fuego y a la preparación del muérdago. En la ceremonia parecía que jadeaban como bajo el peso del hielo. A veces se doblaban y fingían que se sentían morir. Las estrellas palpitaban y la luz del fuego cimbreaba espantando a la niebla de plata. Gausón se acercó como si no quisiera ser visto por los árboles que lo rodeaban, por las paredes que formaban aquellos troncos de los robles y sus ramas que algunas no eran de ellos, sino que se colaban de otros arbustos que querían aprender. La inquietud de Gausón flotaba en el aire. Tenía prisa y se agitaba. La luna salía y se perdía entre la bruma. La tapicería de hojas caducas del suelo a veces crujía. No se sentía más ruido que el de la madera al arder. A lo lejos el rumor del campamento se desvanecía. Gausón había aceptado el mando de su ejército de los que esperaba obediencia aunque yo sé que estaba desesperanzado. Él confió el mando a muchos lugartenientes que conocía y con los que ya había realizado anteriormente asaltarías de rapiña, unos pocos hombres fieles nada más. Al resto no los conocía, era muy difícil conocer a tantos. Aquella incertidumbre abría en su cara grandes grietas desde las que se podía ver el fondo de su garganta. Los tres druidas extendieron sus manos hacia Gausón. A Gausón aquel altar le infundía espanto y durante un buen rato el silencio fue profundo. Pronto, los druidas empezaron a deliberar sobre las amenazas de los romanos que no serían fáciles de vencer sin la ayuda de los dioses. Gausón tenía la mirada fija, la cara tensa y la mandíbula apretada. Él tenía su orgullo de guerrero olvidando todo lo demás y aunque no renunciaba a la ayuda de los dioses, confiaba en que sus hombres hicieran bien su trabajo. Pero algo llamó la atención del caudillo cuando los druidas en sus oraciones hablaban de traición. Con la fuerza del rayo que estaba tomando ya posesión de su cuerpo, Gausón alzó la voz interrumpiendo la ceremonia, Traición. Quién nos va a traicionar. Preguntó, Oh, no has reparado en pasar lista de tus hombres y de tus tribus. Mira a tu alrededor, guerrero y muerde esta cólera que sale por tus ojos. Selecciona a tus mercenarios y deja a los otros en la retaguardia. Te será más fácil así saber cuántos hay de cada tribu. Tú ya has comprobado que los brigaecinos no han llegado. Pero te has preguntado por qué. Te has parado en averiguar con quién están y qué traman. Comprueba si se han aliado con Roma. Si no llegan esta noche, ya no vendrán. Vosotros habéis contado con las poblaciones sometidas de la llanura, pero no olvides que ellas también han sido siempre las más dañadas por vuestras asaltarías y ahora los romanos son una barrera entre vosotros y ellos y tal vez alguna tribu no la quiere derrumbar, No creo que a los brigaecinos les interese que Roma permanezca en sus tierras. Los favores que se pagan a Roma son muy caros y ellos no están acostumbrados a pagar, dijo Gausón, Tal vez si no han venido, no ha sido por eso, sino porque no ven posibilidades de ganar y no querrán pagar las consecuencias de una derrota, dijo Cinnano, Los druidas recomendaron un camino a tomar y Gausón les escuchó en silencio. Exaltaron su valentía y le dieron el muérdago. Las llamas del fuego reflejaban en sus cuchillos de oro y las caras de todos se iluminaban. Era el brillo de la luz de los dioses del cielo que emanaba del árbol sagrado, En nuestras tierras te daríamos plenos poderes. Aquí también los tienes, pero comprobarás que no serán completos. Aquí no te besarán las manos, aquí te las morderán. Ataca a los romanos, no cojas prisioneros. Roma no te pagará por ellos. Ponte al frente de tus hombres y vuélvete contra ellos si se acobardan, si piensan en el botín antes que en la victoria. Esos serán avaros y locos. Cada enemigo muerto es el mejor botín. Enseguida se acercaron a él y Cinnano, que estaba en medio de los otros dos, le entregó una torques de oro, un talismán o símbolo del poder que sólo lucían los jefes. Gausón se alejó del consejo de los druidas que ahora apagaban el fuego. Sólo uno de ellos mantenía una antorcha encendida que nos daría luz en el camino de vuelta al campamento. Poco a poco, como si todos se hubiesen abarrotado de una gran responsabilidad, en el campamento habitaba el silencio. Era como si un viento del oeste hubiese barrido las voces. La vida no dejaba de repetirse cada día o cada noche. Algunos volvían sobre sus pasos desde que habían aprendido a andar. El fuego se apagaba lentamente y las hogueras humeaban. La noche pasaba entre gemidos. Otros se emborrachaban para no pensar, para no oír. Desde la cima de la montaña bajaba el frío y las nubes tendían mantos por el cielo. Los lobos ululaban de alegría o de rabia. La inquietud de la guerra nos mantenía angustiados y no éramos capaces de encontrar el rumbo de los sueños. En nuestro territorio convivían los dioses y los hombres. Nuestro deseo era disfrutar de la vida y de la guerra y a veces también soñar. Pero cuando aparecieron los romanos se unieron las fuerzas y todos fuimos soldados como ellos, tal vez sólo guerreros que luchábamos por nuestra libertad. Roma había llegado con su ejército amenazando a las tribus, como aquel que pretende casarse y amenaza a los que se quieren oponer a que se le conceda la mano de la novia. Él, como los romanos lo intenta. Por las buenas, mejor. Por las malas, también. Pero ambos fracasan y se inicia la guerra. Unos y otros provocan las más terroríficas batallas, como cuando chocan las nubes y se produce el trueno. Los contendientes ponen en marcha a sus ejércitos destruyendo las ciudades, los castros, las murallas y el rey de Roma junto con todos sus súbditos, no tiene necesidad de refugiarse en una profunda cueva mientras no llegan otros en su apoyo. Él siempre gana, Tal vez sería bueno que varios grupos bajáramos sigilosamente para despejar el camino antes del ataque. Yo mismo bajaré con mis hombres, dijo Viamus un jefe guerrero de los egobarros, Bajad muy despacio para que no se oiga el estruendo del galope de los caballos y ponga a los romanos en alerta, dijo Gausón, O vean la nube de polvo, dijo Viamus, Nosotros iremos muy temprano, antes de amanecer y la nube de polvo no se verá en la oscuridad. Está bien que bajes con tus hombres, dijo Gausón, Viamus, mi nombre es Viamus, señor, De acuerdo Viamus. Vosotros veis en la oscuridad porque estáis acostumbrados a vivir por la noche como el lobo. Esperadnos abajo. Si hay problemas subid avisarnos y comprobad si han llegado los cántabros y están esperando por nosotros. Después de la batalla el sol volverá a clarear y el aire seguirá soplando. Algunos estaremos muertos y otros esperando los resultados que los romanos nos hayan causado. Sólo venciéndolos nos purificaremos bañándonos en su sangre. La vida volverá, las fronteras entre nuestros pueblos quedarán abiertas y estaremos más unidos que nunca. Viviremos renovados. Los herreros trabajarán, las huertas se cultivarán y todos seguiremos danzando bajo la luz de la diosa Luna. Las xanas seguirán exhibiendo sus tesoros al lado de los ríos porque algunas se querrán desencantar. En las ferias seguiremos haciendo tratos con carne, leche y cereales, se pagará con oro, con nuestro oro y se adquirirán compromisos. Los mineros arrancarán plata y oro de los ríos y de las minas, después con él se fabricarán joyas, armas y monedas. Las plantas y las hierbas se manipularán para comer y por los curanderos para hacer medicinas que se apliquen en ungüentos y brebajes para los animales y para los hombres, dijo Gausón. Después de la batalla, cazadores de tesoros y mercenarios, andarían sobre el campo de los muertos y se apoderarían de los tesoros perdidos para venderlos al mejor postor. Los enemigos que vivían con nosotros en nuestra tierra se organizaron aprovechando la confusión. Pero no fue fácil encontrarse con ellos porque eran unos cobardes que vivían agachados debajo de la tierra. Los hombres movidos por la ambición y el poder habían desplegado su maldad. Personajes de todas partes andaban con el propósito de robar. Casi todos eran perversos. Otros sólo defendieron sus posesiones materiales. Los que las defendieron tejieron redes con las palabras, redes fabricadas con mentiras, laberintos enramados que podían envolver a todos los que atrapaban ahogándolos o dejándolos presos entre sus mallas, Todos hemos sido atiborrados de poderes, por los dioses, por nuestras familias, por nuestros sacerdotes. Debéis pensar cómo utilizar esos poderes en la batalla o pronto os convertiréis en ramas rotas. No olvidéis que el enemigo también piensa y sus dioses también lo colman de poderes. Ellos también tienen dioses y los enemigos son los romanos, no hay más enemigos que los romanos. Somos muchos, pero cada jefe estará al mando de su propio grupo como cuando andamos a las asaltarías. Les quitaréis las espadas a los romanos. Si son de oro serán vuestras y podréis venderlas al mejor postor. Al enemigo primero hay que descubrirlo en el campo de batalla y después aniquilarlo. El que tenga más rabia ganara más batallas y aniquilará a más enemigos. Cada uno de vosotros matará a diez romanos y a medida que se vayan aniquilando irá disminuyendo el número hasta su total aniquilación, decía Gausón. Aquella fue una fiesta de palabras, de ensueños, de mentiras. Casi todos sabíamos que no sería tan fácil aniquilar a tantos hombres aunque esa fuera nuestra intención. Todos disponíamos de armas específicas. Los dardos, las flechas, las trampas, las espadas. Los ejércitos, al mezclarnos en el campo de batalla atacando todos al mismo tiempo, podíamos matarnos entre nosotros mismos debido a la confusión. Espías había por todas partes. Los romanos también los tenían. Ellos nos tenían tanto miedo que no era difícil hacerles hablar. Cuando intentaban emplear la información al revés les temblaban los labios y las manos. Más que espías eran correos o mensajeros que llevaban consigo noticias que otros desde Roma enviaban, tal vez del Prefecto del Pretorio para transmitirlas a los comandantes, prefectos de los campamentos que a su vez ellos hacían saber a sus oficiales, tribunos, centuriones y a otros distribuidos por todos los escenario de la conquista. Aunque eran unos excelentes jinetes, las condiciones del terreno hacían que sus caballos resbalaran y ellos cayeran dando vueltas montaña abajo golpeándose contra los árboles y los arbustos que encontraban por el camino. Así, algunos estaban heridos y arañados. Sería bueno que por la mañana hubiese niebla, así los romanos oirían el trueno del galope de nuestros caballos, pero antes de que se pudieran ocultar de la tormenta el rayo les alcanzaría.

LA TRAICIÓN DE LOS BRIGAECINOS

VI, Anno 728 a. u. c. (25 a. C.)

En otra parte, aquella tarde noche, mientras nosotros nos preparábamos para ganar una batalla, los brigaecinos se preparaban para hacérnosla perder, Mañana, al amanecer las tribus atacarán los campamentos del Astura. Debemos revelar la conjura a Carisio que inverna muy cerca de aquí con sus dos legiones si queremos tener favores, dijo Abrún, jefe de la mayor agrupación de unidades gentilicias de Brigaecium, Pero eso es una traición. Nosotros habíamos decidido en un acuerdo previo actuar contra los romanos junto al resto de las tribus, dijo Abilo, joven y valeroso jefe de un grupo de jóvenes guerreros, Los romanos serán nuestros amigos, pero, y las tribus. Acaso pensáis que se van a contener sin vengarse. Prefiero tener como enemigo a Roma y a todo su ejército que a uno sólo de nuestros guerreros, dijo Agedio otro joven de la banda de Abilo, La decisión está tomada, dijo Abrún. Mandaremos aviso al legado para negociar nuestra inmunidad. Con las facciones endurecidas por la rabia, Abilo y Agedio se levantaron. Ellos querían marchar a galope, formar una banda y unirse a las tribus para luchar todos juntos. Avisar de la traición antes de que las legiones de Carisio llegaran a los tres campamentos romanos del Astura y alertar a las legiones acampadas que habrían de causar una masacre esperando a las tribus en el camino. Pero Abilo y Agedio no conocían el lugar exacto de los campamentos astures y aunque los conocieran no era fácil llegar, Veo vuestras intenciones, pero si avisáis a las tribus y nuestra tribu no obtiene beneficios, seréis condenados a muerte por traición, dijo Abrum. Abilo, Agedio y otros jóvenes brigaecinos que se unieron a ellos no iban a estar presentes en la conversación de Abrún con Carisio, Qué ha ocurrido. Qué hemos hecho, preguntó Agedio a un anciano sacerdote que le estaba afilando la punta a una vara, Todas las tribus han bajado a las llanuras con intención de sorprender a las legiones del Astura y aniquilarlas, pero no lo conseguirán, dijo el sacerdote que se había quedado para atender las necesidades médicas y espirituales de los viejos, mujeres y niños mientras todos se habían ido a los campamentos de Carisio, Por culpa de nuestra traición, dijo Abilo, Tendríamos que intentar avisarlos. Pero somos tan cobardes como los demás, Si cambiáis de idea debéis apurar el paso y buscar los campamentos en la falda de las montañas de la tierra de los amacos. Vivos o muertos los encontraréis allí. El ataque por sorpresa de Carisio al día siguiente nos abrió los ojos. Habíamos estado muy confiados. Las legiones X Gemina y V Alaudae pronto dejarían de invernar. Carisio mandaba el ejército de Lusitania. Se le había asignado la tierra astur y tenía establecidos distintos campamentos a lo largo del Astura. Carisio estaba en su tienda acompañado por dos tribunos y algunos soldados de su guardia personal cuando fue avisado de la presencia de los brigaecinos, Dejadles pasar, dijo.

Salió afuera de la tienda y vio cómo se acercaba un grupo numeroso. Destacaba Abrún que venía al frente. Andaba con paso enérgico por el pasillo que discurría entre las tiendas del campamento. La guardia romana les miraba atentamente, Qué querrán esos, dijo un tribuno, Alto, dijo un centurión de la guardia. Qué queréis, peguntó, Queremos conferenciar, dijo Abrum, Pues dejad aquí vuestras armas antes de seguir, dijo el tribuno. Fueron bien registrados y les dejaron continuar obedeciendo a una señal del legado. Carisio les recibió dentro de su tienda. Miró con desconfianza. Abrún, y otros jefes fueron los elegidos para negociar. Carisio acompañado por dos tribunos, un centurión y cuatro soldados, eran los presentes por parte de Roma en aquella reunión improvisada, Sois ladrones, enemigos de Roma. Aguardo por una poderosa razón para que acertarais venir aquí, dijo Carisio, Tenemos algo más que una razón, legado. Lo que traemos es muy valioso. Tiene el precio de la vida o de la muerte, dijo Abrún que en todo momento de la entrevista fue el portavoz del numeroso grupo. Un brasero calentaba el espacio de la tienda. Eran brasas de un fuego que instantes atrás había ardido intensamente. Dos legionarios armados guardaban la puerta. En ese instante de silencio entró en la tienda un escribiente que iba a tomar nota de todo lo que se hablara, Debes entregarme rápido eso tan valioso que dices que traes, dijo Carisio, Antes tenemos que llegar a un acuerdo, legado. Primero debes prometer que no seremos atacados y pisoteados con desprecio.

Venimos con una traición para beneficiar a nuestros clanes y a las gentes de nuestra tribu. Nosotros no queremos pelear con Roma, dijo Abrum, Hecho. Pero habla de una vez, dijo Carisio. Muéstrame tus tesoros a ver si merecen la pena. Los romanos deseaban escuchar lo que aquellos campesinos que un año antes habían sido sometidos tenían que decir. Las miradas del legado y sus acompañantes observaban la traición. La severidad de aquellas miradas acusadoras de cobardía impedía que las palabras fluyeran con suavidad. Aquellos brigaecinos, además de cobardes, arrastraban una enorme presunción de inocencia que mezclada con el orgullo, la ignorancia, la bravura y la carencia de cerebro, los situaba en una realidad que dejaba a las claras los efectos y las cualidades que verdaderamente sentían. Su falsedad no vacilaba en los labios, Las tribus están en marcha. Nosotros no acudimos a la gran reunión, a la llamada secreta. Gausón mandó emisarios a todos los clanes invitándoles a celebrar un consejo común. Nos enteramos por ellos de que tres legiones de Roma habían acampado a las orillas del Astura. Los astures han elaborado un plan completo. Cuentan con el apoyo de los cántabros y la sublevación de muchas poblaciones de las llanuras y han bajado precipitadamente de las montañas durante el invierno. Ocultaron su campamento entre los árboles en tierras de los amacos. Desde allí partirán en tromba para aniquilar a las legiones a traición y por sorpresa, apoderarse de sus provisiones antes de que el aire vire al sur y traiga consigo un aroma de primavera que le devuelva el color a los árboles. Gausón, un guerrero de una tribu de las montañas de Proaza y al que no le desagrada matar, se ha convertido en su jefe al que siguen numerosos guerreros. Él, igual que el cántabro Corocota, hizo posible que esa muchedumbre feroz y sin escrúpulos se uniera en pos de una causa común, dijo Abrum, Carisio escuchaba con atención. Sus ojos seguían perforando a aquel traidor que en cada palabra transmitía la desconfianza, Las legiones están acampadas en los llanos. Poco pueden hacer esos estúpidos campesinos contra nuestros legionarios en campo abierto, dijo Carisio quitándole importancia al chivatazo, Comprendes que ese argumento no tiene lógica. Los astures han conseguido bajar de las montañas en pleno invierno. Vosotros conocéis muy bien a las tribus. Sabéis de su crueldad y ellos conocen la vuestra. Los guerreros ya abandonaron las montañas. Primero, se marcharon a honrar a sus dioses. Pero fueron llegando uno a uno. Señores y jefes, hombres libres y esclavos, joyeros y herreros. Todos con sus esposas guerreras a su campamento improvisado. Cuando hayan aniquilado a las legiones esperarán a que vosotros entréis en sus montañas. Allí gozan de refugios a los que Roma nunca podrá llegar. Todos creen que a la cima de sus montañas antes llegaran las aguas del océano que las legiones de Roma. Sus castros son plazas fuertes. Disponen de murallas. A los mercaderes y otros que llegan de visita no se les deja aproximar a no ser que sean de la confianza de la tribu. Aniquilaron a muchos porque podían contarles sus planes a los romanos y descubrir sus refugios. Es difícil saber cómo recalar. Emplearán la guerrilla, evitarán el cuerpo a cuerpo y os atacarán a traición. Su disciplina es sólida y misteriosa. Pero conocen muy bien las maneras de habérselas en el combate y con las legiones romanas no será diferente, dijo Abrum, Qué precio tiene vuestra traición, dijo Carisio, La libertad, dijo Abrum, Yo puedo prometeros esa libertad pero debéis pagar más por ella. Por ejemplo, jóvenes que serán enviados a Roma para entrenarlos como soldados de nuestros ejércitos. Obtenéis favor a cambio de una traición. Pero conseguiréis el respeto de todos vuestros clanes. Cuánto tiempo creéis que va a durar vuestra paz. Roma no podrá protegeros siempre. Carisio también tenía sus dioses y cada dios la fuerza de los hombres que lo habían creado. El emperador era un dios. Marte era el dios de la guerra. Júpiter Juno y Minerva eran los dioses principales. Dioses mayores, menores, negativos, públicos o principales, agrícolas, ganaderos y para todos los actos de la vida. Muchos dioses estaban emparentados y formaban una extensa familia. Dioses y diosas se enamoraban. Júpiter y Juno formaban una bonita pareja. Los matrimonios de los dioses sembraban de fertilidad los campos, las cosechas y las plantas. Un eco de unión mística llegaba hasta ellos. Diana, diosa de los bosques y del roble se unía con Júpiter, dios del roble en el bosque sagrado. Carisio, como casi todos los romanos, era supersticioso, conocía la superficialidad del culto y que los dioses rara vez le cumplían sus deseos. A veces, creía ver las sombras de los muertos. Fantasmas que regresaban como sombras desde donde estaba el cuerpo del difunto abandonado en el campo de batalla. Las larvas, espectros de tipo maléfico, le atormentaban. El aullido de los lobos le parecía humano. Salía de la tienda por la noche y creía ver a las brujas que moraban por aquellas tierras. Era legado de Lusitania y era tierra supersticiosa. Los cántabros, los astures, los galaicos y los lusitanos habitaban tierras de sombras, de fantasmas. Las brujas podían echarle el mal de ojo y causarle terribles enfermedades. Después de la batalla mandaba quemar azufre en grandes cantidades en torno a los soldados heridos, espolvoreándolo sobre sus cuerpos mientras salmodiaban secretas fórmulas a la diosa Hécate, la diosa hechicera. Desconfiaba de la magia de los adivinos. Él había arrasado pueblos y sentía que en cada uno había casas encantadas, pero no se paraba a pensar en la magia. Tenían que luchar o morir. Sólo después de la batalla se percibía la venganza. Muchas veces el trueno le dejaba inmóvil. Encerrado dentro de las murallas de sus campamentos, no se atrevía a cruzarlas. Era como atravesar la línea sagrada de una ciudad bajo pena de muerte. El sudor y la angustia le paralizaban. Pero aquella noche era serena. La luna resplandecía y su luminosidad brillaba. Tal vez porque el hielo que bajaba de las estrellas configuraba cristales en el espacio que, pegados unos a otros, disparaban los rayos de luz entre sus poros formando chorros como cuando del cielo caen los luceros, Esta noche el viento no se siente, ha venido silencioso para dejar que se escuchen los cantos de la lechuza, dijo un tribuno, Y los ronquidos de los soldados, dijo Carisio, Los hombres de la guardia creen que es Minerva, dijo el tribuno, Yo veo a Diana. Ella nos da luz en esta noche clara porque ha venido de caza y tiene que ver a las presas. Sólo así puede lanzarles sus flechas y dar en el blanco, dijo Carisio, Diana ama la caza. Puede matar a la lechuza de cantos misteriosos, dijo el tribuno, No, Diana sólo caza ciervos, dijo Carisio, Un soldado dijo que unas luces brillaban cerca del río, si ello es verdad, entonces la diosa está por aquí, pues las luces son las ninfas que cuidan de sus aderezos de caza y de su manto de ribetes, dijo el tribuno, Aprovechemos la noche para dormir, tribuno, mañana debemos partir de madrugada. Un ladrón nos espera con sus hombres adiestrados y Diana no lo cazará, a ese lo tenemos que cazar nosotros. Carisio y su tribuno habían salido de sus tiendas para mirar a la luna llena. La hija de Júpiter vestida con una túnica de color azafrán que le llegaba hasta las rodillas. Las legiones X Gemina y V Alaudae al mando de Carisio estaban destinadas en Lusitania, pero habían recibido la orden de aproximarse a territorio astur con el fin de cooperar con el ejército acampado en Segisamo mandado por el mismísimo Augusto. Cuando recibió la visita de los brigaecinos estaba en tierra vaccea invernando con sus legiones. Pero los brigaecinos ya habían informado al legado de nuestra situación a las orillas del Astura y mucho antes del amanecer salió precipitadamente al frente de sus hombres. Carisio aquella noche no pudo dormir. Quién era aquel ladrón capaz de convertirse en líder absoluto de aquella muchedumbre ruidosa y salvaje, amado y temido como un dios. Aquella misma noche, antes de acostarse, había mantenido una reunión con algunos de sus oficiales que insistían en avisar a las legiones que acampaban a las orillas del Astura para que actuaran conjuntamente contra los astures. Carisio no quiso avisarlos. Había de ser él sólo quien se enfrentara a los ladrones.

LA BATALLA DEL ASTURA
LA DERROTA

VII. Anno 728 a. u. c. (25 a. C.)

Gausón, organizó a sus hombres en tres ejércitos y todos iniciamos el ataque. Bajamos a los niveles llanos muy despacio para que no se oyera el estruendo de los caballos. Los que habían bajado por la noche nos esperaban. Nos dijeron que los cántabros esperaban a que nuestro caudillo ordenara el ataque. Nosotros llevaríamos la iniciativa. Nunca he podido saber cuántos partimos hacia la muerte ni a cuántos soldados romanos hemos matado porque fuimos sorprendidos entre dos frentes. Uno era el frente de las legiones y el otro el de los soldados de Carisio que nos frenaron la retirada. La traición de los brigaecinos había dado sus frutos. Los druidas y otros sacerdotes, algunas mujeres, niños y otros ancianos se quedaron en el bosque. Aunque perdiésemos la batalla ellos no estarían en peligro, pues los romanos tendrían que ocuparse en atender a sus heridos y de recoger a sus muertos antes de subir al monte para encontrar a los nuestros. Que si no regresábamos, deberían esperar a la primavera para caminar hacia lo más alto de las montañas. Pero el druida me dijo que yo iba a volver con o sin la victoria. La verdad es que yo había bajado en contra de su voluntad. Narrar una batalla siempre es difícil, pues las imágenes pasan demasiado deprisa ante los ojos y apenas quedaba tiempo para distinguir. Sólo nuestros oídos son capaces de percibir el horror y el espanto. La rabia y el orgullo penetran por todos nuestros sentidos. Ven más nuestros oídos que nuestros ojos. Gritos, lamentos, quejas, insultos, palabras que aguijonean a los hombres arreándolos hacia la matanza. Palabras de flaqueza, maldiciones, chasquidos, golpes en los escudos, sonidos metálicos de las espadas cuando se besan y cuando atraviesan la carne de los vencidos. En una batalla se juntan todos los mundos, los más anchos y los más estrechos, los más planos y los más inclinados; a veces, parece que sólo se puede pisar una línea porque el mundo es así de estrecho. Eso dicen los soldados cuando caen heridos porque sienten que se caen al vacío, que se caen de la línea. Que pierden el equilibrio. Sin embargo, más allá de la batalla existe un espacio para correr, pero no se alcanza, porque la batalla pone una cerca entre la vida y la muerte y habría que tener alas para volar y desaparecer. Siempre me preguntaba por qué nuestros caballos no tenían alas. Decían que eran más rápidos que el viento, pero no podían levantar el vuelo. Un montón de gargantas emitían todo tipo voces que no resolvían ni eran sus avisos inmediatamente ejecutados, Nos atacan las legiones de Carisio, sentí decir, Avisad a Gausón, oí gritar a nuestros hombres, Por Tarannis, hemos sido traicionados, decían, Quién nos ha traicionado, preguntaba Vado, Es una trampa, decían, Nos estaban esperando, dije contestando a las voces que se oían. El clamor no dejaba escuchar los gritos de la muerte, ni las órdenes de nuestros jefes.

Pero Gausón ya se había dado cuenta, porque aquellos valientes que luchaban por la tierra y la familia estaban sorprendidos, asustados. No sabían qué hacer. La sorpresa los convertía en torpes. Los indígenas, que preferían morir antes que rendirse, se miraban desconcertados pensando en la traición. Se miraban entre ellos y no veían al enemigo. Gausón se había equivocado, Organicémonos, decía Gausón, Matemos a los romanos, gritaba Clotio, Luchad como sabéis hacerlo, voceaba Ambato, Lanzad vuestros dardos, decía Gausón, Cabalgad deprisa, decía Vado, De nada nos servirá. Estamos perdidos, dije yo. A nuestros hombres la traición les había cogido por sorpresa. Su sangre estaba repleta de cerveza y sus cuerpos agotados por la escasez de comida. Pero los legionarios estaban descansados, sus estómagos agradecidos, su equilibrio era perfecto y su fuerza se sumaba a su fe y a su disciplina militar. Nuestros hombres habían creído que las legiones desprevenidas serían un enemigo fácilmente combatible. No era necesario estar entero. El descuido fue un error. No hay enemigo pequeño. Algunas aves cuando se ven acorraladas graznan y piden ayuda. Las otras acuden de todas partes y el depredador tiene que echarse a la fuga. También las águilas romanas habían graznado. Todas las otras águilas acudían en su apoyo y nuestros cuervos nada podían hacer. Nosotros, esta vez, que como los romanos quisimos ser depredadores. Los romanos luchaban con dos o tres hombres a la vez. Sus movimientos eran lentos pero letales. Tenían maestría con la espada y sabían retener los golpes con el escudo. Nosotros, sin embargo, no podíamos medir nuestras espadas con las de ellos. Las de ellos eran grandes y las nuestras eran pequeñas, a cada toque nos las arrancaban de la mano y nos dejaban indefensos para que nuestra carne se abriera a cada nuevo golpe. Los dardos se agotaban y los sacábamos de los cuerpos muertos de algún soldado romano para usarlo de nuevo lleno de sangre. Tampoco encontrábamos piedras para lanzar con nuestras ondas y las fuerzas, poco a poco, se iban consumiendo. A veces, éramos capaces de salir de entre los muertos e iniciar ataques desesperados aprovechando las espadas de los romanos fallecidos para enfrentarnos con armas de igual tamaño, pero no estábamos acostumbrados a ellas y se nos caían de la mano. El pugilato que practicábamos de poco servía, tan solo rompíamos en la lucha cuerpo a cuerpo las narices del contrario dejándolo atontado, después, algún guerrero lo remataba en el suelo clavándole lo primero que tenía a mano para quitarle la vida. Todo servía, piedras, palos, espadas, puñales, lanzas. El agua del río se teñía de rojo, la sangre corría, escapaba del campo de batalla, quería llegar al río a toda prisa y el río transportaba por igual la sangre de los romanos y la de los hombres de nuestras tribus. Carisio disfrutaba con la batalla y sólo pensaba en la muerte del ladrón, de aquel salvaje que le había quitado el sueño aquella noche. Pero el ladrón seguía intacto. La magia de los druidas protegía su espíritu. Su alma estaba a salvo y eso le daba fuerza para seguir luchando. Cada vez que se desplegábamos, uno y otro ejército nos encontrábamos en distintos flancos de guerra. Alrededor de la batalla los ataques fieros de la caballería de uno y otro bando tumbaban a los guerreros de a pie con el aire que se desprendía. Sólo en el centro, en el interior de la batalla, no se podía contar con ayuda y ambos bandos se reducían. Muchos morían rotos a causa de los tajos de las espadas, atravesados por las puntas de las lanzas, de los dardos y de las flechas. Los romanos tapaban con una barrera impenetrable formada con sus escudos la huida de los montañeses más allá de la batalla. Algunos buscaban pasadizos secretos en el suelo, pero no los encontraban. Pequeñas guerrillas que salían de las legiones acampadas buscaban a los montañeses huidos para que no se organizaran para nuevas acometidas y aniquilar todo posible refuerzo. Sólo el intenso frío, aumentado por el hielo del río, les hacía palidecer. A veces brillaban como si les hubiesen meado encima las estrellas dejándoles caer aquel polvo cósmico, helado, que a ellas les daba luz y calor. Pero los romanos, hartos de comida grasienta, tenían el color de la carne viva y colorada por la que fluye la carne roja. El cielo se cubría de voces, de quejas, de lamentos, de flechas, de pedazos de carne y chorros de sangre que manchaban las caras y las bocas de todos. Parecían depredadores dándose un festín. Las armas de uno andaban por las manos de todos y así. Parecía que a cada espada le salían nueve puntas y las nueve mataban a nueve hombres al mismo tiempo. Las armas se multiplicaban por nueve y cada soldado eran nueve soldados a la vez. Cuando iniciamos el asalto parecía que sólo nosotros participábamos en la batalla formando una barrera alrededor del campamento, una muralla, pero enseguida otros formaron otra alrededor nuestro y nos rodearon por dentro entre dos muros que se apretaban cada vez más. Con nuestros dardos buscábamos el disparo certero, pero el disparo más certero llegaba de los soldados de infantería y de caballería del ejército romano y muchos corrían a morir con una flecha clavada en el centro de los ojos. Carisio, acompañado por algunos mandos de sus legiones, observaba de lejos. Desde allí nada se podía ver que no fuera un montón de hombres matándose, Vosotros dos acercaos al campo de batalla y traedme noticias. Quiero saber si el caudillo ha perecido en la batalla o si todavía está vivo, dijo, Muy bien legado, dijeron los soldados que habían recibido la orden y bajaron a galope, Es posible que no regresen, legado, dijo un centurión, Entonces, centurión, irás tú. Una fría niebla comenzaba a expandirse y apenas se veían los guerreros. Sólo los gritos de agonía daban fe de que algo después de la niebla estaba pasando. La figura de los soldados empezaba a diluirse y los combatientes empezábamos a estar perdidos, Maldición, los salvajes aprovecharán los escondites de la niebla para huir o para clavarnos una espada por la espalda, dijo Carisio, La tuya está bien cubierta, legado, no temas, dijo el centurión. Durante un buen rato, Carisio y sus acompañantes esperaron por los soldados que habían salido en busca de noticias. Pero la niebla cada vez era más espesa. Apenas se veía a dos pasos por delante de las narices. A medida que iba pasando el tiempo los gritos del combate disminuían y casi se iban apagando. La batalla casi había terminado. Mucho más tarde Carisio sintió el trote de unos caballos que se acercaban. Sus hombres se pusieron por delante de él para protegerlo, pues no sabían si los que venían eran amigos o enemigos. Una sombra negra se abría paso entre la niebla, pero el trote de los caballos se les hizo pronto familiar, eran los dos soldados que regresaban con noticias, No hay prisioneros, legado, dijo uno. Sólo muertos y moribundos. Casi todos los que pudieron aprovecharon sus últimas fuerzas para quitarse la vida. El dolor no los convirtió en torpes y han preferido morir antes que rendirse. Está muy oscuro para verlos a todos y no será posible saber si entre los muertos y los que agonizan se encuentra el caudillo, Pero ninguno ha sobrevivido, insistió preguntando Carisio, Alguno si, legado, pero han aprovechado el favor de la niebla para escapar y no es posible perseguirlos ahora. Ellos conocen muy bien estas tierras y es probable que ya estén muy lejos de aquí. Tal vez se marcharon durante la batalla. Además nuestros hombres están agotados y heridos. Muchos muertos y los indígenas han resistido bien. Durante el día Carisio se acercó al campo de batalla que estaba envuelto por la niebla. Alguno gemía, otros entonaban canciones porque se habían vuelto locos y otros lloraban. Trozos de carne se esparcían por el suelo, sangre a mares. La niebla evitaba que el espectáculo fuese más terrorífico. Los astures que no habían muerto al instante se habían quitado la vida antes de caer prisioneros. Las aves carroñeras se empezaban a ver entre la niebla, veían en la oscuridad. Algunos soldados romanos tenían la cabeza rota de una pedrada, otros estaban ahogados con las correas del escudo o de sus cinturones. Caballos muertos y perros alborotadores que no entendían de camuflajes, habían acompañado a los astures bajando por la montaña y también estaban muertos. Ellos también habían sido uno o dos guerreros más. Mechones de cabellos arrancados mostraban la fiereza de la batalla y cuerpos atravesados que habían servido de parapetos todavía vertían torrentes de sangre. Carisio no buscó más por el campo de los muertos. Gausón no podía estar allí, esa no sería la manera de morir de semejante guerrero. Esos guerreros sólo mueren si son traicionados, pero él había conseguido unir a sus tribus y sería muy difícil que nadie le traicionara sin miedo a ser asesinado. Pero Carisio no se rendía y no pensaba dejar de perseguirlo y hasta casi iniciada la noche no tomo el rumbo hacia Lancia, Busquemos el camino. Al amanecer iremos a Lancia y allí los encontraremos, dijo. Nosotros ayudados por la oscuridad de la noche y entre la frialdad de la niebla, nos dirigimos a Lancia. La capital conservaba intactas sus murallas. Muchos lancienses que formaban parte de nuestro ejército, se acordaron de la ciudad y decidimos, casi por impulso, refugiarnos y hacernos fuertes en ella. No sé cuánto tiempo tardamos en llegar, pues la niebla apenas nos hacía distinguir el día de la noche. El camino, nos era conocido ya que los lancienses conocían palmo a palmo el terreno. La necesidad de llegar a buen refugio nos impedía pararnos para encender fuego, calentar a los enfermos y curar sus heridas. Gemidos de dolor nos coreaban. Los acompañantes de Lucobos harían un festín cuando el día amaneciera, pues los hombres muertos no eran útiles y no teníamos tiempo de parar a recogerlos. Algunos nos eran totalmente desconocidos. Jóvenes, menos jóvenes, mujeres y algunos casi niños eran los más vulnerables.

LANCIA

VIII, Anno 728 a. u. c. (25 a. C.)

En las puertas de las murallas fuimos recibidos por una gente que, o bien no había participado en la batalla, o eran comerciantes que se refugiaban de las fieras. Unos intentaron ser hostiles, pero ante el número se tornaron sumisos, pues no estábamos en condiciones de parlamentar, ni de conversar y al menor roce o cruce de palabras alguien podía caer mal herido. Hicimos fuego para calentarnos; comimos el poco pan que encontramos y nos pusimos a dormir. En ningún momento bajamos la guardia. Dos o tres horas después cerramos bien las puertas y nos prepararnos para la batalla, pues sabíamos que las tropas romanas venían de camino. Si no habían llegado ya es porque también estaban cansados y tenían muchos heridos. Además, ellos no conocían el recorrido hasta Lancia como nosotros y la niebla era un laberinto. De no ser así, las tropas romanas nos habrían alcanzado hacía horas. La niebla fue despejando y al amanecer un sol recién nacido empezó a dar sus primeros pasos hacia arriba. Salía del seno de la tierra para crecer hasta alturas insondables. Su luz nos permitió ver las llanuras, los horizontes despejados de tropas romanas. Pero sabíamos que estaban por allí detrás y nosotros no podíamos arriesgarnos a salir en todas las direcciones que se presentaban ante nuestros ojos. Los soldados romanos eran como montañas capaces de cortar el paso incluso al viento. Gausón acompañado por algunos guerreros se subió a la muralla para observar de lejos. Un ligero viento levantaba bultos de polvo que volaban aturdidos. Mientras, Carisio no cesaba en la persecución y encontró la ciudad recluida y vigilada. Las murallas no dejaban pasar al sol. De lejos, las piedras de las paredes parecían los cuerpos muertos. Sobre la ciudad volaban las aves, pájaros negros considerados agoreros por los augures. Nosotros habíamos llenado las paredes de vísceras de hombres muertos. De los que habían llegado heridos y muertos en la ciudad, algunos sacrificados por sus propios compañeros y familiares. Los pájaros carroñeros se abalanzaban sobre la ciudad y sobre las paredes de las defensas y los romanos desde lejos no podían comprender. Consultaron al augur que no daba crédito. Las paredes de la muralla podían ser peligrosas y sus espíritus invisibles tener poderes mágicos. Carisio, que era supersticioso, palidecía. Los romanos rodearían la ciudad, Van a rodear la ciudad. Deberías huir ahora, Velio. En las montañas encontraréis algún sendero oculto. Llevad con vosotros a los heridos y a las mujeres que pueden andar y cabalgar para que los sanen los curanderos. Los caballos ahora están descansados y ellos ya conocen el camino, dijo Gausón, Gausón, temo por ti. Que se marchen ellos, pero yo me quedo contigo. Si tengo que morir, moriré a tu lado, pero no huiré. Algunas mujeres dicen que no se irán, se quedarán a morir con sus hombres, dije, Pero a muchas, sus hombres les han muerto en la batalla y deben buscar otra oportunidad, dijo Gausón, No, ahora necesitan vengarse, matar a los romanos y a los traidores, dije, Los traidores no sufrirán. Si nosotros morimos nadie se acordará de la venganza, por eso debemos sobrevivir algunos de nosotros. Así que huye. Reúne todos los hombres que puedas para matar a los brigaecinos. Que los maten con más saña todavía que a los romanos. Marchad ahora, antes de que los romanos rodeen de todo la ciudad y no dejen un espacio para la huida, dijo Gausón, Señor, tal vez todos deberíamos huir, dijeron otros guerreros que nos miraban con envidia cuando nos disponíamos a abandonar la ciudad, No, hemos venido a luchar y lucharemos, dijo Gausón. Gausón sale por detrás de las murallas y nos miró a todos dispuestos para la marcha. Un integrante de su banda le acerca una montura y montado en ella se coloca enfrente de nosotros para darnos la orden de partir, Subid a las montañas. Id a casa, a nuestras tierras. Allí nos veremos si no morimos en esta batalla, dijo. Los que quedaban, ahora nos miraban tristes. Ellos también querrían marchar, evitar el nuevo ataque, esconderse de aquel asaetado lanzado por cientos de arcos que cientos de manos tensarían y destensarían al mismo tiempo. Estaban cansados, agotados por el hambre y la guerra. También yo tuve que viajar con ellos. Gausón confiaba en mí y así yo sería el guía, el jefe de aquel ejército debilitado por la muerte, por el odio y por la enfermedad. Era la primera vez que abandonaba a mi jefe guerrero y amigo. Él y yo desde que nos habíamos conocido cabalgamos juntos, primero conociéndonos, después enfrentándonos en ejercicios de combate con la espada, en combates pugilísticos y galopando por las llanuras a las asaltarías contra las patrullas romanas. Nunca nos separamos. Algo muy fuerte nos unió desde aquella vez que nos vimos en mi casa. Tal vez la magia de Cinnano también hizo de liga. Quizá porque mi preparación intelectual era más grande que la suya. Pues yo había prestado más atención a las enseñanzas intelectuales del druida y a ese poder mágico que se les supone y que transmiten a sus discípulos, tal vez, también, a mi escasa responsabilidad guerrera que en mi tribu era mandada por mi padre. Ciertamente, entonces ya había aprendido mucho de aquel druida aunque me repugnaban los ritos de su religión porque en su nombre se asesinaba a seres humanos y se dilapidaban cientos de animales quemados en la hoguera. Para los druidas eran ceremonias mágicas con el fin de asegurar luz y agua suficiente para las cosechas. Pero para mí eran como las historias que nadie cree. Historias de sueños y sombras que hacen temblar. El tiempo se arrojaba encima de todos los que quedaban en Lancia, las murallas de la ciudad se apretaban, las aves carroñeras se echaban encima y los romanos no tardarían en hacerlo. Según nos íbamos alejando miraba para detrás, Gausón que ya era un punto en la distancia. Los vigías miraban sobre las murallas buscando un hueco para escapar. Con la claridad del sol y sus destellos, las armas de los romanos fulguraban a lo lejos como pepitas de oro y plata, como rayos de sol, rocas blancas, llamas y flores deshojadas por los herreros que las afilaban. Los pájaros de desgracia seguían graznando. Poco a poco, se iba apagando la luz del sol entre las paredes de Lancia. Aquel día no hubo guerra. Pero al día siguiente, cuando la luminosidad se empezara a hacer blanca, los romanos romperían las puertas y se lanzarían desde los lugares más altos de las murallas. Al amanecer, todos, uno a uno, como si tuvieran los rostros empolvados, aparecieron maravillados ante la novedad del cielo. Más allá de las puertas esperaban los romanos que curiosos se acercaban. Lancia ahora era como una cueva del infierno a la que habían llegado atrapados por el cansancio. Un resplandor cegaba los ojos cuando se asomaban sobre las murallas. Un paisaje de hombres uniformados no dejaba ver los suaves colores que se desparramaban por el horizonte. Gausón, se preparó para la batalla que muy pronto se libraría entre las piedras de las murallas de Lancia. Era una batalla más entre tantas y estaba seguro que hacer frente a las tropas romanas, esta vez, no sería muy diferente de otras veces. Pero Gausón había sido traicionado por segunda vez. Carisio estaba equivocado. Algunos jefes que mandaban un gran número de guerreros, también habían decidido abandonar y se marcharon algún tiempo después que nosotros. Unos gobernaban grandes extensiones de tierras. Otros dejaban la lucha porque los legionarios habían extendido la promesa de que aquellos que fueran leales a Roma serían recompensados y tratados con respeto. Aquellos que permanecieran en obediencia a Roma se les concederían inmunidad perenne; se les permitiría poseer los campos hasta sus límites conquistados, los bienes confiscados y la ciudadanía. Cientos de pájaros aterrizaban en los brazos desnudos de algunos árboles. Las hojas caídas, desprendidas en otoño, todavía circulaban empujadas por el viento, huyendo, arrastrándose por aquellos mares de tierra y de arena porque no habían tenido un lugar en el que morir. Por las noches, las estrellas se explicaban y se transferían los movimientos de sus destellos llenos de coloridos. Allí, cuando no circulaba el viento, se podía escuchar la respiración de los guerreros y la de sus monturas. El cielo siempre estaba habitado por las estrellas. Los rayos del sol incendiaban los pelos y los ojos de los hombres, de los animales y de los dioses que a veces con su furia cubrían los cielos de nubes y no estiraban sus espesas pestañas extendiendo por la tierra un poco de sombra. A pesar de que aquella naturaleza era indiferente a todos los acontecimientos bélicos, su sexo femenino lloraba por todos los que nadábamos contra corriente, confundiendo el azul del cielo con el azul del mar. La batalla comenzaría de nuevo. El asalto a la ciudad de Lancia la teñiría de rojo. Pero antes Carisio mando a un centurión y a un soldado para ofrecerles la rendición. Gausón y dos de sus hombres más fieles salieron, se adelantaron un poco por el espacio salpicado de hojas que habían volado desde los bosques y que formaban raíces que subían del suelo, A qué venís, preguntó Gausón. El centurión se adelantó con celeridad. El soldado estaba impaciente, El legado quiere tu muerte, pero te prefiere vivo, dijo el centurión, Qué he hecho yo para que quiera mi muerte. Sólo soy un guerrero que lucha por los suyos como lucháis vosotros por los vuestros, dijo Gausón, Qué más da, ríndete. Tú no eres todopoderoso ante nuestras tropas. Si te rindes salvarás tu vida y la de tus hombres. No os pasará nada. Comprendes qué Carisio no puede dejarte marchar, dijo el centurión, Lo comprendo, dijo Gausón, No, no lo comprendes. Él te ha visto. Sabe que tu cólera es violenta y que saltarás sobre él a le menor oportunidad. Serás el destructor de todo lo que significa Roma para él. Incendiarás sus ciudades, incendiarás los campos, matarás a sus soldados. Oír tu nombre le atormenta desde hace dos días y si no te mata ahora seguirá tu rastro aunque sea a saltos, dijo el centurión, Pues ve y dile que no nos rendiremos aunque nos lo soliciten los mismos dioses, dijo Gausón. El rojo era el color de la figura de la muerte. Una figura lindamente adornada. Un grupo de la caballería romana mandado por un decurión chocaría violentamente contra otro grupo armado de la caballería astur a las órdenes de Gausón y de sus respectivos jefes de grupos. Los enemigos vencidos serían echados al suelo y despojados de su vida y de alguno de los miembros de sus cuerpos. Muchos acabarían hechos pedazos y esparcidos por la tierra para pasto de los buitres. Después, como hace la primavera con la vegetación muerta o que agoniza, los muertos serían consumidos por el tiempo si las aves carroñeras no los hubieren comido antes. La muerte se expulsaría del campo de batalla. La muerte no existe, no se ve porque ya no se ven los muertos. Las escenas acontecerían horrorosas. Nuestros guerreros cuando ven perdida la batalla matan a sus propios compatriotas, a sus amigos, a sus familiares entonando cantos salvajes de desprecio. Algunos se clavan sus propias espadas sin emitir el menor quejido. Las ratas en aquellos lugares habitados en donde no estaban los grandes depredadores, se acercaban a roer en la carne de los vencidos mezcladas entre las patas y los picos de las aves carroñeras. El sol clavó sus uñas afiladas en la carne de los hombres que entre la sangre y el sudor de la lucha regaban aquella tierra árida y marrón en la que apoyaron sus pies. La lucha pasó de ser una gran batalla a ser una batalla pequeña, porque los hombres morían y en aquellos teatros de guerra a cada momento quedaban menos actores. Cada vez eran menos y cada vez estaban más cansados para pelear. La guerra excitaba las emociones. El miedo, a veces, hacía imposible mantener flexibles las articulaciones, pues los guerreros, de uno y otro bando, se movían en una atmósfera de peligros que les obligaba a recurrir a supersticiones y a precauciones irracionales haciéndoles olvidar que los enemigos eran de carne y hueso. Pero aquella batalla fue otra de tantas. Muertos y más muertos. Las espadas se hundieron en las blanduras de la carne arrebatando vidas. Unos y otros guerreros se deshicieron en el combate. Muchos se atemorizaron y huyeron acobardados. Todos se amontonaron; algunos no supieron a quién matar, a quién degollar. Golpes en la nuca y sangre de agonía que salía a chorros de las venas tiño la arena. Nosotros viajábamos a los seguros refugios con los viejos guerreros que esperaban impacientes en la montaña. Ellos no habían participado en la batalla y poca importancia tenía para los romanos a los que tendrían que hacer una promesa de lealtad para poder seguir en las tierras que los vieron nacer. Después, los más fuertes y decididos cogieron un camino y nosotros cogimos otro. Pero antes de iniciarlo, el druida y yo acompañamos a algunas mujeres y guerreros hasta que encontraron un camino seguro en dirección al Monte Vindio en donde querían dar la última batalla a las legiones de Roma. El druida y yo regresamos por donde habíamos venido para dirigirnos a tierras cántabras en donde Corocota todavía luchaba en la defensa de Aracillum, allí yo me uniría a él, le ayudaría a ganar sus batallas para que después él me ayudara a mí a matar a los brigaecinos y cumplir en deseo de Gausón. Pero antes de ir directamente al lugar de los cántabros, decidimos pasar por Lancia. Tal vez nos encontraríamos a Gausón por el camino regresando a sus tierras o estaría muerto en la batalla. Desde nuestra derrota la ruta de las llanuras estaba libre para las tropas romanas. Los romanos ahora se desplazaban desde Segisamo, Lancia y Bergidum y pasaban muy cerca de mi casa. Mi madre estaría refugiada en el castro de Gausón, tal vez también lo estaría mi padre. Mientras el druida se había retirado a su individualidad, a su celda entre los árboles, yo todavía he tenido tiempo de participar, seguramente, en uno de los acontecimientos más dramáticos. El final de otro guerrero, Corocota, que después de haberme recreado, con provecho para mí, la instantánea de su vida a lo largo de su lucha fallida se fue directo a los brazos de su enemigo.

AUGUSTO EN LA GUERRA

IX, Anno 728 a. u. c. (25 a. C.)

Carisio había abierto las llanuras al vencernos cuando atacamos los campamentos romanos del Astura facilitando el paso a las legiones I Augusta, IV Macedónica y VI Victrix al mando de Antistio para atacar a los astures trasmontanos, llegar sin sobresaltos a Bergidum y rodearlos en el Vindio. En otro lugar, Augusto todos los días se sentaba a comer delante de su tienda de campaña. Los cuchillos y otros útiles para la comida eran de hierro. Las armas, espadas y puñales eran de hierro. Allí, en aquel lugar, el metal brillaba como un lucero. Augusto temía a los truenos de Júpiter y aquel mismo día lo imploraban levantando sus armas. El dios debió incomodarse, pues fulminó con un rayo a un árbol que podía ser la morada digna de una divinidad y mató a uno de sus criados. Augusto, asustado, porque el rayo cayó casi a sus pies, sintió el susurro de las hojas del roble herido. Júpiter, que según los romanos mandaba en el relámpago y en el trueno, tenía su residencia en las montañas donde las nubes se agrupan y crece el roble. Inmediatamente después de aquella manifestación divina, Augusto mando que se cercara con una valla aquel sitio fulgurado considerado sagrado desde entonces y unos sacerdotes se dedicaron a vigilar constantemente el relampagueo ofreciendo sacrificios y erigiendo altares dentro del recinto del campamento al dios de la llamarada del cielo. Augusto en persona, que aun estando enfermo y nervioso desde que aquel rayo había caído muy cerca de él, decide acercarse más a la ciudad de Aracillum e instala otro campamento en Iuliobriga. Aracillum con su firme defensa y con la ayuda de Corocota, golpea a los ejércitos romanos como si el viento tuviera garrotes. Augusto ordena a las flotas que llegaban de Aquitania rápidos desembarcos de legionarios a espaldas del enemigo. Pero Aracillum sigue con su resistencia porque los cántabros, desalmados y violentos a las órdenes de su caudillo, tienden emboscadas sin fin poniéndose a buen recaudo detrás de sus picachos. Los cántabros estaban perfectamente distribuidos por todas las tierras en conflicto y en cada lugar tenían un campamento o acampaba un clan entero. En los ataques por sorpresa practicaban la rapiña y se apoderaban de armas y alimentos. Su presencia a veces era espantosa, pues casi todos estaban llenos de cicatrices y mal heridos. Las cicatrices eran causadas por las armas y por la vegetación, silbas y ramas de árboles, pues ellos se ocultaban por esos lugares invisibles. Parecía que a los romanos les cerraban el paso los mismísimos árboles, y detrás de ellos avalanchas de guerreros alocados querían sorprenderlos y matarlos. Los romanos intentaban protegerse de aquellas fieras; alejarlos, desatar sus redes, pero no podían, Matad a los hombres y dejad el viento, gritaba un centurión, Pero los árboles se colocan por delante de nuestras armas protegiendo a los guerreros, decían los soldados confundidos, acorralados y sorprendidos. Y una lluvia de flechas y de dardos que oscurecía el cielo e impedía ver, descendía sobre los romanos. Durante los combates muchos legionarios caían aniquilados por las emboscadas sin fin de los cántabros que a veces parecían salidas de ejércitos invisibles que no se acercaban. Día a día, los romanos superaban en número a los ejércitos de Corocota. Aracillum se defendía desde dentro y desde fuera. Desde dentro contra las acometidas hacia sus murallas y desde fuera contra los refuerzos y las tropas que la rodeaban. Soldados romanos atacaban en tromba, ahora enfurecidos porque no conocían mejor lucha que la de campo abierto. A medida que pasaban los días y la guerra continuaba con nuevos contingentes de legionarios que llegaban frescos desde los barcos de la flota, los cántabros atacaban enloquecidos y no sabían romper los frentes en los lugares adecuados ni en los momentos oportunos. Los romanos con sus amenazadoras máquinas de guerra, arietes y máquinas tormenta que eran capaces de enviar enormes piedras y pucheros que abrasaban asediaban Aracillum. Máquinas iguales, días atrás habían atacado Lancia, pero no había ardido porque Carisio deseaba conservarla intacta. Algunas nubes pasaban sobre la ciudad y querían oscurecer el cielo de la misma manera que las nubes de armas arrojadizas que lanzaban artefactos sin cesar. Los cántabros se defendían ferozmente con todos sus equipos de guerra. Para Augusto sólo tenían que morir los cántabros porque sólo ellos se lo merecían.

Pero eran muchos los soldados romanos que quedaban esparramados por el suelo. Augusto al comprobar que Aracillum resistía más de lo previsto ordena a la flota de Aquitania que realice más desembarcos a espaldas del enemigo. Los cántabros ahora luchaban contra la flotas de Aquitania que desembarcaban a las tropas en los puertos y salían en dirección a Aracillum custodiando al mismo tiempo las caravanas de víveres que iban a Segisamo. La batalla del Astura se había perdido y ahora las llanuras estaban abiertas, y en todos los frentes de batalla, Roma quería hacer limpieza general. Para Augusto seguir en aquel estado de tensión que le suponía la resistencia de Aracillum y el caudillo Corocota que le ponía nervioso, agravaba los dolores de cabeza que padecía y lo hacía cojear del lado izquierdo con más frecuencia de lo que ya lo hacía habitualmente, Pregonad esto, dijo Ausguto: "Daré una recompensa de 250.000 sestercios a quien aprese al caudillo cántabro, un tal Corocota". Enterado Augusto de los éxitos de sus legiones no comprende por qué el caudillo Corocota todavía no había sido hecho prisionero o muerto en combate y dejó correr la noticia de que ofrecía 250.000 denarios por la captura del jefe o a quien le trajera su cabeza. Pero los guerreros cántabros, igual que los astures, los galaicos o los lusitanos, prefería pensar que éramos fieles a nuestros clanes y nadie traicionaría al guerrero que, como Gausón, llevaba con orgullo el peso de su historia. No sabía Augusto de la agilidad y valentía del guerrero cántabro. Aquel no podía ser otro Vercingétorix, Estad pendientes de los correos que espero una parte de la Eneida, dijo Augusto. Se la he pedido a Virgilio, Por qué necesitáis leer ese libro con tanta urgencia, César, le preguntaron, Tal vez necesito que las palabras me contagien de verdad, dijo Augusto, Ese libro puede estar contaminado, De qué, preguntó, De dudas, César. Tal vez de miserias, de heridas incurables, Pero no por eso, no nos contagian de verdad. Corocota no tenía entrenamiento militar ni tantos hombres para enfrentarse a tales ejércitos, pues muchos de sus mejores guerreros habían sido aniquilados en la batalla del Astura. Sus movimientos estratégicos no eran apoyados, la locura, el miedo, la bebida y la indisciplina se apoderaban de sus hombres, las medidas que tomaba estaban mal calculadas y toda hazaña se convertía en perdición. Los cántabros escucharon una arriesgada sentencia, Me entregaré a Augusto, dijo. Todos lo quisieron convencer de que no lo hiciera. Incluso yo me atreví a pedírselo. Pero él ya había tomado la decisión. Yo le acompañé. Durante el camino me hablaba casi siempre a mí y yo me sentía orgulloso de cabalgar a su lado como antes cabalgaba con Gausón del que hablamos muy a menudo. Los druidas nos habían dicho lo que le había ocurrido a Vercingétorix en Roma y no queríamos que a Corocota le pasara lo mismo. Los romanos se reirían de él. Aprovecharían su persona para humillarnos a todos y para exhibirlo como a un salvaje. Pero Corocota insistió y así se dirigió hacia los campamentos de Augusto. Guerreros hubo en la tierra de los árboles, en la tierra de las montañas y en las llanuras. Gausón y Corocota habían sido formidables guerreros contra las legiones augustas y no se podían comparar a otros guerreros, fueran amigos o enemigos. Gausón y Corocota fueron generales, pero ellos nunca se consideraban en la cumbre por encima de sus pueblos. Ambos eran combatientes con harapos; guerreros del espíritu y no simples matadores de hombres forzados por la esclavitud que traían entre los dedos de sus pies las arenas quemadas de los caminos. Divisamos los campamentos romanos. En la oscuridad se veían las llamas de las hogueras encendidas, pues al ser la tierra muy plana se podían ver desde muy lejos, aunque pareciera que estaban muy cerca. Los romanos no podían descubrirnos y paso a paso nos fuimos acercando. Acampamos muy cerca de ellos aquella noche y no encendimos fuego por miedo a ser avistados. Nos acostamos muy juntos para darnos calor y poco a poco nos íbamos separando, Un viaje seguro, dije, Un viaje en paz, dijo Corocota. Al día siguiente, nos acercamos al campamento romano en el que se suponía que estaba Augusto. Todos nosotros miramos con expresión crítica. Allí no teníamos el amparo del bosque. A medida que nos acercábamos se alejaba la posibilidad de volverse atrás. Una cuadrilla de soldados romanos se acercó a nosotros, Sois rebeldes, preguntó un soldado, Lo fuimos, dijo Corocota. Enviad un mensaje a Augusto. Decidle que le llevamos un buen regalo, Qué regalo, preguntó el legionario, Se lo daremos al emperador en persona.

Vosotros id a darle el recado, dijo Corocota, Y por qué no me decís a mi qué regalo es ese, insistió, Por una precaución sensata, sencillamente, dijo Corocota. El romano meneó la cabeza y se alejó seguido por los otros que le habían acompañado. Un grupo menos numeroso nos seguía de cerca sin quitarnos los ojos de encima. Al llegar al campamento, comprobamos que los soldados que se adelantaron con la noticia habían hecho bien su trabajo, pues un cuerpo de guardia y filas de soldados trazaban un camino hacia el lugar en el que se encontraba el emperador. No pasaríamos, como si fuera en Roma, al lado del Templo de Saturno y junto a miles de personas atiborrando la escalinata colgándose en lo alto de las columnas; ni veríamos el Templo de la Concordia o el de Júpiter encima de la colina flanqueado por el Tabulario. Aquella grandiosidad de la que se hablaba y el esplendor magnífico y opulento de la ciudad de Roma. El sol del amanecer colmaba nuestros ojos. Miramos hacia atrás y una procesión de soldados nos seguía con expectación. Alrededor de la tienda de Augusto la guardia pretoriana formaba una muralla de hierro. Veían a nuestra comitiva temerosa, supuestamente arrepentida de dar aquel paso definitivo. El emperador esperaba dentro de su tienda. En aquel momento estaba indispuesto. Un criado le rascaba la espalda con un cepillo duro sobre las manchas que cubrían su cuerpo que le producían intensas picazones que degeneraban en ampollas. A veces, decían que se rascaba sobre sus cuatro túnicas notando un ligero alivio. Antes de enfrentarse a los recién llegados, de cuya presencia ya había sido informado, aguantó los dolores que le causaban los cálculos que expulsaba por la orina cuando iba a mear. Una vez dispuesto, el criado que estaba con él y dos barberos que le habían cortado apresuradamente el pelo y la barba, le ayudaron a levantarse y le acompañaron a la salida porque ese día, tal vez a causa del frío, tenía algo débil la cadera y la pierna izquierda. Sentado, cubriendo el vientre y las piernas con los lados de su gruesa toga, que si estuviera derecho le llegaría a los pies, no se movía. Los soldados de la guardia y el resto de la legión estaban pendientes de una señal suya. Su aspecto agradable no era muy diferente por los adornos del resto de cualquiera de los soldados de la tropa. Los caballos se detuvieron por fin. Un centurión y un soldado se acercaron. Augusto hizo una señal y la guardia despejo su vista. Corocota y todos los que lo acompañábamos fuimos rápidamente invitados a bajar de los caballos y a entregar nuestras armas. Rodeados por la guardia y por la procesión de soldados que venían por detrás, ni en los sueños más alocados nos atreveríamos a indicarles cualquier movimiento sospechoso, Quién eres tú, ladrón, preguntó Augusto con el semblante sereno que le distinguía, Corocota, dijo, y miró fijamente a los ojos vivos y brillantes del emperador durante unos instantes en que ambos guardaron silencio. Corocota perdió fuerza y bajó la mirada, lo que agradó a Augusto, que pensaba que sus ojos estaban dotados de fuerza divina y cuando miraba fijamente a un hombre, le agradaba que este bajara la cabeza como si estuviera delante del sol. Me conocéis perfectamente, señor, pues mi nombre retumba por todos los rincones de esta tierra como si fuera el viento engordado por los sonidos de las fieras. Vos estáis en la cumbre del Imperio y a las cumbres siempre llegan los vientos, pues vuelan altos. Yo también estoy en la cumbre de mis tribus y a mí, no sólo me llega el viento, sino que viajo en él, Tú ya deberías saber que ni siquiera un bárbaro me gusta que me llame señor. Vosotros, los ladrones, ya no estáis en las cumbres de las tribus. Cómo sabes, algunas ya te han traicionado, dijo Augusto con una sonrisa que mostraba unos dientes claros y desiguales bajo una nariz puntiaguda y aguileña. El emperador escuchaba con atención. Se sentía halagado. Un tanto superior y cínico, pues tenía rendido ante él a uno de los hombres más temidos por las legiones romanas y que más quebraderos de cabeza le había causado desde que había dejado la Galia. Es posible que se hayan traicionado a ellos mismos. En mi nación viven hombres muy valerosos. Casi todo mi pueblo lo es, pero hay excepciones. Los brigaecinos, si os referís a ellos, son una excepción miserable. Una tribu andrajosa que vende a sus hermanos al Imperio. A qué habéis venido a estas tierras. A emular a vuestro tío César o por qué codiciáis nuestro oro. Se os nota tan ansioso que vuestra piel está de color amarillo. Nuestro oro tal vez no os siente bien y deberíais cambiar de aires, Debo reconocer que eres un enemigo respetable. Un enemigo digno del poderío de Roma. Pero si me conocieras sabrías que a mí más que el oro, me gusta el bronce de Corinto, Soy un caudillo y amo fervorosamente a mi pueblo y a mi gente, y porque los amo he venido aquí. No a pedir misericordia. No a mendigar o a suplicar, sino a entregarme para que mi pueblo cobre la recompensa que ofrecéis por mi cabeza. Yo me quedaré, pero los que me acompañan se irán con las monedas para repartirlas entre mi gente que vivirá en paz con el conquistador. Creedme, me duele pronunciar estas palabras. Preferiría decir otras que de manera tentadora acuden a mi cabeza. Pero me conformaré con miraros a los ojos permaneciendo de pie, Veo tus ojos tostados, ladrón, y tu actitud desafiante, pero también percibo cierta serenidad. Eleva la voz, te permitiré desahogarte. Expulsa tu energía. Tienes las manos libres. Ninguno está maniatado. Comprendo que esto es duro para vosotros, pero es lo mejor para tu pueblo. Te daré doble recompensa, pero con condiciones. Les entregaré el dinero a los tuyos. Se lo debo por tu captura. Antes de darte la otra recompensa debía consultar con mis hombres o con el pueblo, tal vez con los dioses. Sin embargo, me tomaré la libertad de decidir yo solo, Pues que sea rápido, interrumpió Corocota con actitud desafiante. Acaso me vais a matar. He venido para eso, pero recordad que a vos, Candamo os ha perdonado la vida, No ladrón. Te dejaré ser libre. Quiero que vivas. Pero como comprenderás, eso tiene un precio, Decidme cuál, preguntó Corocota, Quiere decir qué entonces estás dispuesto a vivir, preguntó Augusto, Os ruego que no me matéis, pero imploro a vuestra misericordia que me dejéis entre mi pueblo. En caso contrario, si vida significa esclavitud, entonces matadme, porque no quiero ser un esclavo, Si, vivirás como un esclavo, pero como un esclavo libre. Te perdono la vida pero serás un esclavo de Roma en cuanto debes jurarme en el templo de Marte Vengador permanecer fiel a la paz que ahora prometes trabajando como soldurio para nuestras legiones. Y que jamás volverás a levantarte en armas contra el Imperio y que pisarás tu orgullo cuando se te quiera imponer. Roma siempre recompensa el valor, pero nunca la traición. Serás conducido a Roma y cuando jures lo prometido regresarás a estas tierras, que tú bien conoces, para acompañar a las legiones hasta el fin de la tierra, pero uno de tus hijos se quedará en Roma, Os quedáis con mi hijo cómo rehén, dijo Corocota y yo pensé que iba a reventar, Tu hijo no será un rehén, ni será vendido como esclavo. Será un ciudadano libre de Roma. Como sabrás, entre las naciones y las tribus celtas, los hijos y las hijas de los grandes jefes viven durante largas temporadas prestando servicios en otras naciones recibiendo otra formación y aprendiendo sus costumbres. Eso se paga con paz y comercio. Mientras los hijos de los jefes vivan en otros territorios que podían ser enemigos, no se declaran la guerra entre ellos. Tu hijo con el tiempo será ciudadano romano. Corocota, por momentos quedó aturdido por la sorpresa. Aquel era un combate que tenía perdido si no respondía con acierto a todas las promesas. Pero Augusto que se había levantado luciendo su capa estaba eufórico. No podíamos decepcionarle. Era su victoria, pero también era nuestra victoria. Augusto sabía que si hubiese ejecutado a Corocota después de haberse presentado ante él con valentía, la victoria no sería gloriosa. Si le hubiese matado como a cualquier otro, pronto sería olvidado. El emperador buscaba la honra del pueblo. Quería salvarse a través de él. Nadie podía decir que Roma no recompensaba el valor, aunque fuese el de sus enemigos, y Corocota se lo merecía por haber ofrecido una férrea resistencia uniendo a sus pueblos tan independientes y para los que la disciplina no tenía importancia. La estancia de su hijo entre los romanos en la capital del Imperio, serviría para asimilar una forma de vida digna. Su hijo, bajo la protección del Senado y del mismo Emperador, se relacionaría con la nobleza joven de Roma. Pero acaso, eso no sería también un error. Su hijo era muy joven y tal vez él aspirara a asimilar formas de vida dignas de un jefe de tribu entre las noblezas de otras tribus. La comodidad del lujo podía tentarlo a una vida extravagante con derecho a todos los placeres, a todos los faustos impropios del hijo de un gran guerrero. Su hijo era enviado como rehén, por lo menos mientras duraran las negociaciones, y no se cumpliera la promesa de Corocota en el templo de Marte Vengador. Sólo así, Augusto cerraría el templo de Jano y la paz, por lo menos durante algún tiempo, estaría asegurada. La gran distancia entre ellos y Roma y la constante amenaza de intervención romana, habían hecho desistir a Corocota de sus ambiciones y se rascó la cabeza sonriendo mientras miraba a aquel hombre de tez morena y corta estatura que era el emperador romano, En nombre de Júpiter que hace pocos días nos visitó con su furia y nos ha perdonado, yo te perdono. Entregadles la recompensa a los demás y dejadles marchar, dijo Augusto. Tal vez con esas monedas le puedan pagar a Caronte cuando les venga a cobrar por haber conducido los espíritus de sus muertos hasta el hades. Días después, y cuando todavía la ciudad de Aracillum seguía resistiendo, el emperador regresó a Tarraco a respirar otros aires para curarse de otra enfermedad mucho más grave que las que padecía. Corocota se quedó con los romanos y yo marché con el resto de sus hombres. Más tarde ellos se fueron a sus tierras y yo a las mías. Mi castro y mi casa habían sido saqueados por los romanos que habían construido un campamento en Bergidum y lo que había sido mi hogar ahora estaba ocupado por ellos, pues un humeante campamento romano se había convertido en el centro principal de la zona. Todos los días celebraban la victoria que habían obtenido en la batalla del Vindio y se preparaban para partir hacia tierras galaicas en busca de nuevas conquistas. Mi héroe estaba muerto y yo, el héroe sentimental, buscaba la derrota, pues yo también había vivido experiencias extremas que ya empezaban a dejarme secuelas irreparables. Pero los romanos, debido a las distintas revueltas de nuestros pueblos, que jamás se dieron por vencidos, no abandonaban nuestras tierras. Nuestro mundo estaba roto y cada vez se rompía más y las tragedias arrancaban los espíritus de los hombres. Una corrosiva violencia interior me impedía alejarme de mis enemigos y me uní a un grupo de comerciantes y de agresivos esclavos que ignoraban su destino. Algunos habían olvidado el origen de su rabia. Todos acampaban en un campamento alejados de las guarniciones romanas. La mayoría tenía vino y prostitutas que alquilaban a los romanos que burlaban la guardia. Estos personajes eran admitidos a distancia de la legión como las pulgas en un hormiguero. Lo real estaba allí, pero mi imaginación me llevaba más lejos. Aquel mundo de nuevos personajes contrastaba con lo familiar. Yo ya tenía mi propia gloria, mis amigos, mis héroes y mi familia; estos la buscaban: pícaros, infames y criminales cuyo carácter más visible era el de no estar siempre en el mismo lugar, no para descubrir el mundo, sino para no estar en el suyo, por eso ante ellos yo estaba ausente sosteniéndome en la astucia de sobrevivir. Al fin, Cinnano vivía retirado en su individualidad, en su celda entre los árboles y yo todavía había de contar el final de un pueblo en el monte Medulio al que tres años después de la derrota del Vindio volvería a ver a Corocota que regresaría de Roma con una cohorte de refresco. Mientras, yo me fui con las legiones de Antistio.

CRONICÓN SEGUNDO

DESDE BERGIDUM FLAVIUM A LA TIERRA DE LOS COPOROS.

XI. Anno 728 a. u. c. (25 a. C.)

Después de haber derrotado a los astures en el Vindio y de causar la primera gran tragedia de este pueblo del noroeste de Hispania, las legiones romanas retrocedieron sobre sus pasos y habiendo descansado unos días en Bergida, se aproximaron a las tierras de los galaicos, a las tierras de los árboles, de las montañas, de los ríos y de los vientos veloces venciendo por el camino toda posible resistencia. Antes de llegar al bosque sagrado de la diosa Lug emprendieron combates y eliminaron los asientos guerreros de las tribus de la zona que, conocedores a la perfección del terreno que pisaban y parapetados entre las rocas o subidos a los árboles, impedían el avance de las legiones. Una procesión de misterios desfilaba por la cabeza de Antistio. Había oído decir que para entrar en estas tierras podíamos ser interrogados por sus guardianes gigantescos, Si aquellas nubes fueran el techo del mundo esas montañas lo traspasarían, decía un tribuno de la legión. Y así, sin perder de vista las sombras continuaron la marcha. Ahora sabían que dos enormes montañas hacían guardia. Antistio no sabía si aquellas montañas también podían hablar porque podían estar abarrotadas de voces, de hombres que aullaban al luchar. Imaginaba cuál sería la prueba que tendrían que pasar. Esperaba averiguarlo muy pronto, Estas montañas son inacabables, decía otro tribuno de Orde Ecuestre al legado. Dicen que por las noches los lobos iluminan el bosque con sus ojos y alguno puede acompañarnos por el camino, Los nativos dicen que a esta tierra nunca se le ve la cara. Que al otro lado de las montañas los árboles cuelgan del cielo y hay que levantar mucho los ojos para ver su cúpula. Los romanos no disponían de vías fáciles para avanzar, pero los caminos de la tierra no les eran vedados. A los romanos no los detenía ni el sueño, ni la fatiga y a veces todos los caminos se les aparecían iguales. Era necesario acondicionar la ruta para conseguir un máximo de seguridad. Cuando los exploradores encontraban un obstáculo natural por el camino, ríos, árboles, roquedos, ciénagas, charcas, la infantería talaba los bosques, despejaba los roquedos o desecaba las ciénagas. Uno de los problemas del general al mando antes de atravesar las escarpadas montañas de los espesos bosques galaicos, los acantilados y los numerosos ríos, era en qué orden disponer a la infantería, a la caballería, a los legionarios y a los auxiliares, y, por encima de todo, dónde colocar los bagajes. Un grupo de soldados enviados a forrajear le proporcionaban información al resto de la legión que marchaba detrás. Con la legión iban soldados especializados que informaban de las fuerzas reunidas del enemigo, exploradores que recibían órdenes de un prefecto del pretorio o de un tribuno ecuestre y sólo informaban al general.

Siguiendo la táctica de César contra los belgas, la caballería y las tropas auxiliares, honderos y arqueros, iban en vanguardia seguidos del grueso del ejército y los bagajes, cerrando la columna las tropas de reclutas. Pero el ejército romano por tierras galaicas hubo de improvisar y a veces tenían que modificar el orden de marcha. En las montañas había desfiladeros y los árboles casi siempre estrechaban los caminos obligando a las tropas a estirarse en un largo cordón, así era difícil asegurar con eficacia la cobertura de los flancos poniendo en peligro los bagajes que eran el elemento más vulnerable de la legión. Su pérdida, sin duda, era la causante de la desorganización del ejército en marcha, pues los soldados, al ver como el enemigo se apoderaba de sus pertenencias, abandonaban las filas para tratar de recuperarlas. Los ingenieros de la legión, que casi siempre acompañaban a las tropas auxiliares, acarreaban sus talleres y su industria. Con las tropas iba un arúspice que al llegar a los lugares en los que se había de levantar un campamento, leía los presagios en las entrañas de los animales y realizaba el sacrificio de purificación que precedía a la ocupación del nuevo acuartelamiento aunque sólo fuera para pasar la noche o esperar que se abriera el camino aplanando el suelo o construyendo obras de ingeniería. El objetivo del cuerpo de ingenieros era ordenar los cuarteles, distribuir las unidades y levantar un campamento por la tarde, General estos caminos son muy verdes, parece que caminamos sobre un mar de hierba, dijo el tribuno, Las hierbas y las ramas de los árboles se enroscan a voluntad, dijo el centurión Gallus que cabalgaban distanciados del general, Tal vez nos quieren indicar la dirección a seguir, dijo Tuscus, un soldado corniculario que presidía el estado mayor particular del oficial, Mirad este sendero, más adelante parece que se quiebra en dos, dijo otro soldado, El centurión Gallus y algunos exploradores, se adelantaron al grueso de la legión para forrajear, al mismo tiempo que hacían la función de espías y proporcionaban información sobre la presencia o ausencia de fuerzas enemigas por el camino. Con ellos se había adelantado Cloutius, un soldurio que había pertenecido a la tribu de los susarros y que a veces hacía de guía, Llegaremos al final, allí veremos si podemos seguir, dijo Gallus, Centurión, parece que este camino quiere engañarnos o es una ilusión. Más allá parece que se convierte en cuatro, dijo el soldado Tullius, Alto soldados, dijo Gallus levantando una mano. Tendría mucho gusto en seguir, pero si hacemos caso a todos los caminos que se nos presentan en medio de estos bosques, sin duda nos perderemos. Marcaremos este lugar para que lo despeje la caballería. Pronto se verá la porta águila y todavía no está libre el camino. La legión no se debe detener nada más que para acampamentar, Este será un buen sitio para forrajear, centurión. Qué te parece, dijo Tuscus, Era hora de encontrar un lugar satisfactorio. Horas más tarde, Sigamos la dirección hacia el norte que nos indican los árboles. Más allá de las selvas hay llanuras. Cuando salgamos de estos bosques tienen que aparecer, dijo Cloutius,

Estáis muy raros, o tal vez andáis despistados, dijo el centurión, Tal vez es el bosque. En este lugar parece que las plantas trepan, se mueven como las legiones y como los ríos, dijo Tullius, Si es necesario talaremos nosotros los árboles para atravesar el bosque, así descubriremos los peñascos elevados en los desfiladeros. Podando y aplanando el suelo dejaremos marcas con la dirección a seguir, dijo el centurión, Esa dirección traza un camino, centurión, una ruta por si alguna vez tenemos que dar la vuelta, dijo el soldado Tullius, De momento servirá para que se guíen los que vienen detrás de nosotros, dijo el centurión, He ahí otra dificultad para atravesar ese río, dijo el metator encargado de encontrar un emplazamiento adecuado, En este lugar la infantería tendrá que construir un puente, dijo el centurión, Tal vez construyan unas barcas con la madera de estos árboles que colocándolas borda con borda y atándolas fuertemente unas a otras, construirán un puente montando una pasarela de troncos por encima, dijo el centurión, Sería bueno contar con la marina, dijo el metator en voz baja, No, nada de marina, dijo el centurión. Construirán un puente de madera o de piedra. Antes de llegar a su incierto destino, el camino no sería fácil, ni corto y a veces, sobre todo en las pausas, como si fueran una gran familia, se entretenían contando historias. Muchos soldados eran mercenarios o soldurios que, aunque habían nacido en las tierras del noroeste de Hispania, trabajaban para los romanos. A veces habían sido jefes de bandas guerreras cántabras o astures y jefes de tribus. Con sus cuentos y fabulaciones les hacían pensar a los soldados que entre las malezas los rayos del sol tejían enormes telarañas que se confundían con las hierbas y que el sol convertido en araña gigante bajaba por sus rayos a la tierra para comerse a los que quedaban atrapados en ellas. Mientras otros, aterrorizados, asomaban sus cabezas detrás de los árboles. Espíritus cubiertos de hojas y de musgo, enanos de ojos verdes; murciélagos que volaban curiosos por la noche; aves de mal agüero graznando y que todavía llevaban en sus ojos el esplendor del sol ocupaban las mentes de los soldados, No les llenes la cabeza de cuentos a estos supersticiosos, Cloutius, pues así no podrán descansar por la noche y morirán en el combate, decía el centurión, No te preocupes, centurión, me callaré. Una vida misteriosa se dejaba sentir cuando salía la luna. Aullidos de fieras; brujas disfrazadas de lechuzas o convertidas en perro, aullaban por la noche como cuando iban a los campos de batalla en busca de los muertos. A veces, las brujas galaicas les chupaban la sangre a las gallinas. Se camuflaban entre ellas con la apariencia de garduñas y sembraban el pánico entre los gallineros. Los hombres de las tribus estaban acostumbrados y dormían. La vida continuaba con el nuevo día, bajo el sol, entre el aire, trabajando y bailando al compás de las danzas y de los cantos y haciendo llorar a los nubarrones llovederos. Seres de pelo rubio y ojos verdes; rústicos, atrasados y conflictivos, labraban la tierra y construían casas y lugares de oración. Al anochecer, los árboles se descolgaban del cielo para abrir el camino a la caravana de oro que se derramaba por el poniente y cuando ésta se alejaba, le dejaba el espacio a una oscuridad que borraba todas las huellas. Poco a poco se iban acercando a la tierra de los coporos. Entre aquellos montes parecía que las distancias eran de aquí para allá como si nada. Era fácil enfermar a causa de aquellos bruscos cambios de temperatura. Aquellos días de viaje, el sol, a veces se dejaba ver entre las nubes acompañándoles con su color blanco. Pero aunque muchas veces no se veía, al atardecer también encendía su color naranja. Los días pasaban por aquel laberinto de caminos de las montañas mucho más lentos que en otros lugares. El calor y el frío detenían el tiempo y la memoria, pero la legión estaba preparada para soportar aquellos tormentos. En un descenso a orillas del río Navia, los soldados de la legión descansaban en tierras de los egi. Muchos soldados que conocían los cuentos del soldurio, sentían curiosidad y querían saber si sus mujeres les eran fieles preguntándoles a los lagartos. Pero esos lagartos capaces de contestar a esas preguntas, habrían de tener dos colas y no eran fáciles de encontrar. Los lagartos huían de las manos hábiles de los que los perseguían. Era fácil confundirlos entre aquel campo de colores. A un soldado la boca de una salamántiga le pasó muy cerca de su mano y el vaho de su aliento le causó un mal venenoso produciéndole la figura de un reptil en la piel. Algunos pájaros estaban atentos a la cacería. Pero no todos iban a llegar a su destino. Antes de llegar al lugar de la diosa

Lug de la tribu celta de los coporos. En cruzando la muralla natural que forman las altas montañas del Cebreiro que separan la tierra de los galaicos del resto del mundo, los belicosos albiones les atacaron por la espalda. Los egi, sevrris, cibarci, lemavos y los de otras tribus que rodeaban las fronteras de los coporos, estaban al acecho. Perfectos conocedores del terreno al que se adaptaban desde que nacían, conocían, tanto de día como de noche, todos los habitáculos y cobijos en donde se desenvolvía su incipiente sociedad. Astutos y valientes, los jefes lucían sus torques de oro que brillaban hasta sin sol. Los perros que acompañaban a las legiones y que rastreaban a espías y desertores y despertaban a los vigilantes dormidos se ponían nerviosos y ladraban sin parar. Alertados por la inquietud de los perros la legión se detuvo, pero al pronto, Cuidado hemos venido sin guardar un orden de batalla y el enemigo se aprovecha, gritaba el centurión Lúculo, Qué significa esto, preguntó en tribuno que era arrollado por un lado y por el otro con el ímpetu de una emboscada, No peleéis de espaldas a los árboles, protegeos de lo que viene por arriba, gritaba el centurión, Quitaos de en medio, decían las voces de los infantes, Esos bárbaros nos ciegan la vista, decían, Se ocultan como cuando el enemigo se pone de espaldas al sol, decía el centurión, Proteged los bagajes. Formad una muralla alrededor. Si es necesario emplead mil escudos, gritaba Antistio, Poco a poco, el suelo se cubría de cadáveres. Panza arriba yacía alguno con los ojos clavados en el cielo. La puerta hacia el bosque sagrado se cerraba violentamente en todos los caminos en los que numerosos soldados romanos caían con el impacto de la lanza feroz, de las piedras lanzadas por las ondas, los dardos y el filo de los puñales y de las hachas, No esperaba una sorpresa semejante en el camino. Cómo no hemos sido advertidos por nuestros espías, dijo el legado como si no supiera que las tierras montañosas de los galaicos no estaban pobladas por tribus belicosas, Esta tierra es su casa, legado. Ellos conocen todos los escondrijos y las puertas por las que entrar y salir. Las tribus galaicas además de la magia de sus hechiceros y hechiceras, también practicaban la brujería y muchos hombres y mujeres ejercían la medicina aparentando hacer prodigios y revelaciones. De todas las tribus del Noroeste, desde Tarraco hasta Finistrre, los indígenas galaicos eran, tal vez, los de más viva voz soltando alaridos estremecedores que ni siquiera acallaban durante el fragor de la batalla. A ningún jefe de tribu le era difícil ganar el apoyo de los demás para que le sirvieran en la lucha contra el invasor romano que ya venía de conquistar otras tierras de hermana raza. Y cuando el pequeño grupo de guerreros montañeses se aproximaba a los sorprendidos soldados de Antistio, él quiso reaccionar, pero como si un grupo de árboles les cerraran el camino, se pararon ante una avalancha de salvajes que caían desde ellos aullando como lobos y no se podían asustar fácilmente. A veces, como si fueran mallas, intentaban enroscarlos. Los romanos, amedrentados ante la fiereza de aquellos salvajes, querían callar aquellos gritos, aquellos vientos, alejarlos, desatar sus redes, pero no podían, Matad a los guerrilleros y dejadme a mí al rey, gritaba un centurión, Pero parece que los árboles se interponen entre ellos y nuestras lanzas y flechas. Estos salvajes saben protegerse muy bien detrás de ellos. Hay muchos árboles y ellos se saber camuflar, decían los soldados. Una lluvia de flechas que oscurecía el cielo e impedía ver, cayó sobre todos, Coged vivo al rey, gritaban los centuriones. Pero un sacerdote, escandalosamente adornado, como si fuera una visión había aparecido en lo alto de una piedra gigante a donde no llegaban fácilmente las armas ligeras de los romanos, intentaba matar al espíritu furioso de los soldados de Antistio y tiró al aire su bastón. A los ojos supersticiosos de muchos soldados, infinitos garrotes confundidos con las piedras y las flechas que salían de sus arcos, empujaban el viento para darle más fuerza, mientras los romanos daban manotazos con sus puños al vacío para golpearlo y quitarle poder mientras el brujo decía palabras en voz alta. Durante la refriega, muchos montañeses cayeron aniquilados por los soldados romanos. Pero la batalla continuaba y los guerrilleros y guerrilleras que, aunque a veces se creían inmortales por la forma en que se enfrentaban a la lucha, morían al instante cuando eran atravesados por una flecha, por una lanza, o por una espada. Pero todos querían matar a los invasores y con la ayuda de la vegetación, de igual manera que hacían las trampas para cazar animales, colocaban mallas y jaulas al estilo de los cazadores de osos. El brujo tenía en sus manos el bastón y los romanos, extrañados por el ímpetu con el que los montañeses les habían atacado, pensaron que un viento que bajaba por las montañas les había arrollado, Señor, esos bárbaros parece que han transportado el viento en cacerolas de barro que han roto al paso de nuestros soldados, Tal vez habéis visto alguna forma de magia de sus hechiceros, dijo Antistio. Ayudados por los árboles en la batalla, los hombres y las mujeres galaicas superaban en número a los soldados romanos que buscaron refugios en el suelo para defenderse de los numerosos guerreros enemigos. Pero los romanos se organizaron y pronto emplearon sus tácticas militares bien entrenadas y se defendieron con orden y disciplina de las nuevas emboscadas que surgían por todas partes durante el camino. Después de la batalla, aquel viento salió asustado y los montañeses se fueron detrás de él porque ambos tenían miedo de morir. Unas millas más lejos. Quizá los mismos, siendo un poco más valientes y coordinados, atacaron de nuevo con amenazadoras ondas y flechas y un montón de nieve que no dejaba ver los árboles, tapaba la huida y nadie podía escapar; sólo los vencedores encontrarían la salida, Los árboles no dejarán entrar al romano, gritaban los montañeses. A veces, los espíritus, como si fueran las nubes de armas arrojadizas que salían sin cesar, oscurecían el cielo. Los galaicos se defendían con todos sus equipos de guerra. Además de las maldiciones de las brujas en las que creían y que podían emplear para su defensa, utilizaban dardos, flechas, lanzas, trampas. Pero aquella lucha simulaba un festival, un festival en el que parecía que sólo podían morir los romanos y así pasaba que, muchos quedaban esparramados por el suelo. En aquel combate o danza alborotada, se escuchaban gritos que aturdían, fuertes y recios, para que los espíritus de los que morían en la batalla no siguieran a los supervivientes en el camino de vuelta a sus hogares. Aquella tierra se sentía débil y los que la cultivaban estaban en guerra. Los hombres y las mujeres que colaboraban en la lucha por la vida, huían cerrando las puertas de sus poblados. Los nativos blandiendo las espadas en un estado de cólera, vaciaban las cuevas, los castros y los poblados y dañaban las cosechas golpeando en donde encontraban algo que golpear. Otros, viejos o jóvenes, batían tambores, tocaban trompetas, gritaban y aullaban como los perros salvajes castigando los oídos del romano. Ese estado belicoso no se hacía sólo para vengarse del enemigo y dejar hambrientos a los romanos; también se hacía para ahuyentar los maleficios. Las mujeres que vivían en casi todos los castros, salían con sus cacerolas de metal. Después de batallar, si se conseguía la victoria, el tumulto continuaba durante tres noches seguidas y así, abriendo las puertas del campo y talando las hierbas con pinchos y los helechos que pudieran obstaculizar la salida, los ruidos de la guerra, huían con la misma velocidad que las hojas cuando eran arrancadas de los árboles por la fuerza de los vientos huracanados. Con una cronología lenta, Roma contaba el tiempo que necesitaba para digerir sus conquistas. Buscaron los límites de los territorios a conquistar y a medida que se incursionaban por ellos, los iban ganando y los vaciaban de poder dando muerte a las capas dirigentes indígenas que quedaban en cada lugar de aquella sociedad vencida. Hechiceros, héroes, nobles, pérfidos y paganos fueron capturados, eliminados, deportados y a veces vendidos como esclavos. Sus innumerables conquistas enroscaban la península. Los ríos arrastraban las penas y la sangre. Antistio conversaba con la tropa. Cabalgaba con ella y compartía sus penurias, Huérfanos sin su caudillo las tribus astures comprobaron que nuestras tropas aprendieron a subir cuesta arriba. Esa vez llegamos a la cima de las montañas antes que las aguas del océano, dijo el legado, Las tribus tuvieron que aceptar el desafío, señor, dijo el tribuno, Y la derrota, Su caudillo Gausón ha muerto y muy pocos pueden seguir sus pasos, dijo el legado, Pero durante muchos días pelearon a muerte en el Vindio. Decían que sus dioses y los nuestros andaban disfrazados mezclándose en la batalla mirando desde lejos sin acercarse, dijo el tribuno, Ellos eran sabedores de nuestra superioridad numérica y mejores armas y preparación para la guerra. Sin embargo, decidieron que no iban a morir en aquella batalla y muchos se han quitado la vida antes de caer prisioneros, Aquellos salvajes en el Vindio nos lanzaban piedras montaña abajo y a los que atropellaban los arrojaron a mucha distancia y no volvieron a subir jamás, dijo el centurión, Estúpidos, nos querían vencer tirándonos piedras, Con sus hondas, que si no fueran nuestros escudos muchos estaríamos muertos. Tienen buena puntería y cada pedrada es como la patada de una mula, Lanzándonos piedras nos despistaban en la pelea, pues teníamos que cubrirnos con los escudos para que no nos dieran con ellas en los ojos y así aprovechaban para cuando levantásemos el escudo tenerlos enfrente y lanzar su puñal hacia nosotros como si nos cogieran por sorpresa, Algunos decían que cuando colocábamos enfrente de ellos nuestros escudos, les parecíamos seres gigantescos que atemorizaban con su tamaño, murallas vivientes. Ellos perdían la lucha y buscaban frenéticamente todo cuanto podían encontrar para lanzarlo a nuestra cabeza, es decir a la cabeza de los gigantes, Es verdad que o son valientes o son locos. Desde el inicio de la contienda ellos han sido muy reducidos para el combate; sin embargo, heridos y arañados todavía han podido aguantar muchos asaltos sin caer aniquilados por completo. En aquella batalla que comentaban de paso y que aún estaba muy reciente en sus memorias recordaban los gemidos de dolor que se perdieron por el aire. El golpeteo monótono de los contendientes acompañó a los gemidos. A veces el viento sacudía las montañas y los mares que viajaban en las nubes soltaban gotas enormes de lluvia helada y algunas eran como si un dios aliado del cielo las disparara con hondas gigantescas. Mejor que eso, parecía que iban a caer barcazas que desbordadas por las mareas caerían a la tierra. Poco a poco los romanos subieron, y como si ellos fueran la montaña, se les echaban encima y arremetiendo sin piedad era muy difícil sorprenderlos por delante o por detrás. Con sus ataques las tribus quedaron maltrechas y la montaña se llenó de cadáveres, Muchos quedaron escondidos en cuevas que sólo ellos conocen y cuando salieron de ellas tal vez fue como si salieran de un sueño. Cuando los romanos llegaron a la explanada de la tierra de los coporos, ésta se encontraba deshabitada. Los centros contemplativos indígenas estaban abandonados. Muchos habían sido incendiados por las tropas romanas. Los galaicos se fueron a refugiar a los bosques y muchos se perdieron. Otros se marcharon a la costa húmeda y se quedaron al lado del mar salado que bañaba las riberas de la tierra de los árboles. Contemplativos sacerdotes improvisaban altares en medio del bosque para implorar a los dioses de las aguas y de los árboles que con sus poderes reforzaban las fórmulas mágicas de los ungüentos, de las infusiones y de las virtudes mágicas y medicinales de las hierbas. Las voces de los sacerdotes los acompañaban en los ruegos entre las ramas húmedas del arbolado que como si fueran deidades se adornaban con los brillantes de las gotas de rocío. Entre los árboles, los nativos oraban a sus dioses abrigados a la luz del fuego, al calor de la lumbre. Mientras que los soldados romanos, reclutados a veces en tierras menos húmedas y calurosas, se morían de frío. Sus ropas. Un pantalón corto del color del castaño y sus túnicas mini falderas de mangas cortas, les cogían desprevenidos ante aquel clima. Sus pies ennegrecían con la frialdad porque las sandalias no los envolvían bien. Muchos de ellos desertaban abandonando la tierra de los árboles, de las montañas, de los ríos y de los mares inquietos. Desorganizados y destruidos, a veces vagaban perdidos y eran víctimas de los animales o de las bandas guerreras indígenas que estaban al acecho por el camino. Pero la mayoría se había quedado. De lejos, los salvajes acechaban. Pero las legiones se organizaban enseguida, montaban campamentos y trazaban sus límites sagrados excavando alrededor dejando siempre una puerta de acogida. Los cántabros y los astures todavía se mantenían en guerra, pero sus guerrillas no eran las mismas desde que los caudillos, Corocota y Gausón habían desaparecido y algunas tribus seguían actuando alocadamente. Los galaicos que no habían participado en las guerras contra Antistio y Carisio la primera vez que Augusto en persona se había presentado al frente de las legiones situando su campamento base en Segisama, luchaban ahora en su tierra en constante indisciplina contra el invasor romano. Indisciplina que les llevaría a un trágico suceso: Y al llegar a las orillas de un río caudaloso y de un santuario natural consagrado a la diosa Lug, establecieron una fortificación transitoria. La construcción de edificios en ese primer campamento fue la propia de una instalación de marcha temporal. Días más tarde ese primer campamento levantado de manera cotidiana que había sido construido con gran rapidez y previsto para una duración limitada, fue destruido a igual velocidad no dejando en el lugar ningún tipo de restos. Una vez comprendieron que aquel lugar era perfecto para instalar un campamento permanente base desde el que se habrían de lanzar operaciones bélicas radiales sobre las partes extremas limítrofes con el Océano y los augurios eran buenos eligieron cuidadosamente el emplazamiento. Subieron la cuesta y como sabían que un suelo en pendiente era mejor que otro también en pendiente, buscaron un lugar fácilmente defendible que no se viera amenazado por un desplome, que tuviera una inclinación conveniente para facilitar la aireación y la evacuación de las aguas sucias y el que mejor les facilitara la defensa o la eventual salida en caso de sitio. Los romanos encontraron el mejor lugar con agua en cantidad suficiente para aguantar un asedio, y, por supuesto, no situado, como el primer campamento temporal, por debajo de otros lugares más elevados desde los que el enemigo les pudiera arrojar fácilmente venablos, flechas o piedras. En este lugar de la tierra de los coporos, los romanos atinaron perfectamente. En el solar de los coporos los agrimensores habían tenido mucho trabajo para asegurar la horizontalidad de los niveles. Abrieron canales, ayudaron a los artilleros y los agrimensores marcaron el emplazamiento de los acantonamientos delimitando las tierras pertenecientes a la legión. En el nuevo campamento se instalaron talleres para la reparación y fabricación de máquinas de guerra bajo la responsabilidad de un maestro asistido por sus ayudantes. Los soldados se agruparon por cohortes construyendo sus propias cabañas en el lugar destinado sin perder la vista del río. En muy poco tiempo las defensas pasaron de ser de lineales a puntuales. Los soldados y los jefes debían quedar al abrigo. Una primera fortificación muy simple se levantó en unas pocas horas y siempre se temía, sobre todo en los lugares en los que no se conocía muy bien al enemigo, el efecto de choque producido por un asalto. Este campamento permanente puesto en funcionamiento y que empezaron a levantar al atardecer, fue construido con gran rapidez y previsto para una duración ilimitada. Días más tarde desde ese campamento permanente construyeron brazos o defensas lineales dobles asegurando una vía de comunicación hasta el río. Los coporos y sus vecinos poseedores de grandes superficies de tierras, los arrotreba, para informarse de las fuerzas reunidas del enemigo, enviaron espías, exploradores que intentaban vender mercancía a los extranjeros. Una legión siempre estaba dispuesta para el combate. El enemigo a veces veía a los soldados trabajar cavando zanjas y en otras tareas y les parecía que estaban despistados abandonando el acecho, pero se equivocaban. Los romanos podían trabajar al abrigo de máquinas tortugas escoltados por soldados de caballería que los protegían mientras trabajaban. Nunca se dejaba de trabajar aunque hubiese un combate. Cada cohorte estaba mandada por su tribuno. Desde cualquier elevación del terreno que se viere una legión bien formada parecía un cuadrado bien dibujado en el terreno. Tal vez, nada más llegar al terreno de los coporos, sólo se les veía en formación realizando maniobras, cavando un foso, preparando estacas y atendiendo sus torres. La artillería ponía a punto sus máquinas de guerra: arietes, catapultas, tortugas, ballestas y todo tipo de máquinas tormenta y otras armas de guerra. Juntos el general y otros jefes señalaban con la mano y hacían gesticulaciones de organización. Durante los primeros días establecían órdenes de marcha por los alrededores. Cuando las tropas romanas que venían de luchar contra aquellas avalanchas de salvajes que aullaban como lobos, los cántabros de Corocota en Aracillum y los astures de Gausón en Lancia, Bergida y en el Vindio, avanzaron rápidamente por territorio enemigo hasta que llegaron al templo sagrado de la diosa Lug. Cuando Antistio llegó a las orillas del Minius en el solar de los coporos, el lugar del emplazamiento ya había sido elegido por el metator que marchaba delante de la tropa. Mercaderes, comerciantes y muchas mujeres que a veces seguían a los legionarios durante cientos de millas empezaban a instalarse cerca desguarnecidos de las bandas de los salvajes. Para los romanos los gritos de estos aposentados fuera de los recintos amurallados, eran avisos en las noches muy oscuras de que el enemigo estaba a las puertas. Los planos de los campamentos variaban en función de la topografía; en terrenos llanos habitualmente eran rectángulos o cuadrados, aunque cualquier forma era posible. En esta tierra de los coporos, los soldados romanos para situar su instalación permanente empezaron por aplanar el suelo y después levantar una empalizada lo suficientemente grande para cubrir una defensa durable. Cavaron un foso, mejor dos, tal vez tres, en forma de V y la tierra que sacaron de él la depositaron inmediatamente detrás bien extendida y apisonada hasta que formara una especie de camino de ronda un poco elevado. Encima de él construyeron una barrera de palos con torres o bastiones. Después, la aprovisionaron de escorpiones, ballestas y balistas[2] detrás de los sitiadores. El propio muro de madera y de tierra constituiría para los enemigos el principal problema. Podían intentar destruirlo, al menos en un punto. Para abrir una brecha existían varios medios, el primero, sería atacar el muro por medio de obreros protegidos bajo tortugas, con picos o con arietes; el segundo, incendiarlo rellenando de astillas o de broza agujeros abiertos previamente en el paramento y el tercero, destruirlo socavándolo con la ayuda de una mina. La excavación de un túnel les permitiría también evitar obstáculos y penetrar en la ciudad; los enemigos de Roma, sin duda, utilizaron alguna vez este procedimiento. El ejército romano poseía un alto nivel técnico y disponían de una gran variedad de tortugas para proteger a los soldados y a los obreros durante las obras. Tal vez durante las obras de la

---

2 Existen muchos relatos históricos llenos de esta clase de descripciones. En la Columna Trajana se revela la técnica del ejército romano para atacar la ciudad de los dacios, la amplia variedad de máquinas para llegar hasta los muros más resistentes y la labor de los soldados efectuando tareas de ingeniería.

empalizada de tierra y de madera se siguió el modelo de la fortificación elemental. No se sabe cuál era la frontera de la primera empalizada o si se construyó una nueva más allá de las obras para trabajar a su abrigo. El espesor de la nueva fortificación variaría en anchos diversos. Las puertas serían construidas cuidadosamente, pocas, tal vez dos, no más de tres, pues representaban un punto débil en caso de asalto. El campamento romano instalado en el solar de los coporos se había convertido en cuartel general desde el que se tomaban las decisiones de la conquista y del nuevo territorio. Se buscaron caminos seguros para bajar hasta el río protegiéndose por brazos, o defensas lineales. A los coporos se les había ocupado su solar sin permiso. Constantemente los romanos cavaban la tierra, cortaban los árboles y explanaban el terreno, se marcaban los caminos y se había trazado una ruta hasta más allá de las montañas del Cebreiro. Las miradas de los coporos, de los arrotreba, de los sevrri, de los addovi y de otras tribus observaban los movimientos de la maquinaria romana. Los habitantes indígenas de la zona eran pocos. Casi todos vivían en castros de forma circular u ovalada situados en ladera y rodeados de un completo sistema defensivo formado por parapetos y fosos de dimensiones pequeñas. Estas gentes debido a la fertilidad agrícola de la tierra vivían dedicadas al cultivo. Pero la legión no podía asentarse sin conocer ampliamente a sus vecinos y muy pronto empezaron a recorrer el territorio promoviendo grandes y graves conflictos. Es verdad que los romanos evitaban el combate si podían. Primero intentaban acuerdos por las buenas. Pero los habitantes de los castros no les recibían bien porque para ellos era un ejército invasor y la desconfianza no les permitía ser buenos anfitriones. Así las tropas de la legión fueron acercándose a los treinta y nueve castros más cercanos al nuevo campamento, No es fácil someter a estos indígenas, algunos son duros como las rocas. Por las buenas no podemos conseguir nada de ellos, Nosotros somos un ejército de conquista, si no es por las buenas, será por las malas, Algunos castros están vacíos. Han abandonado sus casas, sus aperos de labranza y todo lo que es pesado e incómodo, Tal vez se organicen en algún lugar en medio de los árboles. Este territorio es amplio y ellos conocen perfectamente cualquier rincón de estas tierras. Les es fácil esconderse. Pero aparecerán, tened cuidado cuando os adentréis en el bosque, Señor, lo harán en grupos pequeños, pues aquí no se conoce caudillo que los guíe, Los grupos pequeños son más difíciles de localizar y se camuflan mejor. Son pocos, pero letales y conocen a la perfección la guerra de guerrillas, Habrá que enviar tropas a vigilar los caminos. Sería bueno cavar otro foso más allá de este y rodearlo de estacas puntiagudas. Si vienen aquí no serán pocos y tal vez lo hagan cuando reúnan a sus vecinos desde aquí hasta la costa, Los cántabros todavía se resisten. Dicen los mercaderes que buscan apoyo sublevando a los galaicos que viven en las montañas. Que los intentan mantener en constante indisciplina y que quieren atraer a familias enteras, formar otro gran ejército y cerrar el paso, No les será tarea fácil. Tal vez lo consigan, pero les llevará algún tiempo.

EL MEDULIO

XII. Anno 731 a. u. c. (22 a. C.)

Aunque muchos cántabros se habían sometido a Roma, otros seguían indisciplinados pendientes de los mandos y de los cargos militares y políticos romanos que se sucedían. Todos los días había recepciones en las tribus como cuando tres o cuatro años atrás se organizara la conjura de los astures. Los nuevos personajes estaban despojados de un líder absoluto, pero seguían fieles a sus costumbres ancestrales. Los jóvenes, que al comienzo de las guerras Cántabro astures tenían doce o trece años, no estaban tan experimentados en el combate como sus hermanos de más edad, pues los jóvenes nunca habían participado en asaltarías de rapiña entre tribus como habían hecho sus mayores, que no dejaban de ser campos de entrenamiento para la guerra. La derrota que seguiría a una nueva civilización no iba con los pueblos cántabros y astures cuya mentalidad los empujó a una nueva sublevación. Enterados de la marcha del César, engañan al nuevo legado con una torpe treta y se sublevan. Frustrados, insatisfechos y entregados a un destino de autodestrucción, desorientados se lanzan como un viajero en el mar sin brújula, sin mapas y sin orientación. Los cántabros y los astures ya no eran dueños de nada, ni siquiera de su propio destino. Lucio Aelio Lamia actúa con rapidez incendiando los castros, saqueando los campos y cortando las manos de los prisioneros. Mutilados por

Lucio el pueblo de los cántabros todavía libraba alguna batalla y las demás tribus galaicas tenían la entrada cortada por tres enormes legiones que no dejaban pasar ni siquiera al viento. Muchos habían sido hechos prisioneros y su destino era ser vendidos para trabajar como esclavos. Pero pasadizos subterráneos y agujeros secretos; laberintos entre las peñas y abundantes planicies por las que corrían los ríos entre las montañas, había desde el monte hasta las vaguadas y algunos, se colaban para atacar a los sitiadores por la espalda cogiéndolos desprevenidos. Para muchos la idea de sumisión les conducía inevitablemente a una decadencia, a un deterioro que tenía que ser reparado. El conservadurismo, celoso de los viejos tiempos, era incapaz de asentar definitivamente aquellas mentes inquietas que mayoritariamente seguían viviendo en las montañas en su estado más pobre a veces sustituido por la memoria abarrotada de recuerdos. Los cántabros y los astures intentaban simulacros, compartían deseos y posibilidades, sueños y ensueños que contribuían a su disposición radical en un tiempo inmediato. Aquellos personajes habían sido despojados de sus sueños de libertad, de sus entornos, de su realismo ingenuo y sentían nostalgia, verdadera nostalgia o sentido de la costumbre, Los cántabros, funcionando en rápidas aproximaciones entre las tribus y en recepciones accidentadas, llegaron a transformarse otra vez en un solo ejército, Caio, los guerreros cántabros sublevados dicen que eres un inexperto y que esta vez pueden salirse con la suya, dijo un tribuno de orden ecuestre, Tal vez sea un legado inexperto en sus guerras, pero no soy en otras, tribuno, Lo sé, Cayo, Y los astures. También dicen que soy un inexperto, Los astures se rebelan contra la crueldad de Carisio. Dicen que los maltrata para darse lujos. Tal vez si los astures no iniciaran esta revuelta, los cántabros no lo hubiesen hecho, El pasado año fue de paz, pero la pausa fue corta, dijo Cayo Furnio. Tal vez aquellos generales de rangos imperiales y senatoriales que impusieron su poder, iniciaron una dictadura de lo más cruel atropellando a aquellas gentes incultas que para ellas, vivir bajo el yugo romano, eran como encerrar a un animal salvaje en una jaula. Pero en sus incultos pensamientos se preguntaban qué estaba mal en el interior de sus viejos ideales y sabían que en lo más oscuro de la naturaleza del hombre había algo cruel e indescriptible. Carisio era el espejo de la crueldad, de ahí la guerra, porque la crueldad mataba a los hombres, mataba el progreso, la vida no tenía sentido y ya no había a dónde mirar. La vida militar giraba alrededor del campamento romano. Un numeroso grupo de personajes la interpretaba. Antes de asentarlo, un arúspice se había encargado de leer las entrañas de los animales. Un legado de la legión, Furnio, tribunos laticlavios de rango senatorial, un prefecto del campamento, cinco tribunos angusticlavius de rango ecuestre, prefectos de las cohortes, tribunos de las cohortes, 59 centuriones, decuriones, inmunes principales, optios, doctores, mensores, magíster, curator, ingenieros, sacerdotes, sanitarios, y otros miembros de la jerarquía elemental más los 5000 hombres de infantería, 120 jinetes y demás tropas auxiliares que componían la legión VI Macedónica recibían a Carisio. Durante aquel encuentro se tomaron decisiones. Se celebraron consejos de guerra; los espías enemigos eran conducidos a presencia de los generales; se revisaron máquinas de guerra y se construyeron otras nuevas. El ejército romano se desplegaba. Aquel campamento se había construido muy rápido, tal vez sólo para celebrar aquella reunión. Pero se había purificado. Se celebraron alocuciones a las tropas, se pasó lista y se celebró una exhibición de poder colocando a los soldados legionarios de infantería, artillería, caballería y tropas auxiliares en orden de marcha o de combate. En aquella fiesta militar todos se lucían. Los candidatos querían ascender. Militares sin graduación que lucían faleras y collares en los pectorales de sus corazas. Centuriones con coronas, con lanzas puras y estandartes de caballería. Unos por haber salvado la vida de ciudadanos romanos, otros por salvar los asedios o por haber sido los primeros en alcanzar las defensas enemigas. Porta águilas responsables del emblema de toda la legión gozaban de más prestigio que el portador del signum que no era más que el símbolo de un simple manipulo. Jóvenes recién ingresados en el ejército en periodo de pruebas que querían ser reconocidos como aptos para convertirse en reclutas y una vez pasado ese periodo reglamentario servir como combatientes. Otros buscaban más sueldos. Del sencillo al triple o estar exentos de tareas. Todos se esforzaban para impresionar a sus mandos en función de su jerarquía y de su especialización. La vida militar con sus castigos y sus recompensas. Por el camino unas y otras legiones abatieron árboles para construir más campamentos y marchaban a través de los bosques y de las montañas donde eran ferozmente recibidos. En los primeros encuentros con los astures, los romanos incendiaron sus viviendas, mataron mujeres y niños y mutilaron a los hombres, tal era la dureza y la crueldad de Carisio. Los astures huyeron. Los que quedaban cautivos eran tratados como animales. Muchos astures se ahogaban en los ríos o se quitaban la vida con la espada. Detalles de las mismas escenas se multiplicaban todos los días por las llanuras y por las montañas. Furnio también era cruel, a veces daba orden de carga sin mirar siquiera quién era el enemigo. Los astures y los cántabros seguían descontrolados atacando campamentos romanos por donde quiera que los hubiere y caravanas de víveres. Robaban armas, escudos y espadas. Se apoderaban de los caballos que a veces después sacrificaban a sus dioses. Unos y otros atravesaban los bosques en medio de fortificaciones enemigas y cuando se iban las dejaban ardiendo. Los convoyes también ardían desde que eran desvalijados. Los mandos romanos asistían a las cargas que efectuaban sus hombres. A veces los seguían hasta sus fortificaciones y delante de ellas se desarrollaban las batallas. En cada descanso, en cada parada, los romanos construían una fortificación.

Talaban los árboles por la tarde y cavaban un foso; por todas partes había fosos y árboles talados. Durante la noche descansaban al abrigo. Antes de acostarse sometían a los guerreros que tenían prisioneros. Los astures y los cántabros descansaban bajo los árboles. A veces destruían sus campamentos y lo único que quedaba de ellos eran excrementos y restos de comida. También dejaban algún altar. Las mujeres, los ancianos y los niños que cuidaban los rebaños, veían pasar de largo a las tropas romanas, Quizá no nos hayan visto, decía un niño que no llegaba a los diez años de edad, O tienen mucha prisa y no quieren perder el tiempo con nosotros, decía el más anciano. En aquellos lugares todo giraba en torno a la naturaleza. Los rebaños pastaban sin saber lo que estaba bien o lo qué estaba mal. La vida para ellos tenía sentido. Para ellos, el día era diáfano, luminoso, perceptible por todas partes y aunque tal vez la intuían, no sabían nada del interior oscuro de la naturaleza humana. Las guerras eran cosas de los hombres. Los romanos miraban para los pastores y para los animales y ninguna pared o ningún bosque rompían aquel mirar, aquel sentirse observado. Algunas miradas se fijaban en los distintivos de la legión. Pronto una batalla y otra. Las victorias se escribían en los trofeos y se realizaban entradas triunfales. En las ciudades se construían altares y se hacían sacrificios solemnes. Los árboles seguían cayendo, tal vez como los hombres. Los guerreros astures se refugiaban detrás de parapetos de piedra construidos en sus castros. Algunos estaban vacíos.

Casi siempre se sorprendían a los romanos saliendo de entre las hojas del bosque o de entre las piedras. De vez en cuando el legado se acercaba a la batalla a la cabeza de la caballería como lo haría un emperador y recibía la sumisión de los guerreros enemigos y no tenía piedad. El ejército romano atravesaba ríos, bosques y montañas. Destruía poblados y buscaba víveres. Realizaba sacrificios, mataba sin piedad y formaba consejos de guerra. Llevaban arrastro sus máquinas y cuando el lugar estaba fortificado eran máquinas de asedio. Los asediados incendiaban sus campamentos o sus castros para no entregárselos a los romanos. Los que quedaban porque no podían huir se envenenaban. Otros se ponían en fuga. Desde las tierras cántabras y astures miles de hombres ya se habían fugado. Los romanos les seguían. Los romanos ocupaban sus tierras. Ellos ocupaban una montaña. Los legados se dirigían a sus hombres. En cada parada había una dicción, Hay que evitar que se fuguen, que se envenenen, que incendien sus castros porque en ellos hay víveres acumulados. Si se envenenan escasearán los esclavos y las mujeres. A los jefes les quedan pocos fieles. Cada vez que se mata a un jefe, los demás se desmoralizan y quedan paralizados. Así son fáciles de matar, pero a los más fuertes podemos emplearlos como esclavos y como las mujeres también escasean, es mejor conservarlas con vida. Poco a poco, tanto cántabros como astures tuvieron que huir de las acometidas romanas y como si fueran guiados por los dioses unos siguieron a los otros hacia el monte Medulio, una alta montaña que en su parte más baja tal vez acariciaban las aguas frescas de los afluentes del Minius. Familias astures enteras se habían refugiado en el Medulio. Nativos y guerreros de todas las tribus se concentraron en aquel monte de la muerte. Los galaicos acudieron un su ayuda. Todas las tribus galaicas que estaban más próximas se dieron cita en la cima. Todos pensaban que allí no subirían todas las legiones. Para los nativos aquel refugio era como una cura de tiempo y de reflexión. Cuando las tropas de Carisio y de Furnio llegaron a las altas montañas de los Ancares se detuvieron ante ellas como si tuvieran miedo de que los aplastaran. Podía ser una trampa de la naturaleza. Las montañas podían ser un dios. De lejos unos hombres galaicos se les acercaban. Sus capas eran oscuras y sus vestidos blancos como sus cabellos. Sus ojos eran verdes como los deseos. Los soldados estaban alterados. Carisio también y todos se prepararon para apagar una tormenta que les cegaba con la lumbre de aquellas miradas. Carisio ordenó tranquilidad. Pero a medida que se acercaban, la lumbre se iba apagando y lo que al principio les pareció una alucinación, empezó a ser real. Una lluvia de lanzas cortas atravesó las armaduras de los sorprendidos soldados. Algunas chocaban contra las tiras de acero que formaban la loriga que les cubría el pecho y los hombros. Los que iban a caballo alzaban el escudo redondo, y los que iban a pie, el escudo cuadrangular hasta casi la altura del casco con cubrenuca y carrilleras que les protegían las mejillas. Indignados por la emboscada, unos sacaban la espada corta y otros la lanza arrojadiza que a veces enviaban sin un blanco fijo. Pero no había sólo astures y galaicos en el Medulio. Guerreros y familias de otras tribus cántabras llegaban al punto final, a la gran derrota en aquella prisión de la naturaleza en la que hombres, mujeres y niños, iban a morir voluntariamente a fuego, espada y veneno. La tragedia se acercaba, pero la batalla final no sería con operaciones envolventes con las que los romanos atacaban desde distintos flancos, ni los montañeses atacarían con tácticas de guerrilla o con emboscadas, porque los romanos, mejor que atacar el Medulio, se decidieron por el asedio. Pero nunca se llegará a comprender por qué tres de los mejores ejércitos de toda la historia de Roma habían llegado hasta allí abarrotados de mercenarios reclutados en todo el Imperio y con toda su maquinaria de guerra perfectamente engrasada. Antes de llegar tuvieron que librar sangrientos combates viajando por una tierra abarrotada de matorrales con aguzadas e hirientes espinas, enormes barrancos, desfiladeros de profundidades abismales y abundantes e impenetrables selvas. A los romanos, desde Bergidum no les quedaba muy lejos el Medulio, pues aquel macizo montañoso estaba situado en la parte occidental de Bergida cruzando el río Valcarce y siguiendo río arriba los cursos de los ríos Sil, Lor, Valcarce, Loureiro y Burbia en dirección sureste noroeste hasta alcanzar la Sierra del Caurel. No le quedaba muy lejos el Minius. Todos se penaron en la gran batalla, luchando a muerte matando a todos los romanos que se pudiera. Mermar los ejércitos de Roma hasta dejarlos en una pequeña decuria que llevara sus vergüenzas en los estandartes de la legión. Y siguiendo las indicaciones de los jefes, aquel monte Medulio era una asamblea. El pequeño castro que había en la cima había aumentado su número de habitantes. Jinetes y más jinetes iban llegando montados en sus caballos bien cuidados que a veces portaban a dos hombres porque estos caballos parecían capaces de crecer y estirar sus lomos. Los espías vigilaban en los caminos, se escondían dentro de las cuevas para dar las noticias. Algunos en las encrucijadas. Había muchos y alguno podía ser cazado. Pero también había otros que empleaban la fuerza de la información al revés para equivocar en el camino y era muy difícil confiar. Montados en sus caballos, los montañeses galaicos castigaban a los hombres que pretendían robarles los tesoros; encima de sus alazanes eran fuertes y valientes. Sus caballos procedían de los ríos y de las fuentes que, si no se domaban bien, llevaban a su jinete y lo lanzaban por un barranco muy hondo. Ellos salían a galope y corrían como el viento; a veces parecía que no tocaban el suelo; sus herraduras eran de plata y sus bridas eran de oro. En aquellas tierras de jinetes, los caballos relinchaban por muchos espacios; incluso, cuando las mies se combaban con el viento, se creía que era el galope de los caballos que no podían pasar por muchos lugares, algunos considerados sagrados, bajo pena de castigo para sus jinetes porque se creía que ellos habían causado la muerte a las deidades de la vegetación y a los dioses y que habían tomado su forma y los dioses y las deidades pedían sacrificios. Casi siempre, al pasar por los lugares sagrados causaban daños a la deidad. Congregados en grupos, formando círculos alrededor de un fuego ardiendo, Tillegus, el jefe del castro de la montaña que ejercía funciones religiosas, tomó la palabra, Los dioses me han transmitido un sueño y he soñado con un carro; he soñado con un carro que no tiene ruedas, pero era el carro de las pérdidas. Era un carro que no se puede trasladar; era carro que no se puede cargar porque no se puede conducir fácilmente; era el carro de la guerra; era el carro de la muerte. Era el carro en donde cargaremos a los invasores que ocuparon nuestras tierras; ese carro, con la fuerza de nuestros dioses se convertirá en muchos carros y todos se irán cargados, que ninguno se quede aquí, cargaremos a los hombres que destruyen nuestras vidas, que separan a nuestras familias, que destrozan nuestras casas y nuestras cosechas y nos roban lo que necesitamos para vivir. A todos tenemos que matarlos, vivos o muertos expulsarlos de estas tierras. Las tribus galaicas atacaban por todas partes. Pero no tenían mucha ayuda, pues los pueblos cántabros y astures habían sido muy reducidos en las contiendas pasadas. Caminos abarrotados de estalactitas a veces eran aprovechados por muchos para huir de la tragedia o coger desprevenido al enemigo. Como las gotas de agua que caían verticales en la misma punta del cucurucho de la montaña, todos miraban hacia su falda. Sabían por cuales lugares venía el enemigo y había que tomar posiciones, Desde la cima nos caerán flechas. Allá arriba ellos ven la luna llena, nosotros la niebla. En la cima de la montaña está despejado, pero por debajo de ellos hay una nube de humo, de niebla y mandarán flechas, dardos y piedras a través de ella nada más sientan un ruido, decía un centurión. Los romanos no podían verla porque encima de ellos una corona de niebla endiosaba a la montaña. Para los galaicos la niebla era como una muralla que los protegía, pues al otro lado de ella, más arriba que nadie, podían esperar y coger por sorpresa al enemigo. Durante la noche amontonaban grandes cantidades de piedras que dejarían caer montaña abajo para aplastar al mayor número posible de soldados. También sabían que los romanos no se aventurarían a subir por la montaña abarrotada de niebla y por precaución se quedaban a esperar. Y casi al amanecer, cuando la niebla era más fría y resbaladiza merced al hielo caído durante la noche, dejaban caer las piedras de las que los romanos se defendían cubriéndose con sus escudos que se doblaban con el impacto. Alguna vez, la lucha era muy violenta. El cielo se cubría con las flechas enviadas por las máquinas de guerra, que llegaban hasta las puertas del campo dentro del que se refugiaban muchas familias. Pero nadie podía bajar ni subir y los alimentos escaseaban; el frío y el hambre podían matar a las mujeres y a los niños con más voracidad que los ejércitos romanos. Poco a poco, se fue derritiendo la niebla y la luminosidad se hacía blanca, pero las sonrisas no despistaban los temores y todos, uno a uno, como si tuvieran los rostros pintados por el frío, aparecían curiosos ante la muralla invisible de soldados romanos que se apostaban alrededor de la falda de la montaña. Como perros guardianes esperando a las puertas, cuidando la subida y ahuyentando a los curiosos, las regiones de Carisio y Furnio construían dos murallas; primero excavaban un profundo hoyo alrededor del monte, abarrotándolo con estacas de en punta de lanza, iguales que las que hacían para cercar sus campamentos. La otra muralla estaba formada por cientos de soldados que vigilaban día y noche apostados detrás de del foso. A la montaña le habían construido sus puertas que para los galaicos y otros que habían acudido en su ayuda, estarían cerradas para siempre. En aquel lugar, que pronto sería una montaña del infierno, todos se tumbaban en el suelo como si estuvieran atrapados por el cansancio y por el resplandor que cegaba sus ojos, pero que no impedía adivinar aquel suave color que desparramaba un chorro de perfumes. Los árboles y la vegetación que formaban aquel bosque sin salida, parecía que reían con ganas aunque llevaban clavados en sus troncos infinitos dardos y flechas, Si no se rinden pronto, será el hambre quien los mate, no será Roma, dijo un tribuno. La montaña se cubría de niebla. Estaba fría, húmeda. Cientos de hogueras calentaban un poco. Había que acercarse mucho. Alrededor de cada hoguera se abrigaba un clan. Allí había un castro poblando su espacio en exclusiva, los otros se dividían por la montaña. A veces algunos compartían el espacio entre varios clanes del mismo tamaño admitiendo a familias e individuos venidos de otras tierras. Los clanes galaicos estaban allí, gentes de las cuarenta unidades políticas que poblaban el territorio habían subido la montaña. Los que habían llegado antes ocupaban los mejores lugares. Los otros se acomodaban en donde podían. Nade protestaba, la sociedad era muy regia. Sería difícil pensar que todos los habitantes de los castros y ciudades galaicas habían muerto en el monte Medulio. Pero allí sólo habían ido representantes propios de cada estado, tal vez minorías aristocráticas para participar en las asambleas que se organizaran y no sabían que eran unos corderos que pastaban en la montaña acechados por el lobo. El ejército romano se acercaba cada vez con más efectivos. Desde el campamento galaico llegaban dos cohortes al mando de un Tribuno y varios centuriones, El terreno es peligroso, decían los exploradores, El enemigo se ha reunido encima de esa montaña, decía el tribuno, Cuántos serán, preguntó el centurión Lúculo, Es imposible saberlo. Sólo sabemos que son familias enteras y la montaña es muy grande, dijo el explorador, Tened cuidado en los desfiladeros. A veces el terreno es muy estrecho y hay que viajar en fila lo que dificulta la respuesta en caso de ataque y no se pueden asegurar los flancos, dijo el tribuno, Tribuno, ellos no tienen máquinas de guerra como nosotros. Ellos sólo nos pueden atacar entre los árboles. No atacarán en campo abierto y por este camino los flancos los tenemos bien cubiertos con el desfiladero por un lado y con la empinada montaña que hace de pared por el otro, dijo Lúculo, Habrá que buscar un camino menos peligroso para trasportar las máquinas de guerra. La artillería móvil no cabe por aquí, dijo otro centurión, Tribuno, algunas máquinas sobran en este lugar. No necesitamos arietes para batir las puertas, pues el campo no las tiene y desde la falda hasta la cima de la montaña no llegan los venablos. La artillería en este lugar no causará muchos daños, Pero estos a algún sitio llegarán y pueden llevar fuego en la punta. Nada más llegar al campamento, el tribuno mando erigir su tienda y las de todo su estado mayor. Aquel lugar era perfecto, claro, las faldas de las montañas no lo tocaban con su vuelo. Aquella arquitectura natural formaba un campamento seguro, alto desde el que se podían ver desde arriba los pechos de la tierra, Habías dicho que el campo no tiene puertas, centurión. Ahora sí. He recibido la orden de que nuestros agrimensores viajen por la falda de la montaña y se pongan de acuerdo con los que ya han iniciado los trabajos. Nosotros cavaremos el tramo que se nos indique. Haced llegar mis órdenes. Empezaremos a cavar el foso alrededor de ella hasta encontrarnos. Cavad y cavad, y en el fondo de la cavada hincad estacas afiladas apuntando hacia arriba. Esa será la puerta que le cerraremos al campo y a todos los que queden detrás de ella. Los galaicos mezclados con cántabros y astures se cubrían de pieles. Las pieles abrigaban del frío en la alta montaña del Medulio. A veces cuando bajaban por la montaña parecían animales salvajes, lobos hambrientos, jaurías. Algunos soldados, sobre todo los de las tropas auxiliares, eran hermanos de aquellos lobos porque la mayoría eran hijos de aquellas tierras al servicio del ejército romano, por eso les temían mucho más que aquellos soldados de Roma, De buena gana cazaba a uno de esos lobos para vestir sus pieles, decía un ciudadano romano de la legión, Si te acercas mucho a él, te comerá, dijo Corocota que llegara al Medulio acompañando a dos cohortes que habían salido desde Bergidum al mando de un tribuno angusticlavio. Inmediatamente me uní a él y nadie me preguntó nada. Sólo sé que a veces les decía que yo había pertenecido a su banda y que conocía aquellas tierras y a aquellas gentes tan bien como él y que les sería útil, aunque yo sólo me limité a observar y a no despegarme de él, Antes le clavaría mi espada, dijo el ciudadano romano, Son más rápidos sus dientes que tu espada. Sino búscalo por el monte, pero cuando lo encuentres no te dará tiempo ni a desenfundarla, dijo Corocota, Un enorme brazo largo abarrotado de estacas afiladas cercaba la montaña del Medulio en el fondo de una zanja. No era necesario que el brazo fuese doble como aquellos que unían Atenas con su puerto El Pireo y Falero. Un simple brazo de pinchos, de fosos, una sola línea curva larga, una muralla. Un abrazo de Roma a la montaña, un abrazo que ahogaba, un abrazo maligno de miles de brazos asesinos. Montaña abajo la tierra perdía sus sombras, miles de árboles se talaban. Los días pasaban silenciosos y sólo se sentían las espadas afilar las estacas. A veces para que fuera menos costoso en esfuerzo trasladar los árboles tronzados se aventuraban un cuarto de milla montaña arriba para arrastrar los árboles cuesta abajo. Las tribus lo sabían, sabían lo que pretendían los romanos. En el campamento de Carisio, un prefecto dirigía el asedio. Los soldados de infantería exhibían armas de guerra funcionales y se preparaban para subir a la cima del Medulio. Todos hacían fila ante las puertas de la armería situada en la zona central del campamento de asedio. El suboficial responsable entregaba las armas que estaban bajo su responsabilidad a los soldados que no habían estado de servicio dedicados a labores de construcción o de entrenamiento. La infantería de élite que constituía la guardia del general formaba con una lanza y un escudo redondo. Parte de la infantería iba armada con corazas y cascos y llevaban una espada a cada costado, siendo la del costado izquierdo, más larga que la de la derecha que no medía más que medio codo. El resto de la legión llevaba jabalinas, escudos oblongos, sierras, cestos, palas, hachas, correas, hoces y comida para tres días. La caballería a su vez transportaba largos machetes a sus costados y enormes jabalinas en sus manos. Los escudos alargados reposaban oblicuamente sobre los flancos de los caballos y en el carcaj, colgado a sus lados, portaban tres o más jabalinas de punta larga y una pica. Los soldados de caballería que formaban la guardia personal del general, tenían el mismo armamento que los jinetes ordinarios, En este campo de batalla no podemos protegernos detrás de ninguna fortificación, a no ser la de nuestros propios escudos. Los montañeses tampoco pueden. Tal vez efectuarán salidas en masa y provocarán combates individuales, dijo un tribuno, Que salgan los exploradores y que lleven los ojos bien abiertos. A veces el valor les hace caer en la pereza, dijo Carisio. En el limes de la montaña trazado por los romanos había máquinas de asedio, como las máquinas *tormenta*, catapultas que arrojaban flechas y balistas que arrojaban balas. Al Medulio no llevaron arietes porque no había que romper puertas de madera o murallas de piedra. Los mismos legionarios eran una máquina de asedio. Un asedio, un cerco a una comunidad, más que de guerreros, de familias improvisada encima de aquel monte, una habitación cerrada sin techo que no tenía puertas para escapar. La calidad del armamento individual de los soldados era la mejor de las máquinas de guerra romanas. Después de las escaramuzas o combates los contendientes perdían sus cascos, sus armas y cogían las de los enemigos. A veces se mezclaban armas, cascos de otros pueblos que formaban parte del armamento de las legiones romanas. Grupos de soldados vigilaban todos los rincones de la falda del monte. Los animales, encerrados entre los fosos y las puntas de las estacas, quedaban cercados y servían de comida para los hambrientos lobos que quedaban en la montaña. A veces también los mataban los legionarios para que no sirvieran de alimento a los sitiados. Sitiar era rodear a los asediados agravando su sufrimiento por la escasez de víveres y de agua. Ambos contendientes preparaban a sus negociadores, pero para los romanos era más hábil animar a los sitiados a la deserción, Nuestros hombres regresan. No llegan a los llanos, no encuentran las vaguadas. El terreno está cortado por todas partes y abarrotado de estacas afiladas, al otro lado hombres y máquinas de guerra hacen guardia, decía un astur refugiado en la montaña, Seguid buscando, por algún lugar habrá una salida, dijo Tillegus, Nos tienden trampas por toda la montaña. Conocen nuestra manera de luchar y esperan que bajemos a galope y nos hundamos en los fosos donde quedaremos clavados en las puntas de las estacas, decía otro refugiado, A veces el foso no se ve porque está escondido detrás de la maleza. Detrás de una muralla de árboles o de tojos silvestres que impiden ver el agujero que hay al otro lado, dijo Tillegus, Si no fuera el ruido que hacen no sabríamos que están allí y caeríamos en sus trampas, decía un guerrero astur, Nosotros somos muchos, pero ellos son más. Tal vez no tengamos más remedio que luchar si la huida no es posible, dijo un refugiado galaico, O morir, dijo Tillegus, O abrir una brecha. Ellos cavan y dejan hombres de vigilancia. Los que quedan alrededor del foso no son tantos para que si bajamos en tromba no los podamos vencer. Sería bueno abrir un hueco por donde sepamos que no vamos a encontrarnos con el grueso de la legión, lejos de su campamento temporal, dijo el galaico, No hay un hombre a cada paso y son muchos los pasos que habría que dar para rodear la montaña por su falda, dijo Tillegus, Harían falta veinte legiones para dejar soldados, uno a uno arrimados hombro con hombro siguiendo la curva de la montaña, decía otro refugiado galaico, El problema no son los hombres, es el foso y la empalizada de estacas afiladas. Mientras las salvamos, los legionarios vendrán corriendo y antes de la saltemos habrá miles esperándonos al otro lado, dijo Tillegus, Lo haremos por la noche, despejaremos un amplio tramo. Nuestros mejores guerreros bajarán, se deslizarán por las sombras matando a los soldados, mientras otros despejarán la cavada de peligros o tenderán puentes con troncos de árboles como hacen ellos cuando tienen que cruzar un río, dijo el galaico, Tal vez ellos ya conozcan nuestras intenciones y no duerman, dijo un jefe de clan astur, Las conocen, pues otra manera de escapar de aquí con nuestras mujeres y nuestros hijos no la tenemos y la comida empieza a escasear, dijo Tillegus, Nos comeremos a los romanos que matemos. Ellos están bien cebados, dijo el galaico, Eso sólo lo hacen los lobos, dijo Tillegus, Pero nosotros dicen que somos lobos. Nos llaman animales. Demostrémosles que tienen razón, dijo el jefe del clan astur. En la cima de la montaña sólo había un castro y por las noches pechaba sus puertas. Los guardianes vigilaban. El jefe del castro se sentía agredido por aquellas masas que llegaban hambrientas como manadas de lobos. Ellos aullaban como los lobos, a veces gruñían como los lobos y sus voces bajaban por la montaña. Las gentes del castro vivían tranquilas. Sólo a veces los jóvenes organizaban cacerías, rapiñas y una que otra escaramuza que no iba más allá de eso. Pero ahora su paz se había visto alterada, violada por gentes de su raza y los soldurios que atraían a los romanos hasta sus espacios sagrados, Por qué no habéis buscado otro lugar para concentraros y habéis venido tan arriba. No entiendo esa decisión ni cuál es el motivo de querer enfrentarse aquí a los romanos, dijo Tillegus, Nosotros hemos buscado el camino más seguro para huir de los romanos. Si seguimos en campo abierto estaríamos todos muertos, mientras que aquí en las montañas nos sabemos defender y esconder. Las tierras cántabras y astures están abarrotadas de romanos por todas partes y ya no tenemos lugar donde escondernos. Tuvimos que abandonar nuestros hogares. Buscar un lugar feliz para el tiempo de la espera, pero el desconcierto nos ha conducido aquí a un lugar idéntico a los nuestros lejos del hostigamiento de los romanos. Tal vez los dioses nos han guiado. Ha sido su designio, no el nuestro, dijo el jefe de clan astur, Pero ahora moriremos nosotros también. No hay escapatoria. La única salida es bajando la montaña y las puertas están pechadas, dijo Tillegus, Lo intentaremos de la forma que hemos previsto. Hay que cruzar las barreras, aunque algunos quedemos en el intento, dijo el galaico. Mientras, en la línea de asedio romana los soldados parecían espectadores con los cuellos doloridos de mirar tanto tiempo hacia arriba. Como si miraran un teatro puesto del revés. Aquellos hombres de personalidad fría y especial debida a sus entrenamientos, controlaban al enemigo como los actores que controlan al público que ante ellos aparece, Si tuviésemos la fuerza de esas máquinas lanzadoras de venablos pronto se terminaría el asedio, dijo Corocota a un grupo de soldados que asentaban las lanzadoras de flechas, Tal vez no sea necesario usarlas, soldurio. Hemos oído decir al primipilo que las armas que los matarán serán la sed y el hambre, dijo un soldado, Triste suerte la de esos montañeses. Tal vez la crueldad de Roma sea mayor que la de ellos, dijo Corocota, Cuidado, soldurio, tú eres de estas tierras y si los mandos te oyen, pueden enviarte allá arriba para que corras la suerte de ellos también, dijo un soldado, Yo he servido a las legiones de Roma como cualquier soldado romano. Mis palabras no importan, Pero pareces sentir piedad y eso a un soldado romano no le está permitido, Yo no soy un soldado romano, yo soy un mercenario al servicio de Roma y estoy sorprendido, pues Roma siempre gana sus conquistas presentando batalla, matando con las armas. Los asedios son estratagemas para obligar a los asediados a que salgan combatir y no para esperar que se mueran con el hambre y con la sed. Encima de ellos la montaña se erguía. Su cabecera miraba lejos y los pliegues de su falda le dolían porque se los estaban cortando, De dónde eres tú, soldurio, de qué parte de Hispania, preguntó el soldado, Soy astur, de las montañas de Proaza. Las legiones que rodeaban el Medulio reunían a sus estados mayores para deliberar, esa situación siempre era previa a cualquier acción. Nosotros no hemos elegido este terreno. Este terreno lo han elegido ellos escapando como los lobos ahuyentados, dijo Carisio. En función del terreno organizaremos el dispositivo de la batalla, dijo Furnio. Los dos mandos supremos hablaban esperando que los tribunos, los centuriones primipilos que participaban en las reuniones del estado mayor, prefectos y otros mandos intermedios dieran sus opiniones tácticas, Es necesario acabar de una vez por todas con estas guerras y organizar el territorio. Fundar ciudades en los lugares conquistados y controlar a los vencidos desde una posición organizada, dijo Furrio, Vosotros ya tenéis una gran tarea en la tierra de los galaicos. Tal vez esta revuelta deberíamos arreglarla los legados desde Lusitania, dijo Carisio, El Medulio pertenece a las tierras galaicas y somos nosotros quienes tenemos que luchar aquí, dijo el tribuno angusticlavio, No pasarán, dijo Lúculo. Hemos dispuesto obstáculos que rodean la montaña. No hay salida. Fosos y estacas afiladas como flechas clavadas en el suelo esperan por el enemigo, Retened a las tropas. Que se mantengan alerta los honderos y los arqueros que pueden matar de lejos, dijo Furnio, Legado, nuestra divinidad es la disciplina y a ella obedecemos, dijo Lúpulo. Nuestras alas rodean al enemigo; las alas de nuestras águilas que vigilan al cuervo, Por qué no entramos en combate y terminamos la contienda. Mis hombres están ansiosos por volver a las llanuras, dijo el centurión de una cohorte de Furnio, Tal vez los que se ponen nerviosos son los caballos. O acaso no eres capaz de calmar tus cuerpos de caballería. Los cuerpos de caballería de que dispones no entrarán en combate a no ser que haya imprevistos en la batalla, Señor la colocación de las filas de la legión aquí en este lugar no impresionarán a los montañeses. Tenemos poco espacio para situar siquiera a los infantes tras las tropas auxiliares, Conocéis alguno la cultura militar griega, dijo Furnio, Sabemos cosas, sobre todo cómo se protegían construyendo sus defensas, dijo Lúculo, Nosotros también construimos defensas, pero ellos además han inventado las estratagemas, dijo el legado, Tal vez estamos sometiendo a nuestros hombres a un interrogatorio intelectual, dijo Carisio, Debemos realizar una reflexión sobre la táctica a seguir y aceptamos sugerencias de todos los mandos de las legiones, Llamad al soldurio Corocota que ha servido en las legiones de Antistio, ordenó Carisio, Me has mandado llamar, legado, En efecto, soldurio. Dinos a todos cuál es tu opinión para hacer bajar de la montaña a esos ladrones y que se entreguen sin resistencia. Tú eres de estas tierras y sabrás, Lo sé, legado. Sé que ellos preferirán morir antes que rendirse. Al pronto un miembro de la guardia pretoriana de Furnio irrumpe para dar una noticia, Legado, a dos millas de aquí han cogido un grupo de montañeses que pretendían atravesar el cerco. Entre ellos hay dos mujeres. Otros han muerto atravesados por las estacas dentro del foso, En dónde están ahora los prisioneros preguntó Carisio, Ahí fuera, legado, Soldurio, acompáñame a conversar con los prisioneros. Tal vez por alguno de ellos podamos enviar un mensaje, Quién os manda allá arriba en la montaña, un príncipe o un druida, preguntó Carisio al que según su intuición era el jefe del grupo. El guerrero se llamaba Cadus y pertenecía a una tribu astur. Miraba para Corocota que estaba junto al legado, Es mejor que hables, dijo Corocota. Tal vez si lo haces puedas obtener favores para ti y para los hombres y las mujeres que te acompañan, de lo contrario moriréis todos. El astur se mantuvo firme mirando con odio al soldurio. Mirándolo con el odio con que se mira a un traidor, En la cima de la montaña nadie nos manda nada más que los jefes de nuestros clanes. No hay un jefe común. Tal vez Tillegus el jefe del castro que está encima de la montaña es a quien más se le obedece, dijo Cadus, Sois muchos guerrero, preguntó Corocota, Pocos, la mayoría son mujeres y niños que han huido desde las llanuras, perseguidos por vuestras legiones. Los galaicos han venido en nuestra ayuda, dijo Cadus, Cuáles son vuestros planes ahora que sabéis que estáis rodeados sin posibilidades de salir de la montaña. Tal vez atacar como si fuerais una manada de reses en estampida, preguntó Carisio, No estoy seguro, Vosotros ya huíais, o estabais explorando el terreno cuando habéis sido hechos prisioneros, preguntó Corocota, Explorábamos el terreno para buscar la forma de salir de aquí. La comida escasea. Roma le ha cerrado las puertas a la caza para subir como a nosotros para bajar, Regresa a la montaña. Los demás se quedarán aquí y dile a ese tal Tillegus y a los jefes de los clanes y de los hombres que están allá arriba, que les damos la oportunidad de rendirse.

Que en nombre del divino Augusto su vida será perdonada si trabajan y se someten a Roma. Te doy tres días, si al quinto día no tenemos respuesta tomaremos una decisión. Cadus se abrió paso entre la guardia pretoriana del legado y salvando con cuidado el foso y las estacas se perdió por la montaña, Hombres, mujeres, niños. Algunos sabios; no sé si podrá más su valentía o su ignorancia, dijo Furnio, Legado, dijo un tribuno laticlavio de origen senatorial que ocupaba la segunda posición del escalafón de mando. Si todo esto acaba en tragedia, el Emperador no podrá alardear en Roma de una nueva victoria. Él ya ha dado muestras de su clemencia al perdonarle la vida a Corocota, el caudillo de los cántabros. Deberíais de tenerlo en cuenta antes de tomar una decisión, Conozco bien las opiniones del divino Augusto, dijo Furnio, Él dice que más vale un jefe prudente que temerario o que se hace muy pronto lo que se hace bien. Augusto no quiere que se emprenda una guerra o se libre una batalla, sino cuando se puede esperar más provecho de la victoria que perjuicio de la derrota y lo compara con aquello de al hombre que pescara con anzuelo de oro, cuya pérdida no podía compensar con ninguna presa, dijo el tribuno, Augusto con sus personalísimos motivos políticos o morales, a veces no se da cuenta que estrangula a los mandos de la legión, Legado, todos estamos un poco dolidos con ciertas decisiones de Augusto. Yo también quisiera ver a mi esposa alguna vez más que en los meses de invierno. Pero si ve que sus legiones obedecen a regañadientes puede licenciarlas ignominiosamente como le pasó a la décima legión que según él sólo obedecía murmurando, dijo el tribuno, O las alimenta con cebada, interrumpió Carisio, Bien, pues apresurémonos lentamente, como dice el César aplicando el adagio griego, Cadus había llegado a la cima de la montaña. Miles de hombres y mujeres alborotados comentaban y querían saber. Todos preguntaban por los demás que habían acompañado a Cadus, No hay recorrido posible. No hay recorrido único. No hay salida. Mis hombres han caído prisioneros, otros han muerto, dijo Cadus, Pero tú, cómo has podido huir, preguntó, Yo no he huido. Yo también he sido hecho prisionero, pero un soldurio del pueblo de los susarros que acompañaba al legado me habló. El legado me ha enviado aquí, a mí sólo con un mensaje, un mensaje que todos conocemos ya: un plazo, un tiempo para comunicar una decisión, rendirse y someterse a Roma con todas las consecuencias. Me han prometido que si juramos lealtad no nos matarán, Y los demás qué iban contigo, Los tienen los romanos, dijo Cadus, Tal vez ya los han matado, dijo Tillegus, No, no lo harán mientras esperen una respuesta. Todos conocemos su generosidad con Corocota, Eso son especulaciones, Cadus, dijo Tillegus. Para los romanos, estando Augusto en Roma, matarnos aquí y ahora a todos en este lugar extraño, perdido en las montañas y sin testigos, no entrañaría dificultades para los asesinos. Los romanos están perturbados por la disciplina y por la guerra y tienen dificultades para percibir entre la disciplina y la locura. Cuando se cansen de esperar intentarán matarnos a todos y este episodio quedará sin continuidad ni extensión, Corred la voz entre los clanes, dijo Cadus, y tomar una decisión. O entregarnos a Roma o morir. Si nos entregamos nuestras familias se desintegrarán. Tendremos que ser legionarios o esclavos. Nuestras mujeres serán vendidas para los trabajos domésticos y para el placer. La decisión es difícil porque hay que decidir entre la vida y la muerte. Tal vez muchos intentarán desertar, Yo prefiero la muerte, gritó un hombre que tenía alrededor una mujer y cuatro niños, Eres valiente, dijo Cadus, Mucho más que si me entrego a Roma. La muerte siempre estaba presente y prevista en los pensamientos de aquellas gentes asediadas. Su certeza no los agobiaba. Podían morir como mueren miles de hormigas sin que nadie sintiera nada por ellas. Sus muertes no pesarían en la conciencia de los romanos. Ellos bajarían de la montaña a sus diferentes destinos. Para ellos era una batalla más. La muerte de aquellos valientes no les pertenecía porque la muerte misma había dejado de pertenecer a un mundo sin futuro a un mundo fugad, No han entendido la advertencia, Corocota. Han pasado cuatro días y no hay respuesta. Algún loco que no quiere morir intenta escapar buscando una salida en cualquier parte alrededor de las quince millas de foso. Ninguno lo logra. Eso demuestra que no van a entregarse. Que están desunidos; no alcanzan un acuerdo común y cada uno actúa por su cuenta, dijo el centurión Lúculo, El legado ha ordenado el codo a codo, escudo contra escudo, situarse como si fuéramos un muro de hierro que frene las avalanchas, dijo un soldado que estaba al cargo de una de las máquinas tormenta, En todas las elevaciones están situados los arqueros, los infantes y piezas de artillería. La muralla de escudos tal vez no sea necesaria, dijo Corocota, Por qué dices que no será necesaria, preguntó Lúculo, Ellos no bajarán. Sólo lo harán aquellos que busquen la muerte, dijo Corocota, Soldurio, dijo Carisio. Qué opinas tú, crees qué se rendirán, o se habrán parapetado en la cima de la montaña esperando a que nosotros subamos a buscarlos, No creo que se rindan, legado. Pero tal vez tampoco quieran luchar, Qué te hace pensar eso, Corocota, preguntó Carisio, Ellos están agotados por el hambre y tal vez ya no tienen fuerzas, El camino para rendirse es cuesta abajo. No es necesario estar muy fuertes para bajar por la montaña, Pero ellos no bajarán y tampoco lucharán contra Roma, estoy seguro, señor, Legado, dijo el tribuno que estaba a cargo de las cohortes del campamento galaico. Tal vez Corocota tenga razón. Si quisieran rendirse o luchar ya lo hubiésemos sabido, No sé lo que pensará Furnio que se ha ido al otro lado de la montaña. Cuando regrese tomaremos al pronto una decisión. Aquella noche fue larga para Corocota. Se acercó a la puerta de una prisión que parecía una jaula para animales para ver a las dos mujeres que habían sido hechas prisioneras. Una de ellas le escupió, Oh, mujer no debes tratarme así. Ahora yo no soy tu enemigo. Tal vez sea vuestro mejor amigo. Le diré al legado que os deje libres, Y si no lo hace, preguntó Amia, Si no lo hace os compraré. Hablaré con Lúculo, el centurión, él me debe algunos favores, Corocota salió de la celda después de agradecer el favor al centinela. La luna se veía encima de las montañas, sonriente, blanca. Los aullidos de los lobos decían que era temporada de comer carne, Los oyes, centinela, dijo Corocota, Los oigo, soldurio, y me asustan. A veces veo luces entre los arbustos y sé que son sus ojos que me vigilan, En estas tierras, los hombres creen que el lobo vive tres meses de carne, tres meses de aire, tres de barro y tres de holgazán. Esta es temporada de carne. No les mires a los ojos, puede paralizarte con la mirada y quedarás a su merced, No me cogerán por sorpresa, Corocota, yo les veo, Pero no sabes si él te ha visto antes a ti. A veces al frente de la manada viene una mujer, Tienes imaginación, Corocota, Tú crees. El miedo no nos aleja de sus aullidos. Ellos son los dueños de su territorio y nosotros somos los intrusos. Pero ni siquiera, aunque estemos muy lejos de aquí y no supongamos una amenaza para ellos, estas montañas no estarán en silencio. Corocota se alejó del guardián y se acercó a los barracones para encontrarse con el centurión. Se alejaron de los curiosos y se enfrentaron con palabras, Los hombres no me importan, pero quiero a esas mujeres. Tengo entendido que son hermanas, y si salvo a una, tengo que salvar a la otra, o la que yo quiero para mí no me lo perdonará, Puedes comprarlas. Tienes dinero, Habrá muchos postores y no quiero competir en esa pugna. Es cruel, Qué propones. Qué quieres que haga, Tengo que sacarlas esta noche de aquí aprovechando las jaurías de los lobos, Y cómo, Habrá que despistar al centinela, No es necesario. Pertenece a nuestra cohorte y a mí me es fiel, dijo Lúculo, Bien, pues los hay que sacar del encierro. Después hay que traer carne meterla en la celda y dejar que los lobos hagan el resto. Mañana diremos que los lobos tenían hambre, Pero, y el centinela, Le haremos unos rasguños y diremos que ha tenido que protegerse después de luchar con un lobo o los demás le matarían y que no sabe cómo han podido entrar. Haremos algunos destrozos más o menos como los que habrían podido hacer los lobos, No nos olvidamos de los perros, Todas las noches mueren perros atacados por los lobos. No será difícil demostrar que han estado aquí, Cómo es posible que entraran los lobos en el campamento, dijo Carisio cuando le fue comunicado el suceso, Señor, cuando me atacaron parecía que no había arma que los pudiese matar, dijo el centinela. Ellos intentaron devorarme, pero como me defendía con mi espada, me dejaron y se fueron a buscar a los prisioneros que estaban indefensos, Han tenido que ser muchos para que no quede rastro de las víctimas, dijo el tribuno, Ya habéis visto que han muerto muchos perros y al lobo tal vez le gusta más la carne humana por eso no se los han llevado para comer, Tribuno, dijo Corocota, a veces en las montañas cuando un lobo consigue matar a un hombre, lo tapa con hojas y va a buscar a otros lobos para devorarlo entre todos. A veces lo cogen vivo, le clavan los dientes y lo echan a la espalda huyendo con él a toda velocidad. Si las presas gritan, el lobo aprieta los dientes, si las presas callan, el lobo deja de apretar. Tal vez por eso no se han sentido los gritos de los prisioneros porque conocen al lobo, Tan organizados están. Si sólo son animales, dijo el tribuno, A veces no son sólo animales, tribuno. Ellos forman grupos, no más de tres y son mandados por una mujer, Antes de acercarse a mí, dijo el centinela, saltaban a mí alrededor, o colocándose muy cerca. Alguno intentaba saltar y darme con su cola en la cara. Se untaron de tierra en una charca que está cerca y se sacudían para dejarme ciego con el barro. Tal vez también dejaron ciegos a los prisioneros y no se pudieron defender, Los montañeses han aprendido de los lobos, pues por lo que decís, parece que ellos hacen las mismas cosas, dijo Carisio, Legado, dijo Corocota, el lobo sigue las reglas militares de los humanos y tal vez nuestros antepasados y los vuestros han aprendido de ellos. No olvidéis que Roma ha sido fundada por Rómulo y Remo que fueron amamantados por una loba. Entre los lobos hay un capitán, el lobo más fuerte. Habría que nacer y vivir en las montañas para conocerlos. Más tarde Corocota se acercó a un lugar de la montaña en donde aguardaban los prisioneros, lugar bien indicado la noche de la fuga. Al otro lado de una enorme roca que inclinaba su cima hacia la pendiente del terreno, quedaba un hueco que hacía de abrigo y de cueva. Allí estaban esperando. El soldurio les llevó lo que había podido recoger sin llamar la atención de los espías, Me alegro que todavía estéis aquí. Os traigo estos puñales que he podido esconder entre mis ropas y estas tortitas de pan. Con las pieles que vestís no pasaréis frío. Id hacia las tierras de los coporos. Buscad las pisadas de las legiones que han despejado bien los caminos. Tal vez, sin saberlo ya han trazado una ruta. Pisadas, restos, y árboles talados para despejar los montes os guiarán hasta el campamento del Minius. A su alrededor acampan gentes diversas, comerciantes de otras tierras y galaicos de otras tribus. Muchos están para saber y para espiar. No tardaréis en hacer amigos, Y tú qué harás, dijo Amia, Yo no tardaré en ir a buscarte. Regresaré con la cohorte al campamento y allí te buscaré, Pero, y si el legado nos reconoce, El legado tiene muchas imágenes en su cabeza para acordarse de todos, además el allí nunca te verá, Te esperaré. Todos se agradecieron el momento y se marcharon montaña abajo. En el campamento de asedio nunca más se volvió a hablar del suceso, pero después de aquel día se corrió la noticia y se tomaron precauciones contra los lobos. Los lobos eran un ejército mandado por un capitán que había que respetar y tener en cuenta. El Emperador esperaba noticias. Él invernaba en la costa de Tarraco, recuperando fuerza para regresar a los teatros de la guerra, más en misiones de asentar sus conquistas, que de pelear como había sido la primera vez que había estado allí en su campamento de Segisama enviando soldados a Aracillum, luchando contra aquel caudillo del que jamás había vuelto a saber llamado Corocota. Los generales romanos tenían muy claro que antes de la batalla había que agotar al enemigo hasta el límite. En aquel limes trazado por un foso y miles de estacas con las puntas afiladas, sólo caían algunos animales despistados. Los lobos atraídos por el olor de la comida merodeaban todas las noches alrededor de los campamentos y a veces durante el día para darse un festín. Si algún soldado quería incordiar su festín corría peligro de muerte al ser atacado por la manada. Los lobos eran capaces de saltar el foso pero no pasarían el escudo de hierro de los soldados formados. El quinto día, desde que Cadus se había ido con un mensaje, una falange de infantes y otros soldados de las cohortes auxiliares se internaron media milla subiendo la montaña. Detrás de ellos iban algunos arqueros. La infantería de elite no se movía de la línea del limes que separaba la vida de la muerte. No era una estratagema ideada por los jefes de las legiones. Tal vez era una provocación, un querer saber. El bosque era espeso abarrotado de árboles de pequeño tamaño, zarzas y tojos que arañaban. El lobo se escondía muy bien entre ellos, No sé si estamos más espantados nosotros o ellos, dijo Lúculo que había subido al frente de sus soldados, Señor, parece que todavía no hemos causado entre los sitiados un espanto suficiente para provocar su rendición y el último recurso será el combate, dijo el soldurio, Este es un mal lugar para combatir, Corocota. En medio de este bosque no sabremos nunca cuál es su lugar más débil, Señor, hay que olvidarse de nuestras máquinas de guerra.

Aquí no servirán. Los venablos, las flechas y los proyectiles no sabrán a dónde apuntar y así la moral de los asediados no se debilitará porque no les provocaremos pérdidas humanas, Las palabras de Cadus, si las ha pronunciado bien, podían animar a muchos hombres a la deserción. Tal vez los que aparecen clavados en las estacas, o los que se enfrentan en la línea con nuestros soldados, no saben cómo explicarse y entre el ataque y la defensa muchos mueren, dijo Lúculo, Aquella conversación se había mantenido en una parada. La cuesta era muy empinada y ellos habían estado muchos días casi sin andar y se agotaban más que de costumbre, Aunque los árboles y los tojos pueden ser escondites para ellos, también pueden ser murallas que frenen una lluvia de piedras, dardos o flechas para nosotros, dijo el optio adjunto, Aquí no marchamos siguiendo la dirección marcada por el portador del signun, dijo el centurión, Ni signun, ni portaestandarte, dijo el optio, Subiremos un poco más separándonos en grupos de dos. Aquí no tocaremos cornetas que puedan alertar al enemigo, así que debéis estar atentos a la voz para recibir órdenes, Señor, nosotros, estamos acostumbrados al toque de corneta, sobre todo cuando dan aviso de asalto para atacar al enemigo, dijo un soldado, Descuida, soldado. Aquí la corneta sólo sonará apara anunciar la retirada. Trompetas rectas y cuernas formaban parte de los instrumentos que emitían señales auditivas. A través de ellos se ordenaba, diana, cambios de guardia y señalaban tácticas de combate así como el asalto o la retirada.

En la cima otros tenían sus personalísimos motivos para gritar, Cadus, Tillegus. Hemos visto a los romanos subir por la montaña, gritó un guerrero que llegada a toda prisa acompañado de otros tres, A qué distancia los habéis visto, A unas tres o cuatro millas de aquí, Tal vez suban por todos los lados de la montaña. Quieren cercarnos más arriba. Cuando más se acercan más se cierra nuestro territorio. Ya sabéis que ellos son como una muralla, Lo que hemos visto puede ser una avanzadilla de las tropas auxiliares y el grueso del ejército vendrá detrás, Habéis visto a Corocota, preguntó Cadus, Nosotros sólo nos hemos fijado en los uniformes romanos. Si viene con ellos el soldurio, no lo sabemos, Hay que bajar como si fuéramos las gotas de agua por el techo de nuestras cabañas para saber si los romanos nos rodean. Si es así cerradles el paso como tenemos previsto, Tal vez se han cansado y los generales no son capaces de retener a sus tropas en el asedio. Hace frío, niebla y el agua cae helada, dijo Tillegus, Y el aire corta, dijo un montañés, Tal vez si sus ropas fueran de pieles aguantarían más, Bajaré con vosotros, pero iremos por allí y tal vez nos encontremos de frente con Corocota. El campamento en el que nos han apresado queda en esa dirección, dijo Cadus, Id, mientras nosotros preparamos el banquete. La inteligencia romana analizaba los combates en función de la estratagema. En el Medulio la estratagema fue el asedio, pero los generales romanos estaban descontentos porque no podían presentar su victoria ante el emperador como una verdadera heroicidad.

Los romanos no carecían de espacio alrededor de la infernal montaña. A lo largo de su falda la descosieron privando a los montañeses de un enfrentamiento cuerpo a cuerpo, luchando en su terreno. Carisio y Furnio querían vencer a cualquier precio. Tal vez no sabían cómo retener a aquellas bandas feroces que marchaban al combate desde el amanecer en un terreno boscoso. Las legiones romanas luchaban en campo abierto, por eso se quedaron largo tiempo detrás del foso, detrás de la barrera porque de otra manera hubiesen perecido en aquella montaña. Pero con el asedio, que era otra de las virtudes del arte de vencer, azotaron a los montañeses con el hambre y con la sed matando a muchos de sus miembros cada vez que alguno intentaba desertar o inspeccionar al enemigo. Pero en el Medulio hubo dos limes, uno de fosos y estacas y otro de fuego. Los romanos sabían en donde estaba el enemigo y estaban preparados para sufrir sus ataques reaccionando en cualquier momento. El enemigo estaba en el monte, en la cima se le suponía y se distribuyeron a lo largo de quince millas avanzando en la línea de la falda sin entrar apenas en contacto con el enemigo. Aquí el orden de la marcha y el combate no tuvieron arte. Los romanos no subían por la montaña demostrando el mejor dispositivo posible para entrar en combate y sin poner en marcha ese orden no podían demostrar su superioridad. Antes de iniciar la marcha monte arriba, el general se había dirigido a los soldados exhortándolos cumpliendo así, por lo menos, una de las reglas del orden del dispositivo de combate. En la montaña no había horizontalidades, ni lados, ni bordes. Sólo líneas dibujadas por las hileras de los árboles. El agua no se detenía y llegaba a los fosos excavados por los romanos que a veces se llenaban hasta arriba ocultando las estacas afiladas. Un río que bordeaba la montaña. En aquella ancha hendidura ahora también se podía morir ahogado. Cientos, miles de pequeños animales aparecían flotando en el agua, insectos, hojas, arbustos. Un almacén de todo lo que corría montaña abajo. Miles de corazones latían por el monte, pero muy pronto, muchos dejarían de latir. Las legiones no querían combatir dejando sangre romana en aquel monte. No querían ver manchada con su sangre el agua que cubría el foso. Más que la guerra, lo que movía con fuerza a aquellos personajes que iban a morir, era el espacio físico, tan invisible para unos, como habitable para otros, con dos campos de operaciones que escenificaban los conflictos sociales de las tribus, o políticas y militares de los romanos. Unos quedaban ciegos porque sólo veían arbustos, maleza y bosque y allá a lo lejos a los lobos sedientos de sangre que podían aparecer en la cima con dos piernas asomando su estatura. A veces, las cumbres eran borrascosas, en ellas se refugiaban los hombres y las selvas naturales y se perdía toda perspectiva. Un lugar en el que no se sabía si imponer la dictadura de la vista sobre los otros sentidos, o la dictadura de los otros sentidos sobre la vista. La vida giraba alrededor de los sitiados. Sus pensamientos subían y bajaban la montaña, giraban alrededor de ella y desaparecían a medida que los sitiados perdían la vida. Lo mismo les pasaba a los romanos que tenían muy clara su misión, su ideal. Su disciplina era transparente, clara, lineal, perceptible por todos, pero algo no marchaba. Había algo oscuro en aquel lugar, en aquella misión indescriptible. Todo parecía no tener sentido. Aquella batalla arrastraría una incógnita que nadie, ni a través de los siglos, sería capaz de resolver. Un lugar al que nunca se podría mirar; un lugar que no brillaría aunque siempre estuviera ahí fuera. Un lugar extendido en el tiempo como el humo de una conflagración atómica, Señor, los montañeses se esconden detrás de aquellos matorrales. No se mueven. Tal vez no nos quieran atacar, dijo un optio, Deteneos todos. Nos quedaremos a la espera, dijo el centurión, Si nos quisieran atacar ya lo habrían hecho, señor, dijo Corocota, Señor, los montañeses se mueven y en sus manos portan antorchas encendidas, Romanos, gritó Cadus a la distancia de un tiro de saeta. Vosotros nos habéis puesto una frontera de fosos y estacas. Nosotros ahora os la ponemos a vosotros de fuego. No podréis subir por ningún lugar de esta montaña. Jamás nos cogeréis vivos. Al mismo tiempo que Cadus terminaba de pronunciar estas palabras, él y los hombres que lo acompañaban prendían fuego en el bosque lanzando flechas incendiarias hacia todas partes que en la abundante maleza de tojos, helechos y hojas pronto empezó a arder, Qué las cornetas toquen retirada, ordenó el centurión. Es imposible apagar el fuego, Y peligroso, señor. Tal vez ellos estén detrás de las llamas para recibirnos con sus flechas y evitar que lo apaguemos. Las legiones se habían retirado. El Medulio ardía por todas partes. Detrás del foso los observadores sólo veían llamas y el humo hacía toser. El foso frenaba el incendio. El fuego más allá de él no se extendería y todos estaban protegidos. El clamor no dejó oír los gritos de la muerte, ni las órdenes de los jefes. Y aquellos valientes murieron sorprendidos y asustados. No supieron qué hacer. La sorpresa los convirtió en torpes. Los galaicos que prefirieron morir antes que rendirse se miraron. Se miraron entre ellos y no vieron al enemigo. Su valentía era muy grande. Los romanos venían con sus dioses, los traían en sus banderas y en sus insignias más que en sus corazones y todos eran un dios, pero un dios perverso. Un dios que quería dominar a todos los dioses y su poder que actuaba a distancia, formaba una barrera que no se podía evitar ni con la muerte. Cuando se apagó el incendio los romanos subieron hasta la cima por un lugar que parecía haber desaparecido del mapa. Hacía varias noches que no se sentía el aullido de los lobos. Ni el piar de las aves. Las cumbres estaban negras, oscuras. Los árboles tenían sus ramas quemadas. El trayecto se perdía. Aquel bosque se había convertido en un océano negro en el que casi no se distinguían ni las depresiones, ni las elevaciones. Aquel lugar se había convertido en un laberinto que ocultaba todo trayecto y toda perspectiva. La única curiosidad del camino era llegar a la luz, a la cumbre para explicar aquella batalla, aquel producto humano sin sentido de la conciencia de sus protagonistas. El Medulio, sin embargo, era un producto sin conciencia, una naturaleza ahora muerta y difícil de imaginar. Los romanos se detuvieron en la cumbre. Antes de llegar se paraban por el camino para observar los cuerpos calcinados de los guerreros de la montaña, Legado, dijo un tribuno, aquí arriba el fuego no ha llegado abrasador. Sólo el humo haría estragos. Están todos muertos, Señor, llama la atención la muerte voluntaria elegida por estos montañeses. Unos por el fuego, otros por el hierro y los que no tienen heridas ni están quemados, han elegido el veneno, dijo otro tribuno, Ya veo restos y sobras de comida, tribunos. Tocad retirada. Volveremos a nuestros destinos. Bajemos a nuestro cuartel general y desde allí partamos en formación militar. Furnio y yo iremos a Tarraco dar cuenta al emperador. El resto seguiréis la dirección de los campamentos. Todavía hay mucho que hacer. La conquista no ha acabado aquí, En este bosque nunca podrá cortarse madera ni tampoco romper una rama; este bosque será un lugar sagrado que ha servido para encerrar a las víctimas de una batalla, al pie de estos troncos se han sacrificado vidas durante la lucha, comentaba alguno. Avergonzados por aquella decisión, muchos soldados hacían comentarios. Algunos querían escuchar los gemidos del viento, otros escuchaban los llantos de los árboles. Los montañeses detrás de las llamas no se sentían. Tal vez ya estaban todos muertos, muchos se veían entre el fuego tendidos por la montaña, Por este asedio no ganaremos medallas, dijo Lúculo, Todos comprenderán, Roma comprenderá la batalla del fuego para que estos salvajes no se salieran con la suya, comentaba un porta *signun*, Dicen que los árboles de esta tierra esconden ríos de agua para cuando esto ocurra, dijo Verus, un centurión de las cohortes de Carisio que aspiraba a ascender a primipilo después de este asedio, Tal vez sólo tienen agua para llorar, dijo Lúculo, Y veneno, dijo Corocota, Decid a los agrimensores que no tracen mapas sobre este lugar. El Medulio será ocultado y sólo podrá verse por la vista de los pájaros, dijo Furnio, Los generales al cargo de la contienda, también le habían ocultado la verdad al divino augusto por miedo a represalias del emperador.

EPÍLOGO

Cuando todo acabó, me fui a refugiar con Cinnamo en una falda del monte Araceli adonde que se retiraron los cántabros inmediatamente después de que Augusto les entregara la recompensa por la rendición de Corocota y les perdonara a todos la vida. Ya viviendo más tranquilos, el druida pasaba mucho tiempo conmigo. Con él aprendí a leer y a escribir en varios idiomas y me ayudó a redactar esta historia.

GLOSARIO DEL CRONICÓN PRIMERO Y SEGUNDO.

Alaudae V. (*legión*) Alondra, creada por César el año 52 a. C. El origen de su nombre es confuso, y varias las explicaciones encontradas, pero debe referir a la costumbre de los galos -entre los cuales esta legión fue reclutada- por usar las alas de la alondra en sus cascos, o así llamada por la cimera en forma de cresta de alondra que adornaba el casco de sus soldados. Luchó en la Guerra Civil y en la Galia Transalpina. Reconstruida por Marco Antonio en el 44 a. C. Perdió su estandarte en la Galia el año 17 a. C. Tomó parte en la Guerra Civil del 69 d. C. y apoyó al emperador Vitelio. Disuelta el año 87 d.C. por Domiciano.

Amacos. Citados por Tolomeo, su capital sería Asturica Augusta.

Antistio. Legado al mando de las legiones de la Citerior, I Augusta, IV Macedónica y VI Victrix, que tomaron parte en la campaña de las Guerras Cántabras entre el 25-26 a. C.

Aquitania. Situada al sudoeste de la Galia Cabelluda, entre el río Carantonus y los Pirineos. Se extendía hacia el este a lo largo del río Garona hasta casi Tolosa y la ocupaba una confederación de tribus celtas llamados aquitanios. El oppidum más importante de Aquitania es Burdigala, a la izquierda de la desembocadura del Garona.

Aracillum. (*Aradillos*) La mayoría de los investigadores coinciden en que el Aracillum de Floro y el Racillum de Orosio han de situarse a cinco millas al norte de Iuliobriga, en el Aradillos actual. Sin embargo, González Echegaray, cree más posible que el antiguo Aracillum, pese al alejamiento del Aradillos actual, con el castro de Cañeda, en el paso obligado de la meseta a Cantabria. D. Magie, en su exposición de las Guerras Cántabras, hace coincidir *Aracillum* con Araceli, en territorio de los vascones que citan el Itinerario de Antonino.

Astura. Según Shulten el Astura se suele identificar con el Esla, y con razón, porque según Floro, los astures tenían su campamento en el Astura y atacaron tres campamentos romanos de la región de Brigaecium que estaban cerca de Benavente, entre el Esla y el Orbigo. Sin embargo, para Rodríguez Colmenero, a la vista del relato de Floro mejor sería colocar el Astura en una posición más occidental. Floro afirma que *"Asentados los campamentos junto al río Astura con un ejército dividido en tres partes se preparan a atacar simultáneamente los tres campamentos romanos"*. Se desprende de aquí que dispusieran sus campamentos junto al Astura con el fin de atacar el triple campamento. Ahora bien, este triple campamento romano se encontraba ubicado en el solar de la futura Asturica a juzgar por otro pasaje del mismo autor. *Mandó habitar y ocupar los campamentos que estaban en la llanura de tal manera que aquí residiese el consejo de este pueblo y al mismo tiempo fuese tenida por capital del mismo.* O sea, que el solar de los antiguos campamentos romanos se convirtiere en la capital de los astures, esto es la futura Asturica Augusta. Para Colmenero se concluye negativamente que el Astura sea el Esla y que mejor cuadraría identificarlo con el Tuerto, por ejemplo, como afluente del Orbigo, o, a lo sumo, con este último río.

Astures. Las primeras noticias que se tienen de los astures son del tiempo de la Guerra de Augusto contra ellos. Véase, Dión Casio, Orosio, Floro y las demás fuentes de tal guerra.

Augusta I. *(Legión)* Ritterling identifica a esta legión con la que Augusto desposeyó de su título. Para Colmenero no es de creer que fuese disuelta, sino solamente degradada. Una Legio I aparece en el Rhin trasladada desde Hispania tras la última fase de las Guerras Cántabras y la intervención de Agripa, aunque Roldán se muestra reticente en admitirlo.

Augusta II. *(Legión)* Fundada por Augusto, se sabe de su paso por la península en estas fechas, también formó parte de la invasión de Britania en el año 43 d. C. Por un testimonio de Tácito, sabemos que estaba en el Rhin hacia el año 14 de la era.

Augusto. (César Octavio), Primer emperador de Roma (Roma 63 a. C. Nela 14 d. C.) A la muerte de su tío César, formó triunvirato con Antonio y Lépido. Vencidos los asesinos de César, se deshizo de los otros dos triunviros y aprovechó la alianza de Antonio y Cleopatra para acabar con él durante la batalla naval de Accio, y a Lépido le obligó a retirarse y aceptar la dignidad de sumo sacerdote. Sin atentar contra las instituciones republicanas se hizo el dueño del poder absoluto, obteniendo sucesivamente del Senado los títulos de príncipe, emperador y césar. En Hispania dirigió sus luchas contra astures y cántabros. Asoció al poder a sus nietos, y, al morir estos, a su hijo adoptivo Tiberio. Conquistó la cuenca del Danubio e inauguró una época de paz y esplendor, aunque limitada por la falta de libertad. A su muerte fue divinizado y se le rindió culto en todas las provincias del Imperio.

Bardo. Poeta de los antiguos celtas. Formaban parte de la clase sacerdotal en la antigua Galia y ensalzaban las proezas de los guerreros y de los jefes, Se acompañaban en sus poemas con la música del cruth; una especie de lira

Bedunienses. Su capital sería Bedunia, entre Benavente y Astorga.

Bergidum. Según Floro, la primera ciudad contra la que se luchó fue Bergidum. En cuanto a esta ciudad, a la que Orosio denomina como Atica y que también aparece como Vellica y Bélgica en otras fuentes, se desconoce su verdadera ubicación. Como algunos autores exponen, Bergida y Vellica son la misma población, sin embargo, Schulten las ubica en diferentes sitios; el autor alemán sitúa Vellica en el monte Cilda, mientras que Bergidum la sitúa junto al pueblo de Cacabelos, a unos seis kilómetros al este de Villafranca del Bierzo.

Bodonuaego. Dios más poderoso y más culto de los astures.

Bolgenses. En una lápida de Bergidum, provincia de León, se lee: Tutela Bolgens. Parece que los bolgenses era un clan. El nombre es céltico.

Brigaecinos. Población con capital en Brigaecia, junto a Benavente. Los brigaecinos se sublevan con las demás poblaciones de la llanura colaborando con los cántabros y los astures para atacar los campamentos del Astura. Pero, tal vez no viendo demasiadas posibilidades de victoria, traicionan a sus aliados en el último momento.

Brigaecium. Entre Asturica y Baedunia, en la región de Benavente. El nombre es céltico.

Cabarci. Pueblo de los astures transmontanos situado al norte de la Cordillera Cantábrica.

Calvisio Sabino. Legado que estuvo en Hispania durante el año 28 a. C. y cuyas campañas se ignoran.

Calubriga. Ciudad más importante de los guigurri.

Candamo. *(Tarannis)* Dios de las tormentas. Habitaba en las montañas y el rayo era su arma. Se le ofrecían sacrificios humanos, así como las cabezas y las manos cortadas de los enemigos. Igual que ocurría con Júpiter, el lugar donde caía el rayo se convertía en sagrado y la persona herida por él quedaba consagrada.

Cántabros. Los cántabros ocupaban la parte media de la costa septentrional y de las sierras que como continuación del Pirineo se extiende hasta Galicia. Sus vecinos eran, por el Este, las tribus de autrigones, caristos y várdulos, y por el Oeste, los astures.

Carisio. Participó al mando de las legiones X Gemina y V Alaudae en la conquista de Lancia y otras ciudades, como jefe de la expedición del año 25 contra los astures. Se conoce por Dión, Floro y Orosio, que fue legado de Lusitania, como Antistio lo era de la Citerior, porque en el 25 a. C., después de haber vencido a los astures, fundó en Lusitania la Colonia Augusta Emérita.

Castro. Poblado fortificado en altura, típico de la edad del hierro del noroeste peninsular. Se caracteriza por su posición natural defensiva, la presencia de murallas y habitáculos de planta redonda.

Cayo Antistio Vetus. Hijo del Antistio que fue pretor de la Ulterior en el 68 a. C., siendo César su cuestor. Vetus, que según Apiano debió de ser un buen general, combatió contra los Salassos de los Alpes, de suerte que debía ser experto en guerras de montaña. Logro el consulado en 30 a. C., y en el 26 fue legado de la Tarraconense, siendo Carisio, al mismo tiempo el de Lusitania. Dión dice que Antistio venció no por ser mejor general que Augusto, sino porque los iberos, despreciándole, le hacían frente y así podían ser vencidos. Para Adolf Schulten esto es injusto, pues se sabe que Augusto, como militar, valía poco, pero sabía escoger bien los generales que valían como Agripa, Antistio, etc.

Cayo Furnio. Legado de Augusto en el 22 al mando de la Citerior. Experto en guerra de montaña no tardó en derrotar a los cántabros y astures que se sublevan a causa de la crueldad de Carisio y por considerar al nuevo legado torpe e inexperto. Después de reprimir a los cántabros conquista el Medulio.

Celtíbero. Miembros del contingente de la raza celta que cruzó los Pirineos y se estableció principalmente en las regiones central, occidental y noroeste de la península Ibérica. Estaban tan integrados en tiempos de Cayo Mario, que solía considerárseles indígenas.

Centuria. Cada centuria estaba formada por 80 hombres y se dividía, a su vez, en 10 contubernios -unidad mínima del ejército romano que era alojada en una tienda- Dos centurias formaban un manipulo por lo que una cohorte estaba compuesta de tres manípulos.

Centurión. El mando de cada centuria estaba en manos del centurión, asignado por méritos especiales. Los más veteranos y experimentados -*primi ordines*- formaban parte de la primera cohorte, y el más antiguo de ellos -*primus pilus*- tenía derecho a asistir a los consejos de guerra. El verdadero carácter de los centuriones aparece ilustrado en un episodio de La Guerra de las Galias de Julio César.

Clan. Grupo fundamental en la estructura social de muchas sociedades en las que los miembros se definían socialmente por su pertenencia a determinado clan. Cada clan descendía de un antecesor común, bien por línea paterna, o bien por línea materna. Normalmente practicaban la exogamia y consideraban incestuoso el matrimonio dentro del mismo clan. Cada clan poseía un apellido o tótem característico y solían estar asociados con una clase diferente de animal o planta con respecto a lo cual adoptaban ciertas costumbres y ceremonias rituales. En general, puede decirse que los clanes cumplían un papel estabilizador y muy eficaz.

Cohorte. Una cohorte normal comprendía 480 hombres y se dividía en seis centurias de 80 hombres; no obstante, la primera cohorte de la legión, formada por los mejores soldados, tenía cinco centurias dobles de 160 hombres. La primera cohorte siempre era la mejor de una legión, la sexta la componían los mejores hombres jóvenes, la octava eran tropas selectas, y la décima buenas tropas. Las cohortes más débiles eran la 2ª, 4ª, 7ª y 9ª, compuestas la 7ª y 9ª por tropas con poca experiencia.

Cohorte IV Gallorum. Se conoce su asentamiento junto al Astura por una serie de hitos terminales de tiempos de Claudio.

Coporos. Etnia asentada en el noroeste (Galicia). Habitaban una extensión de territorio que iba desde la Sierra de Meira hasta Padrón. En sus dominios se asentaron las ciudades de -Lucus Augusti- Lugo, e Iria Flavia.

Corocota. Refiere Dión Casio que durante la Guerra de Iberia se irrita tanto Augusto contra el caudillo Corocota, bandolero español muy poderoso, que hizo pregonar una recompensa de doscientos mil denarios (o pesetas de oro) a quien lo apresase, pero cuando Corocota se rindió presentándosele espontáneamente, Augusto no sólo no le hizo ningún daño, sino que encima le regaló aquella suma.

Curunda. Ciudad de los zoeale.

Dardo. Arma principal de los cántabros. Dión Casio y Silio llamaban al cántabro *spicula densus*, es decir tirador de muchos dardos. Lo demuestran los trofeos que figuran en las monedas de Carisio, en que dardos y rodelas se representan como armas típicas. No se sabe si el dardo era la falarica (pilum de los romanos), con hierro muy largo, o el soliferreum, que era todo de hierro.

Decurión. Oficial al mando de la caballería.

Denario. Salvo un par de emisiones de monedas de oro, el denario era la denominación general de las monedas que acuñaba Roma. Era de plata pura y contenía 3,5 gramos de dicho metal.

Diana. Diosa de la mitología romana, protectora de los bosques y en un principio diosa de la naturaleza. Se confundió con la divinidad griega Artemisa, que poseía atributos semejantes. El templo que tenía dedicado en

Éfeso era una de las siete maravillas del mundo. En el arte helénico se le representa como la Diana cazadora, que se le suele vestir con chitón y sandalias, cargada con el carcaj y las flechas y seguida de un perro o ciervo; a veces, con un brazo en alto en actitud de correr, montando a caballo o en un carro.

Druida. Sacerdote de los antiguos galos y británicos. Tuvieron gran importancia social y política.

Druidismo. Antigua religión profesada por los pueblos celtas. Existen referencias acerca de las creencias de estos pueblos. Julio César le dedica unos párrafos en los comentarios a la Guerra de las Galias.

Ejército romano. En los primeros tiempos, un ejército romano estaba compuesto por aproximadamente 1000 hombres que estaban divididos en cinco categorías -según su nivel económico-, los más ricos estaban armados como hoplitas griegos. -lanzas largas, espadas, corazas, grebas y escudos redondos- El grueso del ejército lo componían las otras cuatro categorías con menor armamento y los más pobres no llevaban ninguna armadura y estaban armados con hondas.

Galia. Nombre dado en la antigüedad a las tierras limitadas por el mar del Norte, el Rin, los Alpes, los Apeninos, el mar Mediterráneo, los Pirineos y el Océano Atlántico, es decir, Francia, Bélgica y el noroeste de la actual Italia. Dentro de este vasto territorio, los romanos distinguieron dos grandes regiones: La Galia Cisalpina o Galia allende los Alpes (Cuenca del Po) y la Galia Transalpina, Galia más allá de los Alpes o Galia propiamente dicha (Francia y Bélgica). La Galia Cisalpina, ocupada por los boios, vénetos, cenómanos, insubros, y otros pueblos celtas y galos a finales del siglo V a. de C., fue conquistada por Roma y organizada como provincia en el siglo II a. de C. En la Galia Transalpina el establecimiento de los celtas tuvo lugar en el transcurso del primer milenio a. de C.

Gausón. Del caudillo astur Gausón existen muy pocas noticias. Sabemos que luchó por la independencia contra los romanos. Lo refieren de una manera muy escasa Dión Casio, Floro, Livio, Liciniano, Plinio o Tolomeo. Posiblemente tomó parte muy activa en las guerras contra Calvisio Sabino, Statilio Tauro y Sexto Apuleyo y que resistiendo hasta el año 25 murió en la defensa de Lancia.

Gemina. Es el término latino para gemelos y se otorgaba a las legiones que se creaban a partir de la unión de dos o más.

Hispania. Nombre que daban los romanos a la península ibérica. Desde el 197 a. C., fue dividida en Citerior (NE. Y E.) Y Ulterior (S.) Augusto la dividió en tres provincias: Lusitania, Bética y Tarraconense.

Inmunes. Dentro de una legión, un hombre empezaba como simple soldado de a pie, después de varios años de servicio y para los soldados con oficio, el primer ascenso era de miles a inmunis; aunque tenía el mismo salario, les eximía de las rutinas generales de los demás soldados.

Jano. Dios romano al que se le representaba con dos caras, una mirando hacia delante y la otra hacia atrás, aludiendo así a su capacidad de ver el pasado y el porvenir. De su matrimonio con Camise nacieron varios hijos y entre ellos, Tiber. Jano reinó en el Lacio y acogió a Saturno que había sido expulsado de Grecia por Júpiter y favoreció su reinado en Saturnia. Durante el gobierno de Jano, el país vivió una gran paz y prosperidad y a su muerte fue divinizado.

Júpiter. Nombre que los romanos dieron a Zeus, dios griego del Olimpo, adorado como dios de la lluvia, del rayo y del trueno; guardián de la ley y protector de la justicia y de la libertad.

Lancia. Mencionada por Dión, Floro, Orosio y Plinio entre las veintidós ciudades de los astures. Su nombre procede de un clan céltico del que hay una lápida en Galicia.

Lancienses. Su centro principal sería Lancia, junto al pueblo de Villasabariego.

Legión. Originalmente el término "legión" se aplicaba a todo el ejército, hasta que en el siglo IV a. C., adquirió un significado más familiar para describir un regimiento de infantería pesada. El secreto de su éxito radicaba en su organización, sumamente flexible. En el siglo I a. C., una legión con toda su capacidad, estaba formada por 5120 hombres y dividida en diez cohortes. Un ejército le componía habitualmente cuatro legiones aunque esta cifra podía variar incluso a cinco. Estaba mandada por un Legado, siete oficiales, un prefecto del campamento, seis tribunos y 59 centuriones.

Lucio Lamia. Según Dión Augusto sale de Hispania a finales del 25, dejando como legado de Lusitania a Carisio y nombrando para la Citerior a Lucio Lamia, que enterados los cántabros de la marcha del César engañan al nuevo legado con una burda treta y vuelven a sublevarse. Lucio Lamia actúa con rapidez, saqueando los campos, incendiando las ciudades y cortando las manos de los prisioneros.

Luna. Los pueblos del noroeste danzaban y cantaban bajo la luna en las noches de plenilunio. Era la morada de los muertos o la luz de los muertos, entre otras cosas. Desde los Tracios hasta los celtas, los pueblos del noroeste de Hispania creían que la vida seguía más allá de la muerte y que los guerreros combatían eternamente cada noche en aquel celestial campo de batalla.

Manípulo. Cada manípulo equivalía a dos centurias (160 hombres) con dos centuriones al frente de cada uno.

Medulio. Se ha discutido mucho acerca de la ubicación de este escenario de la guerra. La mayoría de los autores ubican en el conocido paraje leonés de las Médulas el polémico monte; y eso, aún a costa de, dando por buena la noticia de Orosio, hijo de estas tierras, que sitúa al Medulio en las inmediaciones del Miño, forzar el paisaje orosiano y afirmar que el auténtico Miño de la Antigüedad era el Sil. Pero si queremos ser consecuentes con las noticias transmitidas, respetando que el Medulio es, según el relato de las fuentes, un monte cántabro y que el Miño que pasa por las inmediaciones de sarria se llamaba ya así en época romana, a juzgar por los testimonios de Seurros Transminienses emigrados a otras tierras, hemos de concluir que el Medulio hubo de corresponder a un monte incierto de la Galicia actual, posiblemente Cantabria amplia en la concepción romana del momento, que, sin embargo, estaría ubicado en las inmediaciones del río Miño.

Minerva. Introducida en la mitología romana por Numa. Minerva fue asimilada con el tiempo a la diosa griega Atenea. Era adorada en el Capitolio, donde junto a Júpiter y Juno formaban la llamada "triade Capitolina". Se le consideraba la diosa de la sabiduría y presidía todas las actividades intelectuales, especialmente la medicina.

Minius. (Miño) Río de España, situado en la vertiente atlántica. Nace en la laguna de Fuente Miña, provincia de Lugo a unos 600 metros de altitud. Atraviesa la provincia de Pontevedra, se dirige hacia el NO para orientarse luego al SE. Pasa por Lugo y confluye en el Sil en los Peares; continua hacia el SO y pasa por Ourense y Rivadavia. Forma frontera con Portugal a partir de Notava siendo navegable 40 km desde Tuy hasta su desembocadura en La Guardia.

Optio. El primer ascenso en el ejército romano convertía al soldado en principal, de los que existían dos clases: los que cobraban paga y media *(sesquiplicarii)* y los que percibían doble paga *(duplicarii)*. En el primer grupo, se incluían varias clases de suboficiales, como el tesserarius, ordenanza. En el segundo grupo estaban los portaestandartes *(signiferi y vexilarii)*, los optiones y otros oficiales.

Orbigo. Identificado como el Astura, sería el río, pues, el que dio nombre a la región (astures), no el pueblo originario como el caso de los galaicos.

Pilum. El venablo de la infantería romana, en particular el modificado por Cayo Mario. Tenía una punta muy pequeña e incisiva de hierro con un asta también de hierro de unos tres pies (un metro), unido a un palo de madera conformado para asirlo cómodamente. Mario lo modificó haciéndolo más débil en la unión entre la parte de hierro y la de madera para que, al arrojarlo y clavarse en el escudo, en un cuerpo o en el suelo, se partiese y no pudiera aprovecharlo el enemigo. De todos modos los artesanos de las legiones los reparaban rápidamente para volver a usarlos.

Pisuerga. Río por cuyo valle ascendió la Columna Central al mando de Augusto hacia Cantabria.

Rin. Es uno de los principales ríos de Alemania

Segisama. Augusto situó su campamento contra los cántabros en Segisama, existiendo tres ciudades con el nombre de Segisama o Segisamo. Plinio, en las listas de Augusto encontró las dos ciudades, Segisamo y Segisama Julia, en los Turmogidos. Para Schulten Segisama es la ciudad íbera, hoy Sasamón; mientras que Segisama, con el sobrenombre de "Julia", es el campamento de Augusto que estaba cerca de Sasamón y fue transformado después de la victoria en ciudad romana como sucedió con el campamento de Asturica, que fue transformado en ciudad y recibió su nombre.

Sexto Apuleyo. A finales del 27 o principios del 26 A. C., Augusto llegó a Tarraco, estableciendo allí su puesto de mando. No obstante, sería su legado Sexto Apuleyo, el encargado de controlar la situación logrando un triunfo sobre España durante el mes de enero, 26 a. C. De la guerra de Apuleyo no se conocen detalles ni se sabe nada de su extensión, tal vez sólo que fue el encargado de controlar la situación del frente cántabro-astur, obteniendo por ello el triunfo.

Sil. En Asturia, el Sil (afluente del Miño) era el río que daba más oro, y hasta hace poco tiempo se veía a las aureanas, mujeres que lavaban las arenas auríferas.

Soldurio. Guerreros o mercenarios característicos del mundo celta, aunque también había íberos. A veces, tanto su valor como su desapego a la vida se convirtieron en legendarios. Muchos emperadores y generales romanos escogían a soldurios hispanos para que formaran parte de su guardia personal.

Statilio Tauro. En el año 29 a. C, Estatilio Tauro, legado de Augusto, emprende una campaña sometiendo a vacceos, cántabros y astures. Choca que los vacceos, según Floro, que eran enemigos de los cántabros y sufrían sus correrías, estuvieran a su lado; pero por el mismo Floro y Orosio sabemos que los cántabros no sólo dominaban sus montañas, sino también las llanuras al pie de ellas, es decir: parte del territorio de los vacceos, autrigones, turmogidos, etc. La victoria de Tauro debió de ser de poca importancia, pues la guerra se continuó. Pero a pesar de ello Tauro recibió de Augusto el título de imperator y en 26 a. C el consulado. Después del 26 a. C., fue honrado por la ciudad de Ilici (Elche), cuyo patrono era, con una estatua.

Superatii. Son citados por Tolomeo. Su capital era Petavonium, en el pueblo de Rosinos de Vidriales.

Tarraco. *(Tarragona)* Capital de la Hispania Citerior y una de las principales provincias de su jurisdicción. Desde esta ciudad se preparó el ataque definitivo contra cántabros y astures, eliminando, de una vez por todas, la pesadilla constante de tan indómitas gentes y rodeando definitivamente la ya secular conquista de Hispania.

Tiburi. Su capital sería Nemetobriga, según Tolomeo. Se correspondería con Puebla de Tribes en Ourense.

Toga. Prenda que sólo un ciudadano de Roma podía vestir. Estaba hecha de lana ligera y tenía una forma muy particular. Para saber más sobre las clases, colores y tipos de togas, véanse las investigaciones de Colleen McCullough y Lillian Wilson.

Torques. Gran anillo macizo, por lo general de oro, abierto por uno de sus lados y rematado mediante borlas de diferentes estilos. Se llevaba al hombro como señal de poder y grandeza.

Tribu. Agrupaciones de origen familiar en que se dividían los pueblos primitivos. Eran unidades sociales formadas por individuos pertenecientes a diversos clanes, pero que tenían en común una serie de costumbres e instituciones que los diferenciaban de los componentes de otras tribus.

Tribuno. *(tribunus militarum)* Los oficiales de rango medio en la cadena de mando del ejército romano, se denominaban tribunos de los soldados o tribunos militares. El de rango superior era el tribuno electo de los soldados. Si el general no era también cónsul y, por consiguiente, no disponía de las legiones del cónsul, el tribuno militar era el que las mandaba. Los tribunos militares electos servían también de comandantes de los escuadrones de caballería.

Túnica. Era la prenda básica de casi todos los pueblos antiguos mediterráneos, incluidos griegos y romanos. Véanse los modelos estudiados por Lillian Wilson.

Vaélico. Dios celta infernal. Se le asociaba con la nocturnidad y con el lobo.

Vates. Los *vates* son como los sacerdotes normales y nunca podían convertirse en druidas.

Vellica. Se conoce esta ciudad por el Itinerario de Barro, del cual parece resultar que Vellica corresponde al castro del monte Cilda.

Victrix. Cuya traducción es "victoriosa", se otorgaba después de ganar alguna batalla o campaña.

Vindio *(monte)*. Sin duda corresponde con los Picos de Europa. Se nombre Vindio (blanco) proviene del particular color que tienen sus rocas. Citado sólo por Floro y Orosio que lo sitúan en Bergidum y por Tolomeo que lo pone al sur de Lucus Asturum que estaba cerca de Oviedo. Vindius designaba toda la gran sierra que divide León de Asturias. Para Floro y Orosio se trata de la parte occidental de ella, de las sierras del Caurel y de Picos, siendo el camino por el que los de Bergidum huyeron el que sube al pueblo de Piedrafita del Cebreiro. Vindius es nombre céltico o precéltico; su raíz vindo es muy frecuente en regiones habitadas por celtas o ligures.

Zoelas. Son citados por Plinio, pero Tolomeo ya no los cita. Pemón Bouzas y Xosé A. Domelo en su libro "Mitos, ritos y leyendas de Galicia (la magia del legado celta), dicen que "los zoeale" eran precélticos y ocupaban las tierras comprendidas entre Zamora, Ourense y las hoy portuguesas de Tras-Os-Montes. Sin embargo, hay quien dice que sólo habría que ceñirlos a esta última comarca. Su asentamiento más importante parece que estuvo en Castro Avellaes, aunque también se conoce como Zoela la ciudad de Curunda, cuyo emplazamiento es desconocido.

CRONICÓN DE HIDACIO DE CHAVES
LA ORGANIZACIÓN DE LOS TERRITORIOS CONQUISTADOS

Proaemium

Durante mucho tiempo imaginé esta parte de la historia como un Cronicón perdido del obispo e historiador hispano-romano Hidacio (c. 400 - c. 469 Chaves, Portugal), o quizás de Itacio, pero me desequilibraba porque necesitaba voces. Quiero decir con esto, que la novela fue concebida y escrita de diversas maneras. Digamos que hice cuatro o cinco versiones las cuales destruí, de lo que nunca dejaré de estar arrepentido, hasta quedarme con esta definitiva que ahora tienen en sus manos. Muchos de los personajes que aparecen, y todos los nombres romanos citados, corresponden a personajes históricos, entre ellos, Postumio Luperco y Diocleciano. Ambolo, Apiliutas y Cantolgunio, entre otros, pertenecen al manto diáfano de mi fantasía, pero la figura central para mí es la de ese personaje femenino, Calutia, porque la vida de las mujeres en esa época histórica y en el mundo celta no era tan limitada como para que le impida al novelista elegirla como eje del relato. Los años computan desde la fundación de Roma. Quiero exponer ahora cierto número de aclaraciones para que el lector se oriente y no se pierda entre lo actual y lo clásico: El tiempo en el que se despliega la historia abarca, como pueden comprobar a través de los personajes históricos, desde el año 1041 a. u. c., en que se sustituye a un funcionario de rango senatorial con el título de *Legatus Augusti praetore*, por otro de la orden ecuestre llamado Postumio Luperco, conocido con el calificativo de *praeses Hispaniae Citerioris*. Es decir, se substituye a un Legado por un gobernador. Esto ocurre cuando Diocleciano (1037-1058 a. u. c.) asume el mando y lleva a cabo un conjunto de transformaciones administrativas que, entre otras cosas, dan lugar a la fortificación de las ciudades y que la antigua provincia Citerior sea parcelada en tres, constituyendo la Gallaecia (Galicia) en una unidad administrativa independiente. Sin duda, la muralla en Lucus Augusti no se comenzó a construir hasta la cumplimentación de esa reorganización administrativa en torno al año 1050 a. u. c., con la creación de la diócesis *Hispanariun*, gobernada desde Mérida, sede de la residencia del *vicarius Hispaniae*, que dependía, a su vez, del prefecto del pretorio que residía en las Galias. Desde la visita a Lucus Augusti de Postumio Luperco, 1051 a. u. c., que inició el estudio del proyecto de la muralla y efectuó las negociaciones para conseguir mano de obra indígena que trabajase en la construcción de la misma, hasta que se iniciaron las obras por orden de Maximiano, el proyecto de la muralla estuvo parado o en lenta fase de preparación por las autoridades metropolitanas. Sumergido ya en las vueltas de estas notas aclaratorias pasaré a explicar, creo yo, las cosas más simples sin caer en la redacción de un ensayo sobre la Galicia romana, porque no me creo con la preparación para tal ministerio y porque además existen buenos libros sobre la historia de la Galicia Romana escritos por grandes investigadores y que yo sólo de manera muy simple puedo contar. Cuando se lee que las distancias a cubrir se realizan en una o en media jornada, es tan solo para no meterme a hacer demasiadas cuentas con las millas romanas, más cortas que las inglesas y así, el lector puede calcular las distancias sin demasiado esfuerzo. Sólo en una ocasión emplee las millas romanas por necesidades narrativas. En cuanto a los nombres de los personajes, me serví de los más coloquiales y sencillos; Ambolo en lugar de *Ambollus;* Postumio Luperco en lugar de *Postumius Lupercus;* Diocleciano en lugar de *Diocletiano;* Corneliano en lugar de *Cornelianus,* etc. Con los nombres clásicos romanos, indígenas o germánicos, los nombres geográficos de las actuales poblaciones son confusos; por eso escribí los nombres actuales dejando sólo el de *Lucus Augusti,* con el que se identifica perfectamente a la ciudad de Lugo. En cuanto a las poblaciones y también por el mismo motivo, digo Poutomillos en lugar de *Poutomilius;* Prógalo en lugar de *Próculus*; Bacurín en lugar de *Bacorus;* Lexo en lugar de *laedies,* etc. Los nombres de los lugares los escribo con el actual, así en lugar de *villae,* escribo villa, que en nada se parece a las villas actuales. En estas villas llamadas urbanas, residían los dueños de las mejores tierras y tenían esclavos o siervos que se albergaban en las villas rústicas y en las fructuarias, donde estaban las cocinas, las cuadras, los ganados, los almacenes y quedaban muy cerca de la villa urbana. Estas villas nada tienen que ver con las entidades de población que todos conocemos hoy en día. Los vicos, predios rústicos de inferior categoría, en donde vivían los cultivadores libres independientes de las villas, les llamo aldeas, nombre más familiar de origen árabe que más adelante sustituye al nombre latino *vicus* por influencia de la España Meridional. El castro, como lugar de población fortificado, lo mantengo, pues algunas comunidades continuaron en ellos hasta los albores del pasado siglo y en algunos lugares, casi a finales del siglo XX, todavía seguían viviendo en ellos en casas rehabilitadas o de nueva construcción. Conservo, por conveniencia narrativa, los nombres clásicos que se refieren a los cargos políticos y a las instituciones. También porque hay cosas que están fijadas por la historia y porque en un texto que narra acontecimientos de los siglos III y IV no se puede cambiar el nombre de curia, lugar de reuniones; o Senado por el de ayuntamiento, que data de la alta Edad Media. De la misma manera, el nombre de los dos mandos locales o *duoviros*, por el de alcalde, instituido también en la Alta Edad Media; o el de *decuriones,* que formaban parte de la curia romana por el de los concejales de hoy en día. En cuanto a la moneda, en el período que va desde el año 1013 a. u. c., hasta la reforma de Diocleciano, quiebra totalmente el sistema trimetálico y se difunde masivamente el antoniniano, convirtiéndose en el único valor en circulación. Para finalizar, respecto al nombre de las legiones, escribí el más familiar, así en vez de *legio* escribí legión; y en vez de *cohors* escribí cohorte.

CALUTIA

1041 a. u. c.

Para Calutia, vivir en un castro oculto entre espesos bosques después de haber vivido mucho tiempo en la ciudad de Lucus Augusti, era como un sueño entre paredes oscuras, entre agujeros secretos, ocultos en cuevas cubiertas de musgo en cuyas paredes se adherían infinitas babosas. Sus padres, Allucio y Balaisina, habían trabajado de criados en el servicio doméstico durante mucho tiempo, pero regresaron al castro, un círculo aminorado debido al abandono por parte de sus habitantes que se trasladaron a los lugares llanos para dedicarse a las explotaciones agrícolas y ganaderas, estableciéndose como agricultores libres parcelarios en viviendas agrupadas de una comunidad rural. A veces, se establecían cerca de las villas en las que los propietarios y los siervos vivían en espacios bien diferenciados. En el castro de Facoi, Calutia tenía su casa. Este castro, que había permanecido abandonado mucho tiempo, se habitaba otra vez a consecuencia del temor a las incursiones bárbaras. Los nuevos moradores reforzaron la muralla y edificaron mejores casas. Calutia, a medida que pasaba el tiempo, vivía más feliz en su nuevo hogar. Ya no la afligía la melancolía de los primeros días y empezaba a hacer amigos. Ella, a veces se sentaba viendo correr las aguas de un río próximo al castro que bajaban por la montaña y se bifurcaban por las hendiduras del terreno desviándose por muchos arroyuelos. Allí la primavera la animaba a disfrutar de los días ardorosos y la envolvía de pétalos embriagados de aromas como si la vistiera de flores la diosa de un reino de amor. Allucio y Balaisina eran felices en el castro y Calutia disfrutaba viéndolos contentos. Adaptarse al campo y superar las barreras arquitectónicas y de grupo que lo diferenciaban de la ciudad, precisaba de un amplio espacio de tiempo, aunque tanto más pequeño para una jovencita como era Calutia. En la ciudad trabajó como una criada, ayudando a sus padres a ganarse el sustento en la residencia de un romano viejo y opulento, que, por la manutención y cuatro antoninianos, le cuidaban hasta de los piojos, y cuando montaba una juerga con los amigos los tenían que aguantar a todos durante casi toda la noche. Pero la vida es como los cuentos de hadas. Un día las hadas buenas la cambian para bien y otro día las hadas malas la cambian para mal. Depende de la suerte de cada uno. Para Calutia todo cambió cuando su padre le escogió como esposo a Ambolo; un muchacho que gozaba de la misma edad que ella, y que se instaló en el castro de Facoi con Apiliutas, un sacerdote de la tanteaba entre los conocimientos druídicos y la nueva religión que venía a ayudar a Cantalgunio, un viejo religioso que ya no conseguía valerse por sí mismo. Calutia, moza y tierna, soñaba constantemente con el amor y pensaba que en la vida no se podía estar sin él, ni recorrer todos los caminos ni navegar por todos los mares. En la ciudad de Lucus Augusti pocos jóvenes se habían relacionado con ella porque allí no había chicos celtas y los romanos la consideraban una indígena salvaje y rústica de una raza inferior. Sin embargo, Calutia era bonita. Su cabello tenía el color de las mimosas cuando florecen y sus ojos el color del cielo cuando no tiene nubes. Calutia se veía y paseaba con Ambolo y poco a poco, surgía entre ellos una dulce relación. Ambolo, aunque no fuera destinado para ser un sacerdote, estaba muy adoctrinado en sus escuelas. Apiliutas, un sacerdote que portaba los conocimientos adquiridos en las sedes clandestinas de cristianos, lo había protegido como un padre y lo había instruido en casi todas las competencias de los sabios. Le enseñó a memorizar versos mitológicos como los antiguos druidas, filosofía, astronomía, los códigos de la naturaleza, todo tipo de magia espiritual, medicina, el alfabeto griego, trasmigración, pociones mágicas, a desenvolverse con los signos y con las estrellas y bastantes cosas más. Los días pasaban, la primavera, el verano y el invierno agredía otra vez con su gigantesca y dura mano de hielo. El frío se dejaba acusar y las ventoleras desencajaban a los espíritus de la naturaleza y a los centenarios robles de los montes que rodeaban el castro. Una noche muy fría, Calutia salió a pasear. La noche estaba clara y las estrellas brillaban; siempre estaban allí como si fueran los ojos pintados del cielo pestañeando alguna vez. En el castro, la naturaleza siempre era igual. Las flores iban y venían, los pájaros, las moscas. La gente envejecía y moría; otros nacían. Siempre lo mismo. El tiempo pasaba; el tiempo, que muy pocos sabían aprovechar, transcurría rápidamente por todos los hombres y por todas las cosas. Calutia había cumplido los 15 años. Se consideraba dichosa porque amaba a Ambolo, y esa misma noche, cuando paseaba mirando el cielo y absorta en sus pensamientos, escuchó unos pasos detrás de ella; se giró y vio a Ambolo, Miras a las estrellas, dijo Ambolo, Las estrellas me dicen que me retire a dormir, que la noche es para ellas, dijo Calutia, Si las estrellas supieran hablar y contaran las historias que saben, las historias que han oído contar. Cuántas malezas infranqueables atravesaron con su brillo. Los bosques no les ciegan los caminos. Pueden escuchar los aullidos del lobo y verlo correr. Sólo los dioses las entienden. A Calutia le gustaba escuchar a Ambolo. Pero él siempre tenía dificultad para romper el silencio. De pronto, Harpócrates se apoderó de sus voces y enmudecieron para escuchar al viento. Era como si el viento reclamara su vez entonando bajo la luna llena una melodía que les hacía perder la conciencia del tiempo, Que bien hablas Ambolo. Pareces un poeta, dijo Calutia, Bueno, yo no, Yo, soy, un herrero, dijo Ambolo, Oh, pero a mí me pareces un poeta, Un poeta, pensó Ambolo. Callaron unos instantes. El aire mecía a los árboles que circundaban el castro y se escuchaban los quejidos y el palpitar de las ramas. El viento transportaba las hojas y algunas pajas que cubrían la techumbre de las pallozas. Candiles y otros objetos que colgaban de las paredes se balanceaban como si fueran cascabeles. La fuerte brisa, con su cola, rodeaba a los enamorados, apretándolos uno contra el otro y cubriéndolos de caricias. Amada y amante se perdieron en la oscuridad. Al día siguiente, los encontraron dormidos, más cerca que nunca. Aquella noche imploraron a la luna su descendencia, su posteridad. El anciano y sabio Cantolgunio que pensaba y ejercía entre su pueblo como un verdadero guía, influenciado por sus viajes de juventud en los que fue testigo en las comunidades cristianas de Asturica de la onda expansiva del éxito, tanto del cristianismo como del maniqueísmo, habló con la pareja de aquel amor el día en que ésta se casaba. Un encogido sol, amilanado por el frío invierno, se mostraba a veces, Numerosos serán los caminos que andaréis por la vida. Mansas las tribus e ideal la existencia que os espera. Que el Dios del cielo os proteja. Que los abuelos del día y de la noche os amparen, los espíritus del bosque, del cielo y de la tierra os favorezcan y los colores de la naturaleza os embellezcan. Extended la existencia como se extiende el verde por los prados y el amarillo por los prados. Engendrad hijos, que no tengan adversidades ni desdichas y que sigan las sendas que vosotros sigáis. Encaminadlos para que no se precipiten hacia arriba ni hacia abajo. Enseñadles a no caer en la mentira y que sepan apartarse del peligro que les vendrá por delante y por detrás. Orientadlos por ese camino que dejaréis sembrado de flores. Oh espíritus del cielo y de la tierra. Qué así sea. Y después de escuchar a Cantolgunio bebieron, cantaron y bailaron al compás de las flautas y de las trompetas para celebrar aquella unión. Calutia se aburría. Pasaba la vida pensando en Ambolo porque estaba muy enamorada, pero Ambolo casi siempre estaba ausente. Él se marchaba por las villas, aldeas y castros del convento jurídico lucense acompañando a Apiliutas. El sacerdote y curandero atendía las necesidades espirituales de los indígenas, además de sanar a los enfermos con sus pócimas mágicas. Cuando se iniciara la construcción de la muralla en la ciudad de Lucus Augusti, se trasladaría a los campamentos que por causa de las obras se levantarían alrededor para proporcionar moradas a los obreros que sin duda llegarían de todas las partes. La popularidad de este curandero era conocida y se acrecentaba tanto que reclamaban su servicio de todos los lugares por muy lejanos que estos estuvieran. Este mago, curandero, sacerdote, maestro y filósofo; hombre educado y respetuoso de su sabiduría, era para los naturales del convento jurídico y para muchos romanos, el mejor intermediario entre la vida y la muerte y las tribus y los dioses. A pesar de todo, Apiliutas era de los pocos que ejercían el curanderismo y la magia, pues a éstos, al igual que a los cristianos, las autoridades romanas los podían condenar a muerte o a trabajos forzados en las minas, porque estas personas estaban consideradas gentes miserables y fuera de la ley por el estado romano. Apiliutas viajaba por lugares muy lejos de la capital administrativa lucense, visitando los territorios de los sevrros, de los adovios, de los arronios, de los cibarcos, de los arrotrebas, y, a veces, acudía a las tierras de los tramontanos y augustanos en donde había trabajado, años atrás, en la magnífica urbe de Asturica, compartiendo secretos con todos aquellos seguidores de los más de cuatrocientos dioses celtas. Con otros magos y maestros de los gigurros, de los lascienses y de los zoelas ahora casi todos convertidos a la nueva religión que se extendía. En otros tiempos adquirió inteligencia y sabiduría, discutiendo con todos aquellos, de leyes, de cómo manipular el pasado y el futuro y de los misterios de la naturaleza. Apiliutas tenía sus antepasados en los carnutos. Esta tribu perteneció a la federación más extensa e importante de las tribus celtas de la Galia y su territorio se extendía a lo largo del río Liger hasta su confluencia con el río Caris[3]. En estas tierras celtas habían existido los centros de culto y las escuelas de druidas más importantes de las Galias. Apiliutas, tal vez como habían hecho los viejos druidas, se ocultó en el secreto y en el misterio hasta que esa otra fuerza impulsora surgida de los cismas y herejías del seno del cristianismo en los primeros siglos de su historia y que ya había producido una grave crisis de la sociedad esclavista le atrapó en su dimensión social. Esta crisis fue el éxito tanto del cristianismo como del maniqueísmo, considerados por Roma doctrinas destructoras del Imperio, lo que constituía un grave problema, siendo ambos, pero especialmente los maniqueos, objeto de persecución por parte de Diocleciano. Diocleciano, en una constitución decretada el año 297 dirigida a Juliano, aproximadamente cuando se empezaba a construir la

---

[3]Aproximadamente en la misma latitud en la que se encuentra el París actual.

muralla de Lucus Augusti, haría un elogio de las antiguas creencias religiosas y entre otras cosas dice que: *El deber de los que gobiernan es defenderlas de quien las ataque, pero especialmente de los maniqueos, gentes perversas y de un espíritu detestable: Recientemente, los inventores de ese prodigio inopinado han venido a Persia para cometer mil crímenes contra Roma, perturbar las poblaciones apacibles y arruinar las ciudades. Con el tiempo y la costumbre los hombres de raza romana, naturalmente inocentes y tranquilos, podrían ser seducidos por la perversidad envenenada de estos extranjeros. Es de una prudencia elemental que se vigile y se castigue a los sectarios de esta religión compuesta de toda clase de maleficios.* Juliano, por indicación del Emperador, hará quemar públicamente a todos los directores de la secta con sus abominables libros. Se les condenó a muerte a los simples adeptos y se les confiscaron los bienes, además de condenar a trabajos forzados en las minas a todos los funcionarios y grandes dignatarios del Imperio que se hubiesen hecho maniqueos. Apiliutas, cuando viajó por el norte de África, veía como muchos romanos se inspiraban con los relatos de los discípulos de la secta de Manes, entre los que destacaban los del egipcio Marcos de Menfis. Los druidas ya habían sido objeto de persecución desde la guerra de las Galias, en la que Julio César fue el inclemente vencedor del caudillo Vercingétorix, hasta que 100 años después, los generales de Tiberio Claudio Germánico arrasaron a los celtas insulares e iniciaron la definitiva decadencia de este pueblo. Los druidas eran los verdaderos líderes de la hermandad, los señores de los mundos. Esta hermandad era la única organización que sobrepasaba los estrechos límites de la tribu y en eso se fundamentaba su poder y su importancia y la razón por la que los romanos la prohibieron, pues los druidas animaban a galos y británicos a resistir la ocupación romana. A pesar de todo, druidas, vates y bardos siguieron existiendo en todo el mundo céltico, aunque en las áreas ocupadas por los romanos sus actividades fueron muy reducidas. Aún así, continuaron con sus ocupaciones tradicionales ya que los romanos hacían la vista gorda siempre que permanecieran atados a una tribu y no trataran de recomponer su jerarquía. En las zonas rurales de los galaicos, el cristianismo no se extendía con facilidad. Sólo en Lucus Augusti existía una comunidad de fieles bien organizada con su obispo. Pero era una iglesia que aún hacia su *proscrito culto cristiano* en una iglesia doméstica ubicada en una casa particular. El augurio de un nuevo orden social que se oponía al mantenido por el estado se transmitía a través de los soldados de la legión VII Gemina, de guarnición en el norte de África, y por comerciantes que venidos de aquellas tierras llegaban a las costas levantinas, béticas y tarraconenses. Cristianismo y otras doctrinas religiosas se mezclaron y sólo en las urbes dieron lugar a otras fuerzas propagadoras e impulsoras del cristianismo en los medios rurales en donde hasta entonces no había penetrado. Apiliutas vivía tranquilo en el convento jurídico lucense, porque aquí, tanto los druidas como algunos que seguían los errores del maniqueísmo o los cristianos, no eran tan vigilados y perseguidos. Además, y sobre todo en todo el territorio galaico, todas las tribus estaban romanizadas y unos y otros pensaban en un enemigo común: los bárbaros, que surgían con potentes ejércitos nutridos y fanáticos amenazando el Imperio. Sin duda, lusitanos, gallegos, cántabros, astures y romanos que ya estaban relacionados con otros movimientos religiosos surgidos dentro de las contradicciones provocadas por la crisis económica y social del Imperio, tenían que combatir al ejército invasor. Y sobre todo fortificar las ciudades, lo cual requería grandes grupos de mano de obra especializada que en su mayoría se encontraba entre los miembros de los gremios y organizaciones profesionales en las cuales, probablemente, muchos de sus integrantes habían abandonado las antiguas creencias religiosas para hacerse cristianos. De Calutia se adueñaba el aburrimiento, y éste, poco a poco, mataba el amor. Calutia y Ambolo tuvieron un hijo, pero el niño no respondía y aparentaba ser un poco deficiente; en definitiva, que Calutia, además de cuidar de un hijo enfermo, trabajaba como una criada para sus padres y para el anciano jefe druida que moraba con ellos. Algunos hombres, que como los antiguos druidas, conservaban la sabiduría celta, nunca dejaron del todo los viejos castros pues querían conservar las tradiciones y porque no se fiaban de la paz romana. En Facoi habitaban una palloza antigua entre las nuevas cabañas parapetadas detrás del nuevo refuerzo de las murallas del ocupado castro. Vivir en un lugar remoto y desplazarse de casa a los plantíos y de los plantíos a casa, cuidar de un hijo enfermo y de un montón de viejos, era casi una heroicidad. A veces, Calutia le ayudaba a Cantolgunio en las faenas cotidianas desplazándose por el lugar, yendo desde su palloza a la del druida y viceversa; así que Calutia amamantaba a su hijo, asistía a su marido y a un montón de viejos. Pero Calutia parecía que comenzaba a renegar del castro como las aves a veces reniegan del nido. Un poco, era porque Ambolo, viajando con Apiliutas, estaba mucho tiempo ausente y también que, como en el castro no había muchos jóvenes, sufría la morriña de la ciudad, en la que podría divertirse y hacer más llevaderos los días solitarios. Pero el tedio era como el tiempo. Cuando los días claros y ardorosos parecen gemelos, surgen nuevas catástrofes y resfriados que hacen irrespirable el sol y envenenan el tiempo seco. Con la venida de Postumio Luperco a Lucus Augusti, Calutia se afligió un poco más. Ambolo seguiría con sus viajes y ella estaría más tiempo apartada de él. Postumio Luperco llegó a Lucus Augusti con unas órdenes muy claras que afectarían a casi todos los habitantes romanos o nativos que pertenecían a la administración jurídica lucense. Las noticias volaban con el viento despertando a las personas que vivían en los castros, en las aldeas y en las villas. Desadormeciendo a las tierras y a las aguas de los coporos. Las transportaban los peces por el fondo de los ríos y a las hierbas las apisonaba el aire que transportando los acontecimientos era más pesado. Las noticias viajaban con el viento. Los pájaros flotaban en el viento. La lluvia descendía en el viento. Por los troncos de los árboles se movían las ardillas y transportaban las primicias por todos los bosques. Unos árboles se las contaban a los otros árboles. Lagartos que no dormían, se las contaban a las serpientes perdidas en la hierba, y los hombres de aquellos lugares así lo comprendían, porque eran sangre de la tierra, dulce y amarga como el jugo de los árboles que la sostenían. Los coporos estaban inquietos. Aquellas antiguas tribus que se consideraban parientes y habitaban un mismo territorio, especulaban desasosegadas. Las confederaciones que antaño formaron, con el sentimiento de que todos creían venir del tronco del mismo árbol, estaban constituidas por diversas anfictionías que, unidas por la religión y el lenguaje, por costumbres e intereses comunes que compartían, los unía a un jefe común: el príncipe, substituido por los dueños de las villas que cobraban rentas por las peores tierras y tenían esclavos; por rectores del pueblo y pedáneos que gobernaban las aldeas y los viejos castros de los cultivadores libres. Los acontecimientos de las invasiones; la amenaza de las comunidades organizadas de salvajes francos y alemanes que rompieron las fronteras de los países a las orillas del Rin e invadieron varias zonas del Imperio, entre ellas Tarraco; los conflictos sociales, las luchas civiles y los bandidos, se presentaban excitantes para un pueblo que en otro tiempo aún no muy remoto había sido de una belicosidad extrema. Ahora mismo, la contienda ya no era su principal ocupación, pero muchos todavía pensaban en ella y la compartían con la danza, con la música y con las dulces canciones que sus cantores componían. Pero también con gritos de guerra que entonaban como sus antepasados cuando simulaban un combate. Cantolgunio donde se encontraba bien era en la compañía de Allucio y Balaisina. Con ellos estaba cómodo por los cuidados que le brindaban y porque Allucio y Cantolgunio siempre procuraban charlar. Un día, Ambolo, Allucio y Balaisina decidieron desplazarse a la ciudad para conocer de primera mano las novedades que traía el gobernador Postumio Luperco. Allucio y Balaisina estaban muy romanizados y todas las noticias que procedieran de Roma o de Tarraco siempre les interesaban. En Facoi quedaba Calutia al cuidado de su casa y de su hijo enfermo. Pasaron unos días y Cantolgunio, afectado por la vejez y alguna dolencia, reunió a todos los moradores del castro de Facoi y de otras citanias próximas para informarles de su retiro como médico y persona espiritual, encomendando a la tribu para elegir a otro que ocupase su lugar. Desde los comienzos de la historia celta, los druidas siempre habían sido sus guías espirituales. Los sacerdotes que abundaban en el Noroeste tal vez estaban influenciados por las escuelas clandestinas de druidas que se habían creado desde la invasión de

Aquitania por Roma cuando muchos se refugiaron con los cántabros con los que tenían muy buenas relaciones. Los druidas aunque jamás se entrometieron en los cultos ancestrales de los sacerdotes hispanos crearon sus propias escuelas y altares en los bosques norteños desde Cantabria hasta Finisterre. Estos sacerdotes galos eran hombres de una clase educada, respetuosa y conocedora de sus propios poderes. Divididos en tres categorías, estos sabios, cuyo nombre, druida[4] derivaba del término *el conocimiento del cedro,* eran los verdaderos líderes de la hermandad, los señores de los mundos, shamanes que adoraban a Dagda, un dios misterioso del que los demás sólo conocían el nombre. Para convertirse en druidas era necesario haber sido bardo durante tres años, después aprendiz de druida (como aprendiz de shaman), hasta que sus maestros los veían preparados. Todos los druidas formaban una jerarquía en la cumbre de la cual estaba el archidruida. En tiempos de Julio César había cuatro archidruidas: el de Irlanda, el de Britania, el de la Galia y el de Hispania. Estos sacerdotes opinaban que ninguna estructura levantada por la mano del hombre podía reflejar la grandeza de Dagda, por lo tanto rendían culto a los árboles más grandes y antiguos y levantan, a veces, altares en estos lugares. Otros, los bardos, que eran casi intocables, inmortalizaban la historia y las tradiciones de la tribu componiendo canciones y versos. Eran también los

---

[4]El muy sabio.

mensajeros que llevaban las noticias y los rumores, y los jefes de las tribus que les dieran alojamiento en sus cabañas debían tolerar sus canciones y no podían ponerles un dedo encima. Los druidas les enseñaban todo tipo de habilidades y magia espiritual y eran los únicos que con los druidas podían aprender y utilizar los conjuros espirituales. El archidruida reunía a todos los druidas bajo su mando una vez al año y era responsabilidad suya nombrar al Arpista, o jefe de todos los bardos de su jurisdicción. Cuando el archidruida moría, era el cónclave de todos los druidas de esa tierra el que nombraba a su sustituto. Ellos, siendo shamanes, podían enviar todo tipo de espíritus terribles a los renegados e impíos, por su cuenta o por petición de los bardos o los vates. También los auguristas, que hacían sacrificios y adivinaban el futuro, y los druidas propiamente dichos, sabían de leyes, filosofía, astronomía, matemáticas, botánica, medicina, y realizaban diversas prácticas que turbaban a la población, como la toma de contacto con los dioses. En este mundo de sacerdotes y magos, maestros y jueces, sólo se substituía al jefe druida cuando este fallecía; pero si uno de ellos se le parecía en dignidad, ocupaba su cargo. Y, si muchos lo igualaban, se decidía quién sería el nuevo jefe por el sufragio de los druidas o por las armas. Con el paso de los años, las cosas cambiaron porque poco a poco los druidas se extinguieron y cada vez había menos para luchar por el puesto, o porque ya no se seguían al pie de la letra las tradiciones, Es qué ya no quieres ser nuestro guía, Cantolgunio, preguntó Calutia, Calutia, ya soy muy anciano y casi no puedo valerme por mí mismo como antes y tengo que buscar un lugar en donde me cuiden. No quiero ser una carga para nadie y si sigo aquí la seré, y muy pesada, dijo el druida, Ca, exclamó Calutia. No tienes que marcharte a otro lugar; para eso estamos nosotros aquí y nos ocuparemos de ti siempre que sea necesario, Eres una diosa, Calutia, eres una diosa, decía Cantolgunio. Aquella tarde, casi al anochecer, se reunieron alrededor de una hoguera todos los congregados para escuchar lo que Cantolgunio tenía que decir. La hoguera se alimentaba de leña. El aire venteaba con fatiga y arrancaba brasas llenas de luz. La lumbre avanzaba sin dificultad por los trozos de madera, pálidos y elásticos de los días y las noches que pasaron en los bosques, escondidos entre las flores y nutriéndose de estrellas para dar los frutos de la sangre de la tierra, dulces y avinagrados y cimentar los nidos, porque los hombres y no las aves les llamaron nidos; avanzando sin dificultad, por los pedazos de los árboles que recogieron un mar en cada hoja, el aire líquido y las transparencias; enterándose al ver crecer los bosques tupidos, crecidos, crepitantes, en ese océano de hojas que detuvieron el paso del sol hasta los pastos donde también vivían las serpientes, las mariposas y los insectos. El aire separaba las cenizas y a las estrellas se les chamuscaban las pestañas. Las cenizas pululaban de claridad para caer en la tierra como si fuese la lluvia de gusanos de luz que todo lo iluminan, pintando un paisaje en donde parecían luces las arenas del camino. Los pájaros despertaban en sus nidos. El crepúsculo y la aurora se confundían. Las nubes lloraban lágrimas de luz. Eran brasas que arrastraba el aire transformándose en alas bajando a la tierra, engañándose con las arenas de los caminos y pronto, muy pronto, antes de que Héspero despertara, cuando la reunión concluyera, al no saber que eran estrellas las iban a apagar, Amigos míos, no voy a decir lo que ya estáis viendo con vuestros propios ojos, que soy muy viejo y que estoy muy cansado. Casi no me sostienen las piernas. Los años pasaron y me pesan y la vida se va con ellos. Yo he de morir y marcharé a la isla de las manzanas para renacer algún día como el sol que se muere en el oeste. Me queda poco tiempo para ver a los árboles quitarse el polvo de sus ramas cuando las abanea el viento y el ir y el venir de los lagartos y de las hormigas. No volveré a oler el blando perfume de las flores en la primavera. En todo el territorio de los coporos siempre me llamaron el sabio de las barbas de plata, porque mi barba tiene ese color. Cuando muera, quiero que se la dejéis tocar a todos los que sientan curiosidad, que vean que no es de plata, que sepan de ese modo que no visto tanta riqueza y que este druida sólo es uno más. Igual que todos, cuento los días de mi vida, que ya son muchos. La mayor parte, los pasé andando por los caminos, entreteniéndome en mirar la luna llena y en contar las estrellas que la acompañan cada noche. Como un árbol nací en el medio del bosque porque otro árbol echó la simiente. Poco a poco, al principio, como un fantasma comencé a andar por los bosques y por las campiñas de la abundancia. Mientras los otros árboles quedaban allí, yo andaba; y emprendí a contar las lunas hasta llegar a la que pronto vendrá, si es que la puedo ver. Ésta será la última vez que me oiréis hablar siendo el jefe espiritual de esta tribu. Como ya os dije, ésta es mi despedida. Todavía me acuerdo de la primera vez que me dirigí a vosotros cuando estas tierras estaban llenas de juventud y podíamos cantar. Ahora sólo se oyen cuatro murmurios y mi voz cansada. Es una herencia muy pobre para quien me sustituya, pero quien lo haga será más joven y sabrá adaptarse a las circunstancias. Una de ellas, puede ser el aburrimiento. Con todo esto no quiero desanimarlo. Hoy tengo que retirarme con mi vejez; es todo cuanto tengo. En nuestros clanes estamos preparados para eso y él así lo tiene que admitir. Yo iba abandonar el castro. Estando solo en la vieja palloza en la que habito, ya no puedo vivir, pero Calutia me ofreció su casa. Para mí, Calutia es como la hija que nunca tuve; como una hermana. Y qué decir de sus padres y de Ambolo, tan buenos todos. Sin duda, sé que cualquiera de vosotros, que me conocéis desde hace tanto tiempo, deseáis que me quede aquí; y, si os digo la verdad, es lo que me gustaría hasta que me llegue la muerte. Calutia, como todos los lectores saben, vivía con sus padres, Allucio y Balaisina, con su esposo Ambolo y con su hijo enfermo, y aposentó en su casa a Cantolgunio, además de atender algunas veces a Apiliutas, que lo respetaba profundamente como si fuera el verdadero padre de su marido. La gente del castro reprobaba que Calutia también atendiera a Apiliutas mientras Ambolo estaba en la ciudad. Algunas mujeres después del discurso de Cantolgunio hicieron un círculo para criticar, Ahora tenemos a dos sacerdotes, dijo una de las mujeres, Calutia buscó una buena carga, ya tenía bastante con su hijo enfermo y ahora tiene que cargar también con el viejo, dijo otra, Apiliutas es joven, es una pena ser tan viejas, dijo la maliciosa, La pobre Calutia vino de la ciudad para ser una esclava, dijo otra, Pero ninguna de ellas hablaba de tender una mano. Calutia aquella noche no dormía pensando en Ambolo. La llegada del gobernador estaba próxima. Unos mensajeros llegaron a Lucus Augusti informando que estaba a pocas millas y que estaría en la ciudad en dos o tres días. Los tiempos eran malos e inseguros y el gobernador tenía que adoptar muchas precauciones en su viaje. Anochecía cuando Ambolo, Allucio y Balaisina, que paseaban por una calle de Lucus Augusti, oyeron las voces confusas de la muchedumbre que corría hacia el foro. Postumio Luperco ya estaba en la ciudad y se iba a dirigir a la multitud. La gente estaba deseosa de oír novedades. A la ciudad no llegaban casi nunca noticias. Los mensajeros no se atrevían a salir hacia ninguna parte, porque casi siempre eran asaltados en los caminos por bandidos incontrolados y era por eso que la falta de noticias aislaba a Lucus Augusti del resto del mundo. El gobernador llegó acompañado por un procurador encargado de las finanzas, un tribuno, un optio, un centurión y varias docenas de soldados. La gente estaba impaciente. Las noticias que venían de Tarraco o de Roma había que comunicarlas lo antes posible. Cuando apareció el jefe romano acompañado de los duunviros y de dos soldados de su guardia pretoriana, la gente se amontonaba, emitía gritos y pronunciaba agravios. Se desgañitaban profiriendo insultos contra alguno de los miembros de la curia de la ciudad que acompañaban al gobernador porque casi todos eran muy gordos. Oscurecía cuando el gobernador se dirigió a la multitud. Adelantó unos pasos y se puso casi en la orilla de la tribuna. Levantó un brazo con la mano estirada y la muchedumbre calló. Ambolo estaba viéndolo en la primera fila de asistentes. Postumio Luperco parecía un hombre trivial. Era delgado y vestía una toga de lana, propia de los climas fríos del Noroeste, Qué noticias nos traes, gobernador, preguntó una voz, Saludos, oh constructores, dijo el gobernador rebuscando la mejor de sus voces, pues todos seréis los constructores de una gran muralla que se alzará alrededor de la ciudad y que os protegerá de los bárbaros. La muchedumbre vociferaba enfurecida. Había tanta, que se apretaban, tan apegados, que les crujían los huesos. El foro se convertía en un caos. El gobernador permanecía en silencio a la espera de que todos se apaciguaran. Levantó otra vez el brazo con un movimiento descomedido y la gente se volvió a callar, Comed y bebed, que pronto habrá que trabajar, apuntó el romano, Y cómo nos vais a pagar, preguntó otra voz. La muchedumbre se alborotaba y formulaban preguntas de las más absurdas como quién les iba a pagar, o si se les darían condecoraciones, El gobernador está cansado, dijo un miembro de la curia, que se adelantó unos pasos casi hasta la orilla de la tribuna, Ave, charlatán, dijo un hombre con una piel de cabra al pescuezo que estaba al fondo y destacaba su voz sobre la de los demás. Algunos mareados por el vino quisieron matarlo, Si no se amuralla la ciudad y entran los bárbaros puede morir mucha gente. Roma no dispone de soldados suficientes para defender todas las ciudades amenazadas enviando legiones completas, dijo el gobernador, Sí, pero los gordos serán los primeros, volvió a decir la primera voz. La muchedumbre reía, Entonces son todos gordos, preguntó un hombre ciego, Casi, le contestaron. Postumio Luperco alzaba el brazo queriendo lucirse con ademanes refinados. Hacía gestos artificiales aparentando aires de grandeza con sorprendente belleza y diplomacia. Encajaba, con igual personalidad las aclamaciones y los insultos de algunos que pretendían agriar a la gente, que ya lo estaba por sí, o por el vino y la cerveza. El gobernador reincidió en lo que ya expusiera y matizaba, pero sin alarmar, que las tropas bárbaras aprovechaban la anarquía y las revueltas sociales para amenazar el Imperio. Avisaba que las ciudades estaban debilitadas y que Roma no disponía de las tropas necesarias para defenderlas a todas trabándose en combates, Los bárbaros, dijo, son salvajes, fuertes y corpulentos, saqueadores, analfabetos e incultos, pero no se deben menospreciar. En resumen, que no resultará nada fácil acabar con ellos. Postumio Luperco no usaba la pedantería en sus discursos. Consideraba que la mejor defensa para Lucus Augusti era construir una sólida muralla desde la que defenderse con todo tipo de armas arrojadizas y con menos hombres que siendo una ciudad abierta, Pero la muralla no crece sola como los árboles, gobernador, voceó un hombre desde muy lejos rasgando el silencio, Para eso yo estoy aquí, dijo el gobernador. Sin haber concretado más, el gobernador se retiró y la gente empezó a despejar el foro. El discurso había finalizado porque el gobernador estaba cansado del viaje y se tenía que recuperar. Toda la muchedumbre, poco a poco y entre murmuraciones, marchaba hacia sus casas. La imagen que el enorme muro les fijaba en la cabeza no les dejaría dormir apaciblemente aquella noche. Desde una amplia ventana del Senado, Postumio Luperco observaba a las personas que aceleradas y revueltas caminaban como las hojas secas caídas de los árboles que arrastra el viento que ulula otoñal. Entre ellas caminaban Ambolo, Allucio y Balaisina dirigiéndose hacia las alcobas de la posada en la que se hospedaban. Cansados, transformarían sus aposentos en un paraíso de rosas y de placeres de sueños; y allí, en sus alojamientos, en aquella penumbra caliente, oirían voces de gente, risas de hombres y mujeres, pasar los carros o llorar a un niño; voces de la ciudad que turbaría la paz de su ventana. Entre imágenes de carros, de gentes y de niños, Ambolo se acostó a dormir. En sus sueños, veía como Calutia peinaba los cabellos y le brotaban lágrimas cayendo por su rostro de *Psique* perfectamente conformado por una divina belleza. Y sin mover las sombras, y sin hacer ruido, en el silencio de la noche se fue volando hacia ella, como si fuera una cometa hecha con las trenzas amarillas de su amada. Pero empapado en sudor abrió los ojos y desgarró las sombras. La imaginación le hizo ver una irrealidad y en busca de un refugio más seguro se durmió en un sueño profundo y no supo de ella nada más aquella noche. Después de soñar con Calutia, Ambolo soñó con la muralla. La imagen de un voluminoso murallón se le ponía en la cabeza y le ocupaba tanto espacio que no le quedaba lugar para el sueño. Dormir profundamente no reparaba el exceso emocional de tales noticias. Aquella noche, el descanso estuvo tan apartado de las gentes de Lucus Augusti como el resplandor de los pequeños astros que brillaban en el firmamento. Los ciudadanos meditaban en los beneficios que proporcionaría la muralla, sobre todo en un ataque de los bárbaros. Pero también en las dificultades y en los perjuicios que les producirían a muchos. Si eso no suscitaba una revuelta social era por un milagro. Además, habría que contar con la opinión de los nativos, cuando se les embargaran las tierras que poseían en todo el contorno de la ciudad para extraer piedra con la que construir la muralla y depositar las provisiones. Los días siguientes se iniciaron las negociaciones previas al proceso de planificación y trazado y en este punto, el gobernador, de acuerdo con la curia municipal en la que estaban al frente los duunviros, decidieron, antes de iniciar la batalla burocrática con los ciudadanos, tener conversaciones con los coporos y con las otras quince etnias que pertenecían al distrito jurídico lucense. En la administración municipal y en otras tareas de la ciudad, trabajaban muchos nativos. Las noticias no tardarían en llegarles a los jefes de las villas, rectores del pueblo, pedáneo de las aldeas y de los castros, noticias que podían llegar falseadas, sin saber cuál era la realidad o las mentiras, sin duda, porque las palabras nunca son las mismas cuando andan de boca en boca. El gobernador decía que sólo los mensajes escritos eran de fiar ya que las noticias que se transportaban en la cabeza no cogían igual en la de uno que en la de otro y salían por la boca revuelta y enmarañada. La intención del gobernador era terminar pronto y marchar de nuevo hacia Tarraco, y después a Roma, dejando todos los problemas burocráticos resueltos, Tenemos que hablar con los jefes de las tribus, dijo un duunviro. No sea que se impacienten y les parezca que se los va a tragar la tierra por los agujeros de las excavaciones. Ya sabéis el amor que los nativos tienen a su tierra, y ellos a los bárbaros no les causaron daño. En fin, que no será el miedo lo que los haga colaborar, Si no es el miedo a los bárbaros lo será al látigo romano, dijo un torpe centurión que estaba allí, Eres estúpido, centurión, o los dioses de Roma te abandonaron, dijo el gobernador. Ya tenemos muchas guerras. Quieres otra también aquí con estos hombres valientes y duros que hasta hace poco tiempo no conocían más tarea que la de guerrear. Con las gentes nativas tenemos que negociar, no suceda que algunas familias que todavía viven aferradas a los viejos castros se sirvan de las argucias de sus druidas, como antaño, para desobedecer cualquier orden o petición. En estos tiempos no estamos para combatir sino para negociar. Fueron días de intensa actividad. La iniciativa de tener una entrevista con los nativos fue cursada de inmediato. Mensajeros enviados por el gobernador anunciaron la nueva en todos los rincones del convento jurídico. En el aviso, comunicaban las noticias y se les invitaba a una reunión con el gobernador en la curia a todos los dueños de las villas, pedáneo, rectores del pueblo y a las personas con influencia en las villas, aldeas y castros que los quisieran acompañar. Los duunviros conocían bien a los nativos y comentaban que cuando se abrieran las canteras, a muchos de ellos les parecería, que los engulliría la tierra. Para los romanos ésta sería una prueba del cambio que se había producido en el pueblo celta de los galaicos en los tres siglos que llevaban conviviendo juntos. Antaño, los hombres nativos no estaban acostumbrados al trabajo. Sus mujeres eran las que removían la tierra y sementaban el grano. Los hombres sólo se dedicaban al robo y a chocar los escudos y las armas de forma rítmica y agitada. Roma cambió las hazañas guerreras y trepidantes de esos héroes importantes, que, poco a poco, adoptaron la civilización, leyes y costumbres romanas. Los duunviros hablaban del amor que los nativos le tenían a la tierra, a la luna, a los caminos, a los árboles y a las flores; a los ríos y a los regatos, a los peces y a las aves; a los vientos veloces y a los vientos lentos, a la lluvia y al sol, a las nubes y a los relámpagos, a la niebla y a los chaparrones, a los rebaños y a los pastores, y al fuego, que para ellos era sagrado. Roma y los pueblos romanizados nunca formaron parte de un mismo equipo de trabajo, y eso preocupaba al gobernador, pero no quedaba más remedio que esperar a que se reunieran y tomaran decisiones. Ambolo, Allucio y Balaisina regresaron a Facoi. Ellos también transportaban las noticias. Por las amistades que Allucio y Balaisina tenían en la ciudad, supieron que el gobernador era hombre de fiar. Éste, igual que sus antecesores, los Legados Q. Decio Valeriano, Rutilio Pudente, Cayo Julio Cereal y otros funcionarios de clase senatorial, que gobernaron los pueblos de la Hispania Citerior durante decenios, Postumio realizaba una grandiosa campaña de negociación en todo el noroeste hispánico y en Roma, y, se podía decir, que gracias a él, se amurallaron las ciudades en el orden más acertado y más justo. Postumio Luperco dijo que había que esperar a la reunión con los nativos, a las negociaciones con los ciudadanos y tener mucha paciencia mientras se tramitara en Roma, hasta conseguir el visto bueno del emperador para dar comienzo a la construcción de la muralla. Ahora, la historia torna a Facoi, en donde Ambolo abraza a su hijo Ambato y a su amada Calutia, que estuvieron mucho tiempo sin verse. Ambolo, Allucio y Balaisina viajaron hacia su casa en un carro tirado por dos caballos lampones, de los cuales, uno era de Cantolgunio y otro de Allucio. Muchos eran los caminos que había hasta Facoi: uno, dos, tres, cuatro. Las negras noches les cortaban el paso hasta que el sendero se hacía blanco. Por el camino negro nunca se viajaba. La noche extrema cubría la tierra con la promesa de un nuevo amanecer. Al día siguiente, una nueva vereda se les ponía por delante. Apiliutas le enseñó a Ambolo a hablarles a los caminos y a ponerles el nombre de sus colores. La naturaleza se despelotaba cuando pasaban de vagar. En aquella tierra acantonada del mundo, en aquella tierra prometida y prodigiosa donde la naturaleza había construido el más hermoso templo que abrían y cerraban los coporos, para adorarla, para ir a rezar, para hablar y discutir días y noches. En aquellas montañas, en aquellos bosques, en aquellas tierras que Fauno presidía, estaban los textos sagrados, las artes, la filosofía y el plácido cantar de los poetas. Muy cerca de Facoi el corazón de Ambolo daba martillazos. Sin embargo, al vislumbrar el castro, una sonrisa asomó en sus labios y se recuperó para que la emoción no le entorpeciese el placer del encuentro. Una voz femenina lo apartó de su concentración. Se bajó del carro, y como por encanto, se trabó en un abrazo con su mujer, que después repitió con su hijo. Aquella noche bebieron vino y cerveza para celebrar la vuelta de los viajeros, el bardo compuso canciones y las flautas tocaron sin descanso. Al día siguiente, se convocó el consejo con el jefe del castro para escuchar las noticias que Ambolo, Allucio y Balaisina, traían de la ciudad. Esperaban que todos los jefes de los castros, de los clanes, de las aldeas y de las villas, estuvieran informados y que convocaran a un consejo con todos los que formaban parte de su tribu, y así, todos juntos, adoptar una decisión para contestarles a los romanos. La asamblea todavía tardaría algún tiempo en celebrarse porque las distancias a cubrir no se hacían de la noche a la mañana. Mientras, se apagaba el tiempo lento de la espera en las noches frías de los bosques. Días después, en lo alto de una montaña, un vigilante vio acercarse a una nube a ras de la tierra que se amparaba a los pies de la vaguada en donde vivían las gentes de la citania. De pronto, pregoneros de todas las partes comunicaban a los cuatro vientos que se aproximaban jinetes. Las gentes del castro salieron. Cantolgunio pedía calma y levantaba los brazos mejor que un pájaro las alas, y los dejaba caer, para levantarlos otra vez a cada grito que emitía. El griterío no turbaba la noche. Los corazones reposaron ante el ruido distante de los caballos que hacía temblar las arboledas; y la gente quedó en un silencio flotante, como dormida. Más gente para el consejo de las tribus poco a poco se acercaba. Éste se celebraría en un descampado, al aire libre; en un claro del bosque muy conocido que, en otro tiempo, había servido para probar a los más jóvenes en su paso a hombres, y también para sacrificios sangrientos. Ahora, ya no se empleaban esos rituales, pero el lugar era tan sagrado como antes. Al día siguiente, todos los habitantes de las citanias que quedaban al sur, al este y al oeste de Facoi, y de otros lugares más lejanos penetraron en la espesura del bosque antes del amanecer, cuando las estrellas se desvanecen por la llegada del sol que dibuja franjas anaranjadas en el horizonte. Muchos bardos entonaban canciones dándole la bienvenida al nuevo día. Los nativos adoraban a los árboles y sus dioses vivían en la naturaleza que les daba la vida, mientras que los romanos adoraban a innumerables divinidades hechas por ellos mismos para cada necesidad humana. Si en algo Roma no pudo doblegar del todo a los galaicos fue en sus creencias. Aunque la nueva corriente religiosa que era impulsada desde el exterior estaba llegando con fuerza, su expansión era lenta y gradual, y en los medios rurales apenas había penetrado. Para los nativos, los dioses romanos eran unos mezquinos, viciosos y codiciosos a los que era preciso sobornar. Una religión estrecha de miras y ejercida por individuos que se auto proclamaban sacerdotes y que gastaban en juergas las limosnas que las estatuas no podían gastar. Empezaba a apuntar el alba y las primeras luces del día iluminaban los densos y húmedos bosques. Las hierbas, como si fueran lenguas, lamían los pies de los caminantes que dejaban sus pisadas marcadas por los caminos. Hombres y mujeres marchaban juntos y el color de sus ojos y de sus cabellos se confundía con la exuberante naturaleza. Los pájaros volaban en bandadas de miles toldando el tímido sol de la mañana, después se posaban sobre las ramas de los árboles a la busca de algún fruto o de algún insecto para comenzar el día. Las ramas, iluminadas por el sol, cegadas, satisfacían a los caminantes y a los pájaros al mismo tiempo. Los robles, todavía fatigados por una noche sin dormir, se sentían asaltados por hombres y animales y dejaban caer algunas de sus hojas en señal de rendición. Para los druidas aquella inquietud de la naturaleza era un anuncio de contiendas y correrías. Eran las flautas y los tambores de guerra de los dioses que sonaban sin que lo supieran ni el resto de la gente ni las otras plantas. Ambolo se imaginaba el resto de los pueblos que pertenecían al convento jurídico lucense, dirigiéndose hasta los lugares protegidos e inviolables en donde cada tribu se juntaba. A los dueños de las villas, a los pedáneos, a los rectores del pueblo, a los cultivadores libres y a los siervos: jornaleros, carpinteros, herreros, canteros, zapateros. Todos juntos calentarían el vino, que con su fragancia de uvas y vendimia haría el frío aire embriagador. Cuando el sol ocupó el cenit, llegaron. Sus cuerpos y sus corazones cansados reposaron a la sombra de los árboles. Sonaban trompetas y también tambores. Entre todos estaba el hijo de tal. O estaba el hijo de cual. Allí estaban todos. Los más viejos y los más jóvenes, los más y los menos importantes por causa de sus riquezas. Los hombres y las mujeres ser desbandaban. Amontonaban carne, pan, frutas, vino y cerveza. Llevaban copas y vasijas de barro y de plata. Algunos exhibían alhajas de oro, plata y bronce; los dueños de las villas, algunos rectores del pueblo y los jefes, lucían torques de oro como signo de su rango, igual que antaño lo hicieran los príncipes y los personajes ricos que sólo lo mostraban en las grandes ocasiones. Diademas, brazaletes, collares, prendedores del pelo con cabezas decoradas, gargantillas, amuletos, fíbulas. Los hombres llevaban oro en polvo y también oro trabajado. La vegetación estaba alta, salvaje; avanzaba hacia arriba intentando pasar los árboles para ver el horizonte; pero ahora con las pisadas de tanta gente, su ascenso estaba interrumpido. Los insectos se lamentaban, ahogados por aquella presencia compacta y escapaban a saltos, de hierba en hierba, de hoja en hoja, de tojo en tojo, y combatían el peso de la vegetación que se fundía con el tacto de tantas pisadas. Las Dríadas, todavía envueltas en el claror de la luna, percibían el alboroto entre la mudez baldía del bosque. Las mujeres, que en otro tiempo reinaran sobre los hombres, sólo destinados a las artes guerreras, se dedicaban al suave placer de cocinar los alimentos del mediodía, condimentados y laboriosos, para celebrar los acuerdos y gozar de una fiesta bien merecida para aquellos peregrinos que sólo en estos acontecimientos se juntaban. A veces, sólo una vez en la vida. El consejo iba a dar comienzo. Los hombres se sentaron alrededor de un círculo adornado en el centro por una hoguera. Los más viejos presidían. Vecco, heredero de un antiguo príncipe, gobernaba la asamblea. Cuando Vecco hablaba, todos le escuchaban con atención. A muchos los ocupaba un escalofrío sólo con pensar en los excitantes tiempos que estaban por llegar. La muralla lograría unirlos más a los romanos o separarlos de todo. Los nativos, agrupados, miraban las llamas del fuego Aquellos hombres y aquellas mujeres, cansados y sucios del viaje necesitaban mucha fuerza para superar los trabajos que se avecinaban, Llamo a consejo, anunció Vecco. El acontecimiento lo conmovía. Hombres y mujeres lo miraban con interés y con confianza a la espera de oír sus palabras, de conformidad, o de disconformidad para lo que ya todos sabían: ayudar o no a los romanos a amurallar la ciudad de Lucus Augusti, Los romanos pretenden que les ayudemos a construir una muralla, dijo el vocero subiendo el tono, para darle más firmeza a su discurso. El gobernador pretende tener una reunión con nosotros y con los otros pueblos, y sospecho que es para ofrecernos un trato. En ningún caso, para imponer una obligación. Todos pertenecemos a una raza, a la raza celta; pero como pueblo libre casi dejamos de existir desde hace mucho tiempo. De todos modos, no somos esclavos y podemos negarnos a trabajar para ellos. Las falsedades de nuestros propios clanes habidas otrora, los ataques y las correrías de nuestros propios vecinos; los engaños y las traiciones del enemigo no se van a producir como antaño. Ya pasó el tiempo de las recriminaciones y los remordimientos, porque todo queda atrás, adormecido en el tiempo. No hablaré de lo irremediable, porque no creo que se ocasionen las circunstancias que lo provoquen, pero, si se ocasionaran, y rehusáis trabajar en la muralla, no permitáis que os esclavicen por la fuerza; no os sometáis, somos celtas y es mejor combatir la esclavitud hasta caer el último de vosotros, Los romanos quieren que trabajemos en la construcción de una muralla, dijo Caraecio, jefe del castro de Facoi y uno de los más viejos de todos los que estaban allí. Nosotros ya tenemos murallas. Nuestros viejos castros todavía tienen murallas. Los árboles también son nuestras murallas. Auténticas murallas. Verdaderos templos para la vida y para la muerte. Los romanos tienen miedo. Están acobardados para tomar las armas contra el enemigo bárbaro. Si lo hacen, regresarán de los combates deshechos y asustados, y por eso quieren hacer una barrera de piedras, para encerrar la ciudad de los vencidos, Es evidente que algunos sentís poca simpatía por los romanos, dijo Camalo, pedáneo de la aldea de Lexo, pero debemos presentarnos en la ciudad y negociar con el gobernador para oír, con su voz, la petición que nos quiere hacer; y esta vez propongo que los acuerdos a los que lleguemos con los romanos no les salgan gratis, Ninguno se agazapará detrás del miedo, dijo el pedáneo de los cultivadores libres de Bacurín, Pues hablemos de negociación con el gobernador, dijo Allucio, Todos los presentes intentaron ponerse de acuerdo sobre las cosas a pactar, Hablaron casi todos. Alguno más ambicioso opinaba sobre las numerosas maneras de sacar provecho. Otros, sin embargo, quizás la mayoría, más mansos y sumisos, más romanos que celtas, hablaban de trabajar y de obedecer en todo cuanto los de Roma les ordenasen.

La falta de acuerdo entre ellos; el horror que acusaban algunos y el miedo que tenían otros se expandía por el bosque alcanzando tojos, hierbas, arbustos, simientes, frutas, castaños, robledales y pinares, en ondas que sacudían los árboles, que, del mismo modo que todos los seres vivos, pero con la diferencia de que como los seres humanos no crecían en la ignorancia, hablaron entre sí. Súbito, Bóreas con su temperamento fuerte, y una espesa bruma se desparramó entre los árboles. Una onda de viento hizo crepitar con ímpetu las ramas de los árboles y su fuerza fue advertida por todos, que observaban inquietos y en silencio. Ese lenguaje que sólo oían e interpretaban de manera muy hábil los druidas, no era percibido por los ingenuos nativos de los castros de Facoi, Prógalo, Bacurín, Lexo, Viracha, Poutomillos, Roma, y muchas poblaciones más que miraban para Apiliutas, que intervino y ahuyentó los temores, La diosa naturaleza está inquieta, y el cielo también, dijo Apiliutas, Explícanos lo que pasa, cuál es su deseo y todos estaremos de acuerdo con cualquiera decisión que a tu entender nos pidan, preguntaron desconcertados, La naturaleza encoleriza viéndonos enrarecidos y equivocados, discutiendo sobre muros y fortalezas, dijo Apiliutas con ademanes que revelaban su poder y sabiduría y que acompañaba un poco con dos voces bien ensayadas. Los árboles no se colonizarán de nidos y las nieblas cubrirán de oscuridad los bosques si nos desunimos. Se perderá el eco de las montañas, ese amigo de lejos que siempre nos contesta. Desaparecerán los lobos y los conejos, el sol y el fuego no aportarán calor. Los espíritus protectores de nuestros poblados no nos protegerán. Las Náyades que viven en los regatos, en los ríos y en las fuentes; las Dríadas de los árboles y las Oréadas de las montañas nos despreciarán. Se desmembrarán en granos los grandes peñascos. De las aves sólo quedarán los murciélagos y se cubrirán los bosques de sapos. La naturaleza nos advierte, con su furia, que nos debemos de mantener unidos. Ser una gran familia y si tenemos que construir una muralla para los romanos, la construiremos todos juntos, pero sin descuidar de todo nuestros labradíos y cultivos. Además estableceremos un precio por el trabajo que realicemos. Se acabó ser sumiso. Pertenecemos a la raza celta y a un pueblo guerrero, pero no queremos la guerra, sino vivir en paz. No tenemos anhelos de conquista y nosotros, a los bárbaros, nada les hicimos; por lo tanto, no debemos de tenerles miedo. No ocultaremos las caras con máscaras de cobardía mirando detrás de las cortinas de nuestros ojos. Los dioses hablaron. Nosotros también. Iremos a la ciudad a parlamentar con el gobernador. Con todo, falta saber lo que decidieron los demás pueblos en los consejos de hoy. Hasta entonces, es mejor callar. El astuto sacerdote, que habló con la lengua de un sabio se apartó de la reunión. Los asistentes, después de relajarse del miedo que pasaron, establecieron el día que acudirían a visitar el jefe romano, de acuerdo con las otras colectividades indígenas. Ambolo estaba alegre. Se encontraba bien en aquel bosque. Aquel lugar, como cualquiera otro de esta tierra, era sagrado para todos los hombres y mujeres que seguían la fuerza vital que surgía de la tierra como si fuese un río, o un sendero que se cruza con otros senderos. Una tierra sagrada para la tierra. Los nativos detectaban esos lugares y se sentían atraídos por ellos, convirtiéndolos en espacios sagrados, potentes y robustos. Ambolo permanecía al lado de Apiliutas y escuchaba en silencio a su espíritu. Aquel día y como casi siempre que se juntaban, cantaron, bailaron, intercambiaron joyas, oro, ropa y otros bienes y cuando llegó la noche, el vino y la cerveza les hizo olvidar a muchos el motivo que los llevó hasta allí. Al día siguiente partieron de nuevo para juntarse, otra vez en la ciudad, en la fecha que se conviniera en las reuniones de todas las tribus y que por mensajeros bardos se le notificaría al gobernador. Los días que duraron los encuentros fueron un hervidero de vida, pero se imponía el camino de vuelta. El aire del amanecer soplaba del norte. Ambolo, Apiliutas y todos los demás, marcharon con el deseo de llegar pronto a sus casas, a sus villas, a sus aldeas, a los castros y a sus fortalezas protegidas por paredes de piedra o de madera, menos seguras que los antiguos castros sepultados en la tierra, que no podían ser atacados ni por el fuego, ni siquiera por los arietes. Postumio Luperco recibía complacido noticias de todas las tribus que decían que si los coporos aceptaban trabajar en la muralla, ellos colaborarían con todos los hombres posibles. Ambolo, Caraecio, Apiliutas y Allucio llegaron al castro y les comunicaron todos los acuerdos a los que se llegaron en el consejo del bosque. Calutia le dijo a Ambolo que su hijo Ambato estaba mejorando con las pócimas de la curandera del castro de Poutomillos y que pronto sanaría. Ambolo se alegró de tener una mujer tan mañosa para todo y le pidió perdón por no estar más tiempo con ella, pues se sentía en el deber de acompañar a Apiliutas en sus recorridos, y, al mismo tiempo, aprender. Pronto se terminarían los viajes, por lo menos de momento, y Ambolo estaría allí, en Facoi, para ayudarle a Calutia a levantar el hogar. Llegó el día de la reunión con el gobernador y muchos nativos llegaron a Lucus Augusti al despuntar el día. Otros casi arrimaban y muchos estaban por llegar. Hasta que estuvieran todos juntos no entrarían en la curia a conversar con el gobernador, pues, sin los más sabios y los representantes de las villas, de las aldeas y de los castros, nada se podía tratar. Los coporos abarrotaban la ciudad como los pájaros cuando abarrotan las ramas de los árboles y se posaban en ellas en bandadas. Las gentes se lamentaban avasalladas. Los comerciantes eran los únicos satisfechos y ofrecían objetos de todas las clases. Tableros del juego del soldado para la distracción; pulseras, brazales, fíbulas, alfileres, pendientes, asas, anillos y mangos de bronce; anillos, pulseras y collares de bronce, plata y oro. Abalorios de pasta vítrea recubiertos de pan de oro; vasijas de cocina, de uso corriente, cazoletas abarrotadas de pequeños gránulos, para la fricción; fuentes de fondo plano; vasos de cuerpo sinuoso y jarras de mesa; ollas de cocina y platos engobados de fondo plano; vasos monoasados de perfiles sinuosos y labios exvasados de pastas grises, claras y micáceas; jarras monoasadas de pie discado de color ocre; platos, copas y cuencas decoradas. Lucernas para el alumbrado de los hogares; cuencas y botellas de vidrio; piezas de ropa; comida y bebida con la idea de hacer negocio, pues había que aprovechar la ocasión, que pocas veces al año se presentaba. La vida cotidiana de Lucus Augusti se agitaba ese día. Los indígenas acudían en grupos. Unos vestían con plumas y otros con finísimas pieles. Algunos se adornaban con bordados de muchos colores. Casi todos llevaban un puñal corto, la cabeza cubierta y los pies descalzos o con sandalias que parecían de oro. Muchos soldados campesinos, que vestían una túnica corta, un casco de cuero, una caetra y llevaban colgada una falcata, se juntaban bailando por el foro, por las calles y en las tabernas. Había indígenas que montaban juergas con mujeres en la Suburra, habitado por mujeres de la clase más baja, casi todas extranjeras o libertas que ejercían el oficio de rameras emborrachando a los hombres con el vino que bebían en estimulantes vasijas, hasta que entraban en un delirio místico causado por aquel sabroso líquido que navegaba por sus venas. Este barrio que escondía todos los lugares más ocultos y sombríos, quedaría al abrigo de las murallas una vez construidas. Muchos nativos se divertían con actividades lúdicas, asistiendo al teatro para ver representaciones cómicas en las que destacaban personajes con máscaras de la comedia nueva que expresaban el carácter y la condición de la persona caracterizada: El adulador de aspecto atrayente y con las orejas deformes; el viejo de barba larga; el viejo de barba en punta; el censor; el cateto de labios gruesos; el soldado fanfarrón o el anciano de grotesca y desagradable expresión, con boca gesticulante, el ceño fruncido y una pronunciada calvicie. Los espectadores, a veces, hacían un gran esfuerzo de imaginación para identificar al que hablaba y advertir las impresiones que el actor transmitía en cada escena debido a la falta de expresión de las máscaras. Los hombres con la máscara adecuada representaban los papeles femeninos porque a las mujeres no se les admitía en el teatro. También en los juegos de salón se divertían los que buscaban otros pasatiempos con los juegos de tablero. Estos juegos inteligentes, llamados de ladrón en los tiempos de Cicerón, comparados a batallas campales, se jugaban en partidas complejas más cercanas a los problemas tácticos que a los pasatiempos. Para jugar se necesitaba un tablero de 15X15 y 30 fichas por cada jugador, siendo las fichas blancas y negras las menos importantes, mientras las otras estaban vivamente coloreadas. Así, sobre el tablero abierto, los soldados comenzaban a guerrear enfrentándose los negros a los blancos y los blancos a los negros, combatiendo de mil maneras. Unos se retiran y huyen y los otros los persiguen y los capturan. Otros guerreros engañan al enemigo asegurando el botín. Se hacen prisioneros, se captura a los enemigos, y, una vez decidido el ataque final, se les rodea franqueando sus líneas y se irrumpe con fuerza para devastar a la ciudad enemiga. Algunos para enfrentarse al juego leían la táctica del jugador en un poema de Nerón. Otros competían y apostaban en el juego de las tabas y los dados grandes sumas de dinero. Ambolo, para que le acompañara la suerte en la tirada, agitaba los dados en el cubilete e invocaba el nombre de Calutia cuando los lanzaba sobre el tablero. También competían lanzando dardos y apostando en el juego del molino. En la ciudad había muchos legionarios entre los que acompañaron al gobernador y otros enviados de refuerzo desde el cuartel general de la Legio VII Gemina para evitar desórdenes que pusieran en peligro la vida de Postumio Luperco. Muchos soldados, sobre todo aquellos que habían acompañado al gobernador, visitaron el Templo de Mitra, pues muchos profesaban aquel culto secreto llegado de Oriente que estaba prohibido a las mujeres. El templo era de pequeño tamaño, sin ventanas para imitar una caverna, cuya descripción arquitectónica respondía a estos lugares de culto. A ambos lados de las paredes había bancos de piedra y de madera y recipientes de vidrio para los fieles que celebraban allí los banquetes. En el fondo estaba la imagen del dios Mitra sacrificando a un toro de cuya sangre surgiría la vida. Delante de Él, un podio que ocupaba el sumo sacerdote y docenas de lucernas que iluminaban todo el templo. El sol de la mañana brillaba con esplendor y perforaba la ciudad con rayos lanzados con mil flechas llenas de furia. Grupos de viejos buscaban las sombras detrás de las casas, debajo de alguna paulonia o pasaban el tiempo lanzando monedas al aire jugando a la cara o cruz. Los niños, a veces llorando y a veces riendo, edificaban casitas en el suelo y montaban a caballo sobre largas cañas. Se entretenían viendo el movimiento de los mimos que estaban por todas partes imitando acciones vulgares y a personajes groseros. Jugaban al escondite; a pares y a nones, a la gallina ciega, guiaban aros con un palo recto y encorvado en la punta. También se divertían con la peonza que se ponía en movimiento con una cuerda. Se columpiaban en diversas clases de balanzas colocando una tabla sobre una piedra, o sostenida por dos cuerdas colgadas a la rama de un árbol. Las jovencitas también acudían a estos lugares con sus muñecas. Allucio asistía a los baños públicos que estaban al lado del río, en donde disponían de salas, piscinas, espacios verdes y otros equipamientos. Salas para baños fríos y calientes, además de otras temperaturas intermedias. Estas salas estaban estructuradas en dos partes, siendo unas para hombres y otras para mujeres en las que relajaban sus preocupaciones relacionadas con la salud y daban rienda suelta a sus fantasías. Allucio entró en el edificio termal a través de un vestíbulo, localizado en los locales del vestuario y colocó la ropa en una de las cuadrículas dispuestas en los muros, que vigilaba un esclavo. Allucio anduvo por diversos espacios; algunos provistos de braseros. Llegó a las estancias de baños calientes y templados, que se comunicaban entre sí, y se empapó en las piscinas que se nutrían de los nacientes fríos del contorno, que, con la combinación de aguas frías y calientes naturales, obtenían todos los condicionantes para tomar un saludable baño. A la terapia se unía la diversión disfrutando de las actividades lúdicas con los amigos que tenía en la ciudad que, aunque disponían de baños privados en sus casas, concurrían a las termas públicas porque era un grato lugar y muy apreciado para el palique. Generalmente las termas estaban abarrotadas de enfermos, de ancianos y de mujeres embarazadas, y a veces había que solicitar turno para acudir a ellas. Aquel día, por causa de lo que acontecía en la ciudad, bajó a los baños menos gente que de costumbre. Los espíritus de las aguas les transmitían a las mujeres la virtud de conseguir partos fáciles y les contagiaban de energía vital al resto de los enfermos y ancianos. A cambio, la gente les procuraba favores asegurándose así la benevolencia de los espíritus acuáticos. Poco a poco el resto de los coporos se acercaba. También venían los sevrros, los addovios, los Arronios, los cibercos, los arrotrebas y algunos más de las otras etnias que rodeaban las tierras de los coporos. Muchos caminos torraban. La tierra parecía como si fuera lava de un volcán, encarnada e inmóvil, que crujía ahogada bajo las pisadas de los caminantes. Al día siguiente, fueron recibidos por el gobernador. A la reunión pasaron los notables más importantes del pueblo, y los druidas. La amplia sala del Senado se quedaba pequeña para tanta gente. A veces los romanos no tenían mucho sentido del humor pero se fue templando la frialdad con algún comentario gracioso. Después, ya en serio, se comenzó a regatear. Las autoridades romanas siempre hablaban de precios y adquirían deudas que nunca pagaban y promesas que no cumplían. Las distancias y la enorme burocracia, junto con la inseguridad social y política, eran las que suscitaban muchas veces enfrentamientos innecesarios entre la administración y los administrados, fuesen romanos o indígenas. Los coporos, que en este caso eran los más afectados, achacaban los incumplimientos a los que gobernaban la ciudad porque los tenían más cerca. Los coporos eran los propietarios de estas tierras que poseyeron durante generaciones, ahora vertidas en las voraces pautas de sus conquistadores. Postumio Luperco estaba acompañado por los representantes del gobierno municipal y de un procurador que se encargaba de la economía de los romanos, Venimos a escuchar tu propuesta, gobernador, comenzó hablando Vecco. Pero acaso no tienes más servidores que esos hombres que están a tu lado, preguntó. Las palabras de Vecco fueron interrumpidas por los ruidos insolentes de los acompañantes del gobernador, Estos hombres no me sirven a mí, sirven al emperador y al Imperio como yo los sirvo, contestó el romano, Estamos aquí para hablar de una muralla qué queréis construir alrededor de la ciudad. Imagino que no será de sueños y de tierra. Vosotros ya tenéis mansiones, templos, edificaciones que ningún río llevaría sin dejar rastro. Vuestros palacios son de piedra, las calles de vuestras ciudades son de piedra, y vuestra muralla también será de piedra. Y el corazón de los bárbaros, de qué es, de hormiga, preguntaba. Si es así, treparán por la muralla y no se podrán detener. Sin duda se iniciaron las conversaciones; la segunda parte llegó enseguida. Dueños de villas, pedáneos, rectores del pueblo, druidas y otros personajes de la población indígena se sentaron frente al gobernador y sus acompañantes, Sorprende que no sean órdenes, u obligaciones, lo que no queréis transmitir, volvió a decir Vecco, No, dijo el gobernador. Queremos vuestra colaboración para construir una gran muralla que contendrá el frío y los ocho vientos; además de protegernos de los posibles ataques enemigos. Ésta es una decisión del emperador. Como sabéis, las naciones bárbaras son una constante amenaza. Ya invadieron algunas ciudades del Imperio, entre ellas Tarraco, causándole destrucción, miseria y amargura. Los galaicos viven en una tierra apartada, pero no por eso dejan de inquietarnos los acontecimientos que ocurren en otros lugares porque los influjos de los mismos llegan a todas las partes. El bandidaje, los conflictos sociales y las conspiraciones que provocan el surgimiento de las guerras civiles y derramamientos de sangre, son causa de pánico entre las gentes y justa alarma, lo que nos obliga a tomar medidas defensivas y a fortificar las ciudades, Cercando la ciudad con un voluminoso cinturón de piedra, frenaréis a los bárbaros, si es que llegan, y a los revoltosos de dentro, si es que se revuelven, dijo

Apiliutas, Así es, del mismo modo y por el mismo motivo que las habéis construido vosotros en vuestros castros y reforzáis ahora porque también tenéis miedo, Quizá, pero vuestras casas son de piedra y las nuestras de paja y sólo nos sirven para defendernos del frío, no de los bárbaros. Para nosotros también son templos, son palacios y fortalezas, pero no tienen peso, por lo tanto siempre son vulnerables, contestó el druida. Durante las negociaciones, el gobernador prometió a los nativos que durante la construcción de la muralla estarían seguros, como siempre, bajo la tutela y la protección de Roma. Los jefes indígenas exigieron una paga para todos los nativos que trabajasen en la fortificación. También establecieron un precio al alquiler de los carros y de los bueyes necesarios para el arrastre y el transporte de la piedra y de la tierra. En las villas, castros y aldeas, quedarían algunos hombres para reforzar las fortificaciones y construir otras nuevas que garantizaran la protección de las familias que quedaran fuera de la ciudad de Lucus Augusti. Mientras, no dejarían de cultivar la tierra, atender a los animales y cocer el pan. Los nativos exigieron cobijo y protección para todas las poblaciones campesinas que quisieran guarecerse de los ataques bárbaros, de los bandidos y de la piratería. Así mismo advirtieron al gobernador, que si no se cumplían los tratos, los salvajes bárbaros verían aumentado su ejército con los guerreros celtas, Tendréis que proyectar una muralla de mucha longitud, es decir, con un gran diámetro. Que no rodee sólo a las casas que ya existen, sino que delimite una considerable extensión entre muros para que nos proteja a todos, dijo Vecco. El gobernador, después de una dilatada deliberación con todos los integrantes de la curia, aceptó las condiciones y el acuerdo se celebró con una banquete en el que se comería pan, carne, frutos y beberían vino y cerveza, alimentos que los nativos abastecían en pago de sus impuestos. Algunos indígenas al despedirse dijeron a los romanos que acertaran llegando a un acuerdo sin emplear la fuerza, ya que la iban a necesitar para trabajar en la muralla o por si arribaban los bárbaros. Sin duda era mejor mantener una buena relación entre enemigos que vivían tolerándose en paz. Pasaron los días y Ambolo abandonó las alegres calles de Lucus Augusti y regresó a Facoi. A Calutia se le adivinaba la alegría en el brillo de los ojos. Ambolo pocas veces la veía desnuda y aquella noche, desde sus senos hasta sus piernas, resbalaban sus cabellos rubios que se enroscaban por su cuerpo y parecían serpientes. A Ambolo, enamorado, no le palpitaba el corazón, no sentía latidos, sino temblores. Mientras ellos apuraban el paso, los demás dormían. Las aves dormían y los árboles descansaban. El cielo estaba tranquilo y el rugir de las bestias no se sentía. Ningún ruido insolente turbaba el placer de los dos amantes que estuvieron ausentes y se encontraron de pronto, Calutia, mi amor, la dureza de tu cuerpo parece de oro, dijo él, Y el sudor de tu piel es dulce como arropía, dijo ella. Al día siguiente, la rosada de las goteras rociaba los caminos. Al amanecer el sol asomaba su cabeza cana entre las penumbras como si fuera una joya que no tiene precio. El paisaje se diluía en colores y el viento zurraba a las nubes y violentaba a los bosques sacudiéndoles la manta mojada por la bruma. Los jefes citaron a los nativos en el castro de Facoi, por ser éste el castro mayor, y llamaron a consejo para informar a las gentes de otros castros, villas y aldeas, de las noticias que trajeron de la ciudad. Apiliutas acomodó la túnica que vestían los druidas y se dirigió a la asamblea, Todos sabéis que estuvimos en marcha, dijo Arruntio, rector del pueblo de las aldeas de Crecente, que hacía de vocero. Todos tenéis noticia de lo que nos quieren los romanos. Esto lo digo sin emoción. En los próximos años el destino de muchos de nosotros será la ciudad de Lucus Augusti en donde habrá que trabajar en la construcción de una muralla. Los romanos saben que somos un pueblo rudo, de hombres altos, fuertes y osados, ideales para formar una legión, pero no seremos soldados, sino artesanos. Cuando manden aviso irán primero los de menos edad para ser adiestrados en los oficios de construcción. Esta vez, no estaremos con las cadenas de la esclavitud romana alrededor del pescuezo como ocurrió en otros tiempos, ni en las filas de las tropas auxiliares de sus ejércitos. Sin duda cobraremos por nuestro trabajo, por los bueyes, por nuestros carros. Ése fue el trato que hicieron los romanos con nuestros representantes y lo tienen que respetar. En caso de que no lo respeten, plantaremos. Algunos dueños de villas rumiaban entre ellos cuando

Arruntio callaba. Entonces Cantolgunio se decidió a intervenir. Este viejo sabio, profundamente respetado en su tribu por su sabiduría, estaba considerado como el único poseedor de todos los secretos naturales y decían que por la noche, cuando dormía, su lecho se convertía en un lecho de nubes rodeado de un arco iris de flores. Cuando él hablaba, los pájaros volaban cerca para oír lo que decía, porque los pájaros no escuchaban sus palabras sino la voz de su corazón. Si, aquel hombre viejo era casi un dios. Ya místico, y muy cansado, era venerado por todos, y cuando él hablaba su voz se diluía como un brazado de rosas sacudidas al viento, Iréis a la ciudad por los duros caminos, pero yo les pediré al Dios del cielo que los ablande para vosotros. Estamos unidos por una comunidad profunda, por un alma común, por una sensibilidad común. No desperdiciemos la historia porque no nos es ajena; su emoción es parte de la vida actual, ahora está en nuestras manos y disponemos de ella. El esfuerzo es su base bruta. Las palabras del sabio parecían salidas de los labios de una flor. Las gentes se deleitaban oyéndolo hablar y en aquellas intermitencias, sin darse cuenta, se trasladaban a otros lugares sin saber cuánto tiempo estaban allí. Un tono familiar, respetuoso, cariñoso y dulce a la vez, con el que hablaba, contribuía a que fuera escuchado con una emoción informulable, Quizá parezca un poco pesado en mis discursos, dijo, pero el tiempo también pesa, porque todas las cosas en esta vida sufren su acción. No hay más que mirarme a mí para comprenderlo. Pero el tiempo crea y el tiempo destruye en un acto de creación y destrucción. La belleza es su rostro. Ahora son épocas de cambio e implican anarquía, porque la naturaleza del hombre es así. El cambio es tiempo y el tiempo es el gran destructor. Con el paso de los años y de los siglos el arte seduce. La muralla que quieren construir los romanos en la ciudad de Lucus Augusti conquistará a los hombres del futuro porque entonces, probablemente, estará en ruinas. Roma cautivará porque también estará en ruinas. Las estatuas se caerán porque, con el tiempo estarán podridas. El viejo sabio detenía el discurso, y nadie sabía si era por el agotamiento o porque no encontraba las palabras. A pesar de los años, era uno de esos hombres vigorosos y entusiastas formados para convertir a los demás y creados para la abnegación y el sufrimiento. Pero enseguida emprendía el paso otra vez con la rapidez de un hombre apasionado, capaz de apoderarse de los corazones ajenos, El tiempo se apodera de la obra de los hombres. Será juez y destructor a la par y destruirá la obra de los mediocres, así como los mediocres destruyen la obra de los verdaderos creadores. Y seguía con el discurso hablando despacito porque se le barría la voz, La historia será crítica e implacable. Vivimos tiempos de destrucción. Muchas veces, siento dentro de mí ese acto destructivo en el aburrimiento, en la repugnancia por los romanos, por los invasores bárbaros, y por la religión falsa y sin vitalidad que ambos profesan. Eses prejuicios y esa devastación siento que pertenecen a la orden suprema de la libertad. En estos tiempos violentos y de locura desoladora, se destruye sin sentido, por el placer de destruir y también por odio. Con ese sentimiento novísimo, el hombre siente una locura de aniquilación más poderosa que todas las fuerzas naturales. Los largos discursos del viejo no desanimaban a los hombres ni a las mujeres que lo escuchaban. Nada les hacía renunciar, porque en aquellas palabras encontraban inspiración y convencimiento para creer, un punto de apoyo donde apoyarse. Tras esta breve pausa Cantolgunio dio más rapidez a su discurso para terminar pronto. Sin embargo, las gentes proseguían con atención las palabras y las interrupciones como una lenta y cambiante melodía. Continuaba, En ese afán el hombre se convierte en una verdadera enfermedad de la materia, pero la naturaleza es cambio y el cambio es destrucción. La muralla de Lucus Augusti, como todo lo que acompañará a su historia, será destruida con el paso del tiempo, pero el paso del tiempo tiene sólo un nombre: BELLEZA. Tal y como ocurría con casi todas las costumbres druídicas, lo práctico se juntaba con lo místico. Aquel día, todos se retiraron a sus casas invadidos por una emoción suprema. En aquella noche fantástica evocarían en sus pesadillas, fantasías cotidianas sin equívocos misterios. Para continuar con la historia, te anticiparé que en la ciudad de Lucus Augusti no se hablaba de la muralla. Sólo los agrimensores efectuaban trabajos de medición y alineaban marcos determinando el linde por donde se construiría la obra. Aquellos agrimensores conocían muy bien su trabajo. Muchos edificios quedarían en el exterior del circuito amurallado. Para trazar la línea perimétrica de la muralla se efectuaría, otra vez, el rito sagrado previo a la fundación urbana, igual que cuando se constituyó la ciudad en los tiempos de Paulo Fabio Máximo. Se consultarían los presagios por un augur y se establecería el nuevo recinto sagrado con el trazo de un surco por la línea proyectada, que se iba señalando con el arado del que tiraban la pareja de un toro y una becerra blancos. La delimitación urbanística la efectuaron los agrimensores por el compendio que se le atribuye a Hippódamo de Mileto. Entre los nuevos espacios, se trazaron dos ejes: uno de norte a sur y otro de este a oeste, y, paralelas a este trazado, se establecían las nuevas calles. Con el cerco de la defensa, una vez erguido, casi se circundaba entera toda la antigua urbe. Las edificaciones más preponderantes que se levantaban en los cruces de los núcleos principales ya estaban construidas en la ciudad vieja. Al lado de los nuevos ejes sólo serían edificados ciudadelas y barrios. Como las necrópolis permanecían en el interior del nuevo perímetro sagrado que delimitaba la muralla, y conforme a la tradición y la religión romana no podía ser así, hubo que trasladarlas al exterior. La fortificación presuponía una colosal reforma urbana. Delineado y marcado el contorno de la cerca de piedras, enseguida dieron inicio las controversias. Al mostrar en el foro el diseño que se grabara en dos planchas de bronce, las gentes comenzaron a enfurecerse. Casas de gran factura fueron expropiadas para construir la defensa como la que tenía el mítreo anexo a la planta superior. A los ciudadanos que poseían propiedades por los lugares que pasaría la muralla, les embargaron algún pedazo de tierra. A los que tenían propiedades en la parte de la ciudad que quedaba fuera de la futura obra, les derribaron sus casas. Las piedras de estas casas derribadas se acoplaron para emplearlas en la muralla, sobre todo, aquellas piedras de granito, bien labradas, para colocarlas en los arcos de las puertas. A los perjudicados por los derrumbes, se les concedió un plazo para que abandonaran sus hogares y se instalaran dentro del futuro cerco donde se les prometió alojamiento. Todos los afectados hicieron las oportunas reclamaciones que el gobernador llevó a Tarraco en donde les daría trámite. Varios meses después de su llegada, Postumio Luperco partía hacia Tarraco donde tenía su hogar. Esta ciudad, magnífica antes de ser atacada por los bárbaros, era una ciudad agradable y tranquila. Tarraco era la ciudad ideal para descansar. Un pueblo de gente honrada, económico y tranquilo. El cielo casi siempre estaba azul y la temperatura no cambiaba con saltos bruscos como en el Noroeste. La primavera de Tarraco parecía siempre constante. Los campos eran fértiles y producían vino y trigo tan ricos como en Italia, además de ofrecer otras ventajas artísticas. En Tarraco adoraban a Júpiter Ammón. Cuando el gobernador se marchó, llevó consigo una de las dos planchas de bronce en las que se dibujó el plano del nuevo Lucus Augusti con el trazado de la futura fortificación, y otra placa, con el mismo diseño, quedó en la ciudad. Después, desde Tarraco, Postumio Luperco viajó a Roma, y el emperador pudo ver sobre el plano como iba a quedar la nueva urbanización con la muralla que, además de todas las funciones militares por las que se iba a construir, también delimitaría el nuevo pomerio. Era preciso que el césar diese el visto bueno, pues sólo él tenía poder para modificar la línea sagrada de una ciudad. De esta manera no comenzarían los trabajos hasta que llegara la orden y se hicieran los planos de ingeniería. El viaje de Postumio Luperco hasta Roma fue largo, pero sin incidentes. En las vías encontraron aras dedicadas a los lares Viales que muchos viajeros imploraban al emprender un largo y peligroso viaje. Estas aras confirmaban que la protección había sido eficaz y que el protegido había sido fiel cumpliendo la promesa de erigir el ara al final del viaje. En cada parada del camino se congregaban los habitantes del lugar y se sucedían las mismas preguntas. La amplitud y el poder del Imperio Romano estaban por todos los lugares. Postumio Luperco, cuya imagen pública era respetada en todas partes, excepto por algún fanfarrón engreído, una molestia menor, más pequeña que un piojo que construye su morada en la piel de un toro, en su viaje de regreso desde Lucus Augusti, a lo largo del eje, Asturica–Mérida, pudo comprobar cómo germinaba un creciente aumento del cristianismo. Los cristianos constituían los grupos de devotos más abundantes con iglesias bien organizadas con sus obispos. Al cristianismo en estas ciudades le precedía en su corta existencia la persecución de Decio, a la que habían sucumbido los obispos Basílides y Marcial que, por miedo al martirio, cometieron un grave pecado de apostasía convirtiéndose en libeláticos obteniendo de las autoridades romanas un certificado (libelo) en el que constaba su sacrificio a los dioses y al emperador aún sin haberlo hecho. San Cipriano, obispo de Cartago, en su famosa *carta 67* alabó la oposición de la mayor parte de aquel pueblo cristiano que reaccionó contra el hecho atroz de sus obispos apartándolos de la comunidad. También abundaban maniqueos que hablaban de la luz y la oscuridad, llamando a la una el bien y a la otra el mal. Seguidores del culto a Mitra, cuya devoción se extendió por todo el mundo antiguo, Egipto y países latinos, llegando hasta las Galias y Germania. Este dios benévolo de la mitología Persa, protector de las cosechas, de la luz y de la fecundidad, fue importado y extendido en occidente, al igual que el cristianismo y el maniqueísmo, por los legionarios romanos y mercaderes que hacían sus negocios en el norte de África, Egipto y Persia. Postumio Luperco llegó a Roma tres días antes de las calendas de abril. El sol primaveral le dañaba los ojos con los destellos que rebotaban de columna en columna, subían los escalones ayudados por el color blanco de la arena de las calles, de los edificios y los templos que le rodeaban por todas partes. Apenas surgía una sombra. Postumio pasó junto al Campo de Marte ubicado al norte de la muralla Serviana, limitado por el Capitolio al sur y con la colina Pinciana al este, cerrando el resto la gran curva del Tíber. En el Campo de Marte Postumio presenció a los ejércitos acampados esperando la celebración de algún triunfo, efectuando ejercicios militares e instrucción para los jóvenes soldados. Aquí también estaban los caballos que corrían en las carreras de carros, y había mercados de plantas y parques públicos. La vía Flaminia cruzaba el campo de Marte en su totalidad en dirección norte. La ciudad de Roma fascinaba. Ningún habitante de cualquier ciudad del Imperio, ni en sus sueños más alocados podría imaginar tal magnificencia. Forzudos legionarios armados de alguna cohorte, que estaban por las calles abarrotadas de gente, miraban con ojos excitados a la comitiva de Postumio Luperco dirigiéndose hacia el foro. Apolo. Mercurio y Vibilia custodiaban las calles ocupadas por la muchedumbre. El sol abusaba de las pupilas desacostumbradas de los recién llegados. Las calles ardían y quemaban los pies de los caballos sofocados y cansados de tanta marcha por vías de piedra en donde no crecía la hierba verde y suave del noroeste de Hispania. A un lado y al otro había templos, pórticos, recintos sagrados, mercados públicos, basílicas, teatros, mausoleos, columnas enormes, como troncos gigantes de árboles de piedra. Postumio y su escolta giraron hacia el foro y pasaron junto al arco de Tiberio y de Germánico. En el templo de Saturno, Postumio vio a mucha gente que subía y bajaba por la escalinata bajo las grandes columnas, que a sus ojos semejaban hormigas bajo los árboles. Franquearon el templo de la Concordia y contemplaron la majestuosidad con la que se erguía el templo de Júpiter, flanqueado por el Tabulario en lo alto de la colina. Postumio Luperco se detuvo y subió los anchos escalones de mármol de la curia. Diocleciano, vestido igual que la estatua de Júpiter Optimus Maximus en el templo del Capitolio, con toga de color púrpura lujosamente bordada de oro con imágenes de personajes y eventos, le esperaba sentado en su silla tapizada de púrpura a la sombra de las altas columnas. Diocleciano, que estaba acompañado por altos cargos del Imperio devolvió el saludo alzando un brazo cargado de joyas y anillos de oro, que primero le hizo Postumio Luperco y lo invitó a sentarse en una silla curul reservada para los altos magistrados, ediles curules, pretores, cónsules y lictores. Era una silla rigurosamente labrada en marfil, con patas curvadas que se cruzaban en x y brazos muy bajos. Sentados muy erectos la silla no impedía la armónica caída de los pliegues de la toga. Diocleciano escuchó con atención las solicitudes, propuestas y recomendaciones que le hizo el gobernador. Las entrevistas duraron varios días. Diocleciano, que tenía grandes proyectos para el Imperio, quería saberlo todo. El Emperador y miembros de su gobierno, senadores y asesores de política exterior, asentían con los ojos puestos en Postumio, que conocía el destino del Imperio en los años venideros si no se amurallaban las ciudades. Postumio asistía a las sesiones del Senado. A veces, escuchaba atónito y sin satisfacción a aquellos oradores que bajaban al pavimento teselado y frío de la curia para hablar de países que nunca habían visto, de costumbres que no habían experimentado y de gentes que no conocían. Hombres en la cumbre de un Imperio que no sabían qué decisiones tomar ante las amenazas de aquellos campesinos con harapos que con el nombre de bárbaros intentaban derribar las puertas de un Imperio que había perdido mucha fuerza. Al fin, Diocleciano habló del dinero que le costaría a las arcas del Imperio la fortificación de las ciudades, de los beneficios, de las ventajas y de los inconvenientes. Así, y con la reforma administrativa en marcha, firmo permisos, adjudicó becas y dio la orden de trazar los planos de las fortificaciones. Postumio esperaba una respuesta y la tuvo satisfactoria. Era un hombre de honor, fiel a Roma y al Emperador. Postumio prometió al Emperador que no habría hostilidades. Que las gentes galaicas eran pacíficas, muy aferradas a las tradiciones, y, aunque los movimientos religiosos resurgían cada vez con más fuerza en los núcleos urbanos, su propagación e influencia en las zonas rurales allí era muy lenta. La evidente confusión entre los propagadores de la nueva fe y los defensores de las antiguas creencias, hacían prevalecer las decisiones de los Consejos. Antiguamente en las Galias y en Bretaña, las decisiones de un consejo siempre habían pasado por encima de las directivas de un druida, y lo mismo sucedía para los celtas gallegos, como antaño los británicos y galos, pero con la diferencia de que en tierras galaicas casi no pasaba el tiempo, todavía estaba presente Vercingétorix, Gausón, Corocota y otros caudillos que, por encima de las religiones hacían que los hombres eligieran libremente. Los hombres de honor gallegos, que siempre fueron de la mano de la libertad, evitaron siempre apagar las hostilidades de la gente y evitaron que sangre innecesaria se derramara en su tierra. Las supersticiones que algunos inculcaron a personas simples e ingenuas, las herejías execrables, la magia, el secreto y el misterio, estaban reducidas en las zonas más ocultas de la geografía gallega, a druidas, adivinadoras, brujas y otros defensores de las viejas creencias religiosas, que eran tolerados, a pesar de la condena de Roma, sólo por sus poderes para remediar enfermedades a través del curanderismo y por sus conocimientos médicos. Postumio Luperco, insistió, observó y añadió muchas objeciones a la desidia de Roma y del Emperador para dar rapidez a los proyectos. Sostuvo que muchas personas reunidas por él en los foros de las distintas ciudades de Hispania en donde, a parte de esperanzas, también se les impuso el terror, esperarían el inicio de las defensas con impaciencia y con miedo. Sin embargo sus opiniones no eran compartidas ni por el Emperador ni por el Senado y Postumio Luperco regresó a Tarraco. En los años que siguieron, todo el mundo estuvo pendiente del inicio de la obra. La gente roseaba, casi siempre con poco fundamento o con ánimo de molestar, sobre la llegada de los bárbaros. Muchos sospechaban que llegarían antes que la orden de comenzar las obras. Sin embargo, otros tenían plena confianza en que los enemigos estaban lejos y, de venir, les acarrearía mucho tiempo alcanzar la ciudad de Lucus Augusti. Para los nativos, trabajar como obrero en la construcción de la muralla era colaborar con el destino. La muralla sería un vestigio de que, con el paso los años y de los siglos les recordaría a los del futuro que allí estuvieron los celtas galaicos, obrando con los romanos una inmensa mole que transformaría el paisaje para siempre. Construyendo una fortificación, una barrera de piedras detrás de la que parapetarse para defender un Imperio y con la esperanza de que los asaltos bárbaros fueran quebrados. Para los indígenas, construir era cooperar con el tiempo y hablarles a los siglos que seguirían al presente; prolongar la existencia y la vida, que después sería historia, y, de esa manera, indestructible.

SE INICIAN
LAS OBRAS DE LA MURALLA DE LUCUS AUGUSTI

1055 a. u. c.

Desde Mérida llegaron mensajeros a Lucus Augusti. Traían noticias, como siempre, pero esta vez eran las que todo el mundo esperaba: el permiso firmado por el vicario para construir la fortificación. También venían los planos de la obra que se delinearon sobre los datos topográficos que los agrimensores obtuvieron durante la estancia de Postumio Luperco en la ciudad. El inicio de la construcción de la muralla comenzó a cumplimentarse la reorganización administrativa de Diocleciano, creándose la diócesis Hispanariun que gobernaba desde Mérida un vicario, y desde donde se tomaban todas las disposiciones que afectaban a las provincias de Gallaecia, Tarraconense y Cartaginense, además del resto de las provincias que se incluyeron en la diócesis: Bética y Lusitana, así como Maretania y Tigitania. Acompañaba a los mensajeros un equipo técnico formado por un arquitecto y sus ayudantes, que se iban a encargar de dirigir las tareas de los diversos artesanos, y cuando fuese necesario, los esbozos que en todo momento requiriera la marcha de construcción de la obra. Este experto en construcción, ingeniero militar y prefecto de la cohorte militar I Gallica, subordinada a la legión VII Gemina, cuando era joven trabajó en Roma con otros técnicos para adquirir conocimientos de diseño y construcción en las grandes murallas de Aureliano que rodeaban a la capital del Imperio. Corneliano, como ingeniero legionario, era el responsable de controlar técnicamente la construcción de la muralla. Alcanzó el status profesional instruyéndose en el ejército efectuando trabajos de agrimensura, ingeniería hidráulica, presas, puertos, diques, planificación de ciudades, diseño de campamentos y edificios militares. También tenía conocimientos de artillería y de armamento y pronto ocupó un puesto de ingeniero–arquitecto. Al licenciarse trabajó en el servicio civil imperial. Buen conocedor de las enseñanzas de Vitruvio admiraba a Apolodoro hasta la adoración y decía de él que representaba a todos los miembros de la profesión de arquitecto que durante siglos le dieran aspecto a las ciudades del Imperio. El equipo de ayudantes lo integraban administradores, secretarios, agrimensores, niveladores, plomeros, supervisores, la típica mano de obra de los constructores romanos. Un equipo especial de formadores, exentos de todo servicio público, se encargaría de enseñar a todos los hombres romanos y no romanos una especialidad en los oficios de construcción, liberándolos de toda obligación para con el estado y la ciudad. Estos formadores contaban con el apoyo de becas de estudios por parte del emperador. Se pretendían todos los obreros posibles con un mínimo de formación. En Lucus Augusti el arquitecto pudo trabajar con los miembros de las diferentes organizaciones constituidas por especialistas en obras y otros profesionales. Estas agrupaciones tenían expertos en cerámica, herreros, ladrilleros, carpinteros, canteros, técnicos en demoliciones, fabricantes de mosaicos, orfebres y la ordenada división de sus trabajadores, lo que facilitaba la planificación y construcción de grandes proyectos en la ciudad de Lucus Augusti. En las villas rústicas también había especialistas capacitados en todos los oficios de construcción y afines. Todos ellos serían contratados. En la ciudad residían buenos profesionales, cualificados para proyectar y construir cualquiera obra. El vicario envió a un hombre que conocía, un técnico en quien confiaba plenamente, a pesar de que en los últimos tiempos del Imperio casi era imposible encontrar un buen arquitecto. Estas cuadrillas de obreros, bien organizadas, eran cruciales para trabajar en grandes construcciones. Las promesas hechas a los nativos y la solución a las reclamaciones de los ciudadanos, por causa de los embargos, aún estaban sin resolver. La justicia romana era eficaz pero muy lenta. Las máximas autoridad locales, los duunviros, acompañadas por miembros de la curia, invitaron a entrar en las dependencias del Senado Municipal a los enviados de Mérida. Incapaces de sostenerse erguidos reflejaban en sus rostros el cansancio de tan largo viaje. El jefe de la decuria que acompañaba al arquitecto desde Mérida era el mensajero y portavoz. Los duunviros le preguntaron por las noticias que les entregó enseguida y leyeron el mensaje escrito de puño y letra del Tetrarca Maximiano, dueño de España, África e

Italia, que autorizaba el inicio de la construcción de la muralla. En el permiso se incluía la autorización que ya había dado Diocleciano para modificar el pomerio, o línea sagrada, cuando Postumio Luperco le presentara el nuevo trazado en Roma. Maximiano firmó el consentimiento cuando estuvo en España combatiendo a los bagaudas. Los duunviros leyeron el mensaje que decía así: *Otorgo por el presente, voluntariamente, permiso para que dé comienzo la construcción de la muralla alrededor de la ciudad de Lucus Augusti según los planos trazados en Tarraco y supervisados por mí. Así mismo, por lo que respecta a la posición del pomerio, su modificación no debe suponer un obstáculo, y, si lo fuera, por lo que pueda herir a algún sentimental, transponerlo, y recordarle a los afectados cuantos cambios se produjeron en nuestra historia a través de los siglos. De algunas otras polémicas no os voy a decir; su solución la dejo en vuestras manos.* Los duunviros les hicieron saber las noticias a todos los miembros de la curia. Al día siguiente, se convocó a la plebe en el foro. El populacho corría a la reunión. Muchos nativos aguardando sorpresas y animados por un sentimiento supersticioso también se apresuraban para escuchar las noticias. Muchos ciudadanos vivían la mayor parte do su tiempo en el foro, que era casi su hogar. Ese día estaba ciertamente animado el foro de Lucus Augusti. A lo largo y ancho del mismo, se juntaban grupos de personas para conversar con temas relacionados con la construcción de la muralla. Destacaban los mercaderes; cambistas que enseñaban enormes montones de dinero. Los peor vestidos eran los nativos que destacaban con sus atuendos entre las togas de los magistrados, que tenían en los pórticos del foro su lugar para administrar justicia; junto con los abogados charlatanes, rodeados de rufianes, chantajistas, ladrones y demás personas de la peor casta social. El foro de esta pequeña Roma no tenía contrapartida con los foros de otros lugares. Con la forma de un rectángulo alargado, un templo de Júpiter en un extremo y altares a sus lados, además de otros edificios importantes, mantenía, junto con Mérida, una de las más esplendidas colecciones de edificios y templos de Hispania. Dispuestos casi sin orden, combinaban un efecto pintoresco y poderosamente monumental. Las instituciones políticas, habitaciones de consejos, basílica con salas para biblioteca, tribunas de oradores y curia o sala del Senado, estaban allí. Las actividades religiosas gravitaban. Se dedicaban aras a las diversas divinidades del panteón oficial. Algunas tenían que ver con los dioses tutelares de las grandes regiones del Imperio por donde corría el curso de algún alto funcionario imperial, como las dedicadas al comenzar la tercera centuria por Marco Aurelio Sadurnino, miembro de la familia Caesaris y responsable de los monopolios mineros imperiales del noroeste, que, por causa de un traslado, les consagró un altar a los númenes de los Augustos, a la Reina Juno, a la Venus Vencedora, a la Celeste Africana, Al Frugífero, a la Emérita Augusta y a los Lares de las Galaecias. También se sorprende el templo de Vesta, y la casa de las doncellas vestales que cuidaban del fuego sagrado y donde residía el gran sacerdote, o pontífice máximo. Las cantinas ambulantes, mercados, almacenes y demás tiendas, también tenían su espacio en el foro situadas en los lugares más apartados de los edificios importantes. Los órdenes arquitectónicos eran variados y alcanzaban un perfecto dominio de los materiales. Pórticos, columnas, arcos y bóvedas. A los órdenes griegos también se les introdujeron importantes novedades. Se alternaban capiteles compuestos, donde se fundían el jónico y el corintio con capiteles toscanos que eran, a su vez, variantes del dórico. Los capiteles compuestos, ofrecían las hojas en un estilo corintizante pero además tenían hileras de ovas y perlas con grandes volutas tomadas del jónico. También se construyeron en los edificios del foro variantes del dórico. Capiteles de estilo toscano, derivados de la columna etrusca toscánica que poseen una basa, un fuste liso y un capitel provisto de astrágalo, anillo, equino y ábaco, con entablamentos de extraordinaria simplicidad. Los edificios romanos del foro eran obras monumentales y nada había tan emocionante para un ciudadano de Lucus Augusti como entrar en él y contemplar las imponentes columnas del templo de Júpiter. Estos edificios contrastaban con la arquitectura doméstica de la ciudad (el hospitalario hogar) donde había casas particulares de un solo piso, en las que vivían los romanos acomodados que disponían de agua potable abastecida por un acueducto, baños y calefacción que funcionaba por unos conductos abiertos bajo el suelo, donde se sometía la paja a un proceso de combustión baja. Estas casas tenían salas pavimentadas con teselas, comedor, dormitorios, recibidor, cocina, jardines y estaban decoradas con pinturas murales de colores vivos y poco intensos. Diferentes eran las casas de varios pisos de alquiler en donde vivía el pueblo llano, cubiertas con una terraza de balcones y ventanas con vistas a la calle. Las partes bajas de estas casas se destinaban a tiendas y negocios. El sonido de las trompetas patinaba por el aire que envolvía a la ciudad llamando a las puertas de los oídos de la plebe. La gente para disponer ánimo, retrocedía hasta los motivos de su presencia en el foro, consintiendo en las experiencias de lo imprevisto. Agrupados y en silencio, se intercambiaban miradas. El acontecimiento ofrecía un singular atractivo. Los duunviros, en un tono familiar y respetuoso a la vez, le dijeron al pueblo que se mantuviera tranquilo, porque los bárbaros se encontraban muy lejos y posiblemente nunca llegarían, pero sin duda, la sorpresa siempre era posible. Dijeron también que todos los hombres dispuestos para trabajar se presentaran. Pero Roma, cumpliendo los acuerdos pactados años atrás, no pretendía que trabajaran de balde y, cuando viniese a la ciudad el procurador augusto, encargado de las finanzas, se solucionarían con él todas las discusiones económicas. Así mismo, informaron de que los hombres del equipo del arquitecto eran los encargados de colocar a cada obrero en su puesto de trabajo, y animó a todos los jóvenes a que se inscribiesen para recibir formación y aprender el oficio antes de comenzar a colocar la piedra. Pero alguna voz aislada salía de entre la gente, Y cuándo se nos van a pagar las tierras que nos embargaron, preguntó una voz desde lejos, Hay que esperar a que vengan las sentencias de Tarraco, dijo el duunviro, y os diré la respuesta. La muchedumbre se desesperaba. De todos modos solamente con el vicario o con las autoridades en las que delegara se arreglarían todos los problemas, y sin hacer más observaciones se retiraron. Los duunviros hablaron con sencillez y concisión. Para ellos era un informe más que transmitían, pero cada día, por causa de la incertidumbre, estaban más incómodos y asustados. Todos sabían que llegaría el momento decisivo para trabajar. Durante todo el tempo de espera, la ciudad estuvo casi parada. Los duunviros, después de la reunión mantenida con el populacho, mandaron avisar por mensajeros a los nativos para que se pusieran a trabajar enseguida. Mientras todo esto ocurría en la ciudad, en las villas, en las fincas rústicas que las rodeaban, en los castros y en las aldeas, la vida continuaba su curso con tranquilidad y armonía. Calutia, Ambolo, los druidas y todos los demás nativos que estuvieron muchos años esperando a que se iniciase la obra seguían, como siempre, trabajando en las labores que les imponía la vida cotidiana. Aquí detengo, lector, la narración para meditar profundamente y aparecer en ella porque a veces quiero compartir contigo mis pensamientos.

Cómo puedo introducir estas historias paralelas y confusas que aparecen en mis notas que, con la intención de que las cuente, me fueron contadas. A quién preguntar para esclarecer todas las dudas que sobre estas historias tengo. Tal vez debía de interrogar a la misma naturaleza que los druidas interrogaban. A los pájaros, a las amarillas mariposas, a las Napeas, a las Musas, a las verdes hojas de los robles, a las fuentes en donde moran las ninfas y a las altas montañas. Acompañar a los druidas a las ceremonias el día en que cortan el muérdago de los robles con sus cuchillos de oro y tomar las pócimas amatorias de las brujas, porque es ahí, en ese mundo sensitivo, en ese sensorial paraíso, donde la meditación se concentra, la melancolía se deleita, donde la fantasía alcanza todos los mundos y donde las rocas, las aguas de las fuentes, los perfumes y los cantos de las flores, los pájaros cantores con sus dulces canciones, las estrellas y las gotas de rocío, hacen escuchar sus voces y responden a todas las preguntas. Acaso ya puedo fantasear larga y voluptuosamente. Conducir a Calutia por un camino entre dulces y perfumadas flores buscando nuevas experiencias e imprevistos que dentro del relato, ofrecen un singular atractivo. Calutia, Ambolo y Apiliutas decidieron trasladarse a la ciudad y cómo iban dos o tres personas de cada casa, las villas, los castros y las aldeas quedaban casi desiertas. Sólo los padres de Calutia acordaron quedarse en el castro para cuidar el ganado, las tierras y mandarles alimentos. Cantolgunio también se quedó en el castro porque ya tenía muchos años para arriesgarse en esa aventura. Mientras tanto se extendían rumores de intrigas políticas desde la capital del Imperio. Sonoros sucesos se sucedían en las ciudades, los caminos se abarrotaban de más bandidos, saqueos de mercados, discusiones, miedo, anarquía, cohortes completas se rebelaban; las gentes debatían, gesticulaban. Aquel descontento general estallaba en exclamaciones que también se hacían sentir en la ciudad de Lucus Augusti. Los duunviros y miembros de la curia amañaron una reunión con el arquitecto y con sus ayudantes, para que les explicaran en términos generales de qué forma se iba a efectuar la construcción de la muralla, Comenzaré a exponer el proyecto de manera sencilla para que todos me podáis entender, dijo el arquitecto. Primero, alrededor de todo el perímetro de la fortificación se empezará a cavar el terreno para enterrar las bases de las paredes, comenzando toda la excavación al mismo tiempo. Mientras unos excavan los cimientos, otros excavarán el foso que conviene ampliar, En dónde depositaréis la tierra, preguntó un duunviro interrumpiéndole al arquitecto su exposición, La tierra se transportará para depositarla en los terrenos en donde estaban los cementerios, es decir, al norte, puesto que por esa zona no hay casas ni calles y parece un buen lugar para amontonarla, Pero si se amontona mucha se formará una montaña muy alta que impedirá la visibilidad, volvieron a decir los duunviros, Aunque allí se forme una montaña de tierra que impida la visibilidad de lejos, no será peligroso para la ciudad, ya que el enemigo bárbaro no viene en esa dirección. El peligro de los bárbaros amenaza por oriente, cuyo horizonte quedará despejado, porque en ese lugar se acumulan muchas casas y no se dispone de espacio suficiente para hacer ningún acopio, contestó el arquitecto, Y cómo bajaremos al río para transportar el agua. Hasta él existe un espacio en el que nos pueden asaltar, sitiar a la ciudad privándonos del agua, dijeron, Para eso se construirán dos brazos paralelos, dos muros largos o defensas lineales dobles que asegurarán la vía de comunicación hasta el río. Estos saldrán a cada lado de las puertas que se abran en la cara del río. Hacia la puesta del sol no vendrán los bárbaros. Hacia el otro lado los frenarán los brazos. Esos brazos serán altos, vigilados, como dos murallas que protegerán a los que se encarguen del transporte del agua. Seguidamente explicó que ese modelo había sido adoptado hacía muchísimo tiempo por los ingenieros imperiales del modelo que habían trazado los griegos después de las Guerras Médicas cuando tuvieron que unir Atenas con El Pireo. Corneliano era uno de esos personajes que abarcaba con absoluta perfección el conocimiento teórico y práctico; igual que un soldado, estaba provisto de todas las armas necesarias; como decía Vitruvio: *Un arquitecto es preciso que tenga talento y afición al estudio, pues el talento sin estudio y el estudio sin talento no pueden formar a un gran arquitecto*. Pero Corneliano era un gran arquitecto, sus conocimientos eran amplios. Estaba versado en geometría, óptica, aritmética y en historia. Poseía conocimientos de música, medicina, jurisprudencia y otras cosas que un importante y experto arquitecto debía saber. Corneliano era consciente de su talento, que ejercitaba con encantadora versatilidad, pero con el orgullo íntimo de saberse en posesión de ciertas cualidades, que determinaban la timidez y la reserva despreocupada de los genios. Puestos sus conocimientos a la altura de las personas con las que trabajaba, todo el mundo acataba sus normas, que transmitía pronunciando unas simples palabras que embellecían incluso el más vulgar de sus actos. Con esta dirección continuó informando a los duunviros y a las otras autoridades de la ciudad sobre la construcción de la muralla. Lector, para no aburrirte con discursos muy largos y muy técnicos, termino resumiendo los objetivos de planificación para construir la muralla de la mejor manera y en el menor tiempo posible. La muralla de Lucus Augusti se proyectó con una forma casi cuadrangular, con los lados curvados y los ángulos redondeados que permiten divisar al enemigo desde muchos puntos. Siguiendo las recomendaciones de Vitruvio: *Las murallas cuadradas, son fácilmente destruibles porque los arietes rompen con habilidad las esquinas, en cambio, con la forma redonda, las piedras labradas como cuñas resisten mejor, ya que los golpes no hacen otra cosa, más que apretarlas para dentro.* El ancho del muro será de la anchura suficiente para que se crucen dos carros sin rozarse y se construirán tantos cubos con sus torres, como los que cojan a la distancia de un tiro de flecha. Cada torre será más ancha en la base que en la coronación y se alzarán en cada una dos pisos. En ese espacio se edificarán las viviendas que ocuparán los que tengan a su cargo velar por la defensa de la ciudad. En estas torres se abrirán grandes ventanas en forma de arcos, de igual modelo, pero hechos con lajas de losa, y no con perpiaños de granito, como las de los arcos que se construyan para flanquear las puertas de entrada y salida de la muralla. Con el nuevo y amplio trazado los nativos y todos los habitantes del convento jurídico que, a causa de los bárbaros, o de otros agresores, tengan su vida en peligro, podrán refugiarse dentro del recinto, en el que casi cogerán tres ciudades como el actual Lucus Augusti. Muy pronto la animación era completa. Cientos de hombres se instalaban en tiendas y campamentos que se construían cerca de la ciudad, hechos para vivir, comer y descansar. Muchos artesanos traían a sus mujeres y a sus hijos con ellos. En las villas, en las aldeas y en los castros quedaba gente para atender el ganado y los labradíos, sobre todo las mujeres, acostumbradas durante generaciones a eses menesteres. La cohorte militar III Lucense que acampaba a un día de distancia se estableció más cerca para mantener el orden, y, al mismo tiempo, aportar mano de obra a la construcción de los campamentos que, con la ayuda de los legionarios, se construían en un tiempo increíblemente corto. El ejército colaboraba con sus propios zapadores, agrimensores, herreros, carpinteros ayudados por indígenas adiestrados para realizar también tareas de construcción. Estos soldados construían cualquiera cosa donde la necesitaran. Cada legionario portaba un hacha, una hoz, una cuerda, una cadena, una pala. Trabajaban mucho y dormían poco, irguiéndose al amanecer. Desde las zonas rurales transportaban la comida, abastecían carne, vino, pan, cerveza. Carros arrastrados por bueyes, vacas y caballos tieldos y lampones transportaban la tierra y la piedra. Las actividades normales de la ciudad no se pararon. Los maestros impartían escuela y los niños acudían a ella con naturalidad. El ejército ayudado por los soldados indígenas mantenía el orden y la vigilancia con patrullas que se desplazaban hasta muy lejos. Así pasaron los vientos del invierno y las nubes que acarreaban con ellos. Se presentía la llegada de la primavera con el vientre hinchado de frutos y de colores. Ambolo, y algunos hombres más de su castro y de otros lugares, estaban próximos a incorporarse al trabajo. Todos los nativos que pertenecían a las mismas villas, aldeas o castros, construían sus casas edificando pequeñas poblaciones lo más parecidas a la suya, para que la morriña no les afectara demasiado. Así, alrededor de la ciudad, como por arte de magia, o por un misterio, parecía que se trasladaran todas las poblaciones que formaban las zonas rurales de Lucus Augusti. Todos los que llegaban a la ciudad vieron casi todo el suelo escavado. Las tierras cuidadas y el vergel de antaño habían desaparecido. Muchos hombres trabajaban en la excavación, llevando piedra, quemando cal, clavando y desclavando madera. Todos trabajaban bajo la vigilancia de un maestro de obras, pero no había soldados armados con látigos, que, de vez en vez, podían lanzar en contra de algún trabajador perezoso. La familia de Calutia y Ambolo, con la ayuda de los demás miembros del castro construyeron su casa de madera cubierta de paja en tan solo dos días. Al día siguiente Ambolo se presentó a los responsables de la obra y lo colocaron con una cuadrilla con la que se puso a trabajar. A Calutia el corazón le daba golpes de tambor. Se acostó con Ambolo intentando disimularlos. Procuraba recobrarse y sonreír. Ambolo la abrazó y su contacto le obsequió gozos de niña; sorprendida, lo miraba con sus ojos dulces que alumbraban como los de quien comete un crimen; ella lo apretaba con sus manos y él le devolvía las caricias. Entonces ella, liviana, ágil, blanca, dando una vuelta casi de rebote, se le puso encima y él tocó el fuego de una brasa, caliente, caprichosa y coqueta que apenas tuvo tiempo de ocultarla en los lugares más oscuros de las pieles que los cubrían. Poco a poco, de ella se apoderaba un deseo loco de saltar pegando brincos sobre el cuerpo de su amado. Ambolo la acariciaba con sus manos complacidas en la redondez de sus frutos verdes y duros, intentando llevarle su boca a los labios religiosos y sobrenaturales que cuando los veía sonreír disipaban todos los temores. Y sucedió, se produjo aquel gozo sorprendente, extraño, inexplicable, que hizo que sus corazones martillearan y un escalofrío les estremeciera el cuerpo. Al día siguiente, Ambolo oyó unos dulces y buenos días.

Calutia prendió la lumbre y preparó algo de comer. Ambolo se presentó a trabajar en la muralla integrándose en la cuadrilla para servir a los artesanos mientras no aprendiera el oficio. El arquitecto y sus ayudantes, así como muchos maestros de obras, se reunían con los jefes de grupo, capataces y profesionales, a los que se les daban instrucciones encaminándolos en el trabajo para que realizaran la obra según las normas constructivas desarrolladas en el proyecto. Ambolo trabajaba con un equipo que tenía por tarea construir un cortinón recto entre dos torres semicirculares. Ambolo trabajaba en la construcción de un muro exterior entre dos arcos que le daban amplitud al adarve y cada día más cansado, contrariado, agitado y pronunciando extrañas frases que luego ordenaba en su cabeza para seguir con su labor construyendo la muralla. La fortificación se construía cuidadosamente, día a día, sin parar, y, aunque todavía no realizaba su misión protectora, se adivinaba. A veces, los obreros que procedían de los castros y de algunos de los lugares más lejanos, echaban en falta aquel rincón en el que nacieron, y con este sentimiento de morriña se encogían de hombros y abandonaban el trabajo. Ambolo pasaba por momentos de incertidumbre, Para qué sirve esa mole en un lugar en el que ya no queda alegría, pensaba. El druida y Calutia intentaban animarlo pero él se sumía cada vez más. Las canteras se agotaban, no daban abasto al consumo de piedra que se necesitaba. Canteras mejores y de más fácil extracción se buscaban por todas las partes. Muchas casas abandonadas por la gente que había huido de la ciudad se destruían para utilizar sus restos de perpiaños, ladrillos, madera y abundante material de segunda mano en la construcción de la muralla. Los hornos continuaban tostando piedra caliza para obtener el mortero. Se aprovechaban las tejas rotas, ladrillos, fragmentos con inscripciones y relieves. La supervivencia en Lucus Augusti y el futuro de los ciudadanos y de sus propiedades dependía de las murallas. Las máquinas tractoras, ascensionales y neumáticas, mecánicas y orgánicas con gran poder para mover y trasladar cargas, desplazaban masas muy grandes y pesadas de moles pétreas. Estas máquinas se sustituían a menudo porque pronto se desgastaban quedando fuera de uso. La muralla era un gran saco en donde cogía de todo. Las proximidades de las vías que unían Lucus Augusti con Brigantiun, Braga o Asturica, sufrían destrozos. Las calles de la ciudad estaban bien pavimentadas y drenadas. Construidas en cuatro capas de cantos rodados de río de diversos tamaños, amasados con arcilla y dispuestos en una capa de fundación, otra de cantos rodados y arena, y después, otra de cantos de diverso grosor. Remataba con un pavimento de capa gruesa, mezclada con arcilla, de evidente plasticidad. Todas las calles con sus aceras, construidas con habilidad y maestría por los maestros de obras locales fueron diseñadas para asegurar la circulación de hombres y mercancías, pero comenzaban a sufrir el abuso del rodaje de los carros pesados. Lucus

Augusti tenía un buen sistema de sumideros construidos cuidadosamente por los profesionales de la ciudad. Revestidos con losas y recibidos con argamasa, se recubrían con bóvedas en chapa cuña que pasaban por el eje de las calles bajo el suelo. A este sistema de sumideros se conectaba toda la red de canalizaciones que desembocaba en un largo colector que conducía a las corrientes residuales de los ríos Miño y Rato. Estas obras eran tan duraderas como las que efectuaban los grandes constructores. El trabajo, los carros pesados, el desgaste y los descuidos eran consecuencia de que a veces se desplomaran las bóvedas y el pavimento de las calles cayera dentro de los conductos. A veces los canales, que transcurrían a ambos lados de las calzadas recogiendo las aguas pluviales y las de los desaguaderos de los ámbitos domésticos, se obstruían, y era tanto el desorden, que nadie intentaba desatascarlos. Casi todos los agujeros se llenaban de escombros de las ruinas más próximas y de los cascajos de las piedras de la muralla. Para el tráfico pesado, las aceras eran un lujo inútil. Las cloacas quedaban atascadas permanentemente y cada ciudadano hacía su propio pozo negro en cualquier lugar para echar la mierda sin preocuparse del vecino. Con los desaguaderos obstruidos el agua de lluvia se emponzoñaba mezclándose con el orín de las cloacas produciendo un olor fétido al mismo tiempo que destruía el pavimento. Los habitantes de Lucus Augusti y los trabajadores de la muralla padecieron enfermedades y calenturas, y muchos de ellos fallecían. Se declaró oficialmente una peste dentro de los muros y nadie se acercaba a la ciudad. Los alimentos que se transportaban desde las zonas rurales se dejaban en el exterior porque nadie se atrevía a meterlos dentro. De esta manera, la obra estuvo casi parada mucho tiempo, o avanzando muy lentamente. Ambolo enfermó y el miedo a transmitirle la enfermedad a su hijo Ambato y al resto de la familia, lo obligó a mandarlos al castro, porque allí estarían más seguros. Calutia se quedó con Ambolo y Apiliutas llevó a Ambato con sus abuelos en Facoi, antes de regresar después de nuevo a la ciudad. Ambato asistía a la escuela primaria donde aprendía gramática y matemáticas. El deseo de sus padres era que pasara a la enseñanza secundaria para que adquiriese conocimientos de literatura y derecho, y aprendiese a dominar el empleo de las lenguas del latín y del griego. Después, se pasaba al tercer grado para continuar los estudios en el arte de hablar bien. Esos eran los deseos de Calutia, aunque no los compartían muchos personajes y jefes de su tribu aferrados a las viejas tradiciones. Pero desgraciadamente las escuelas dejaron de funcionar. Sólo las pócimas de Calutia y del druida, y la esperanza de mejorar, mantenían al matrimonio unido, soportando las penalidades y los elementos. El vulgo les pedía a los dioses ayuda y salvación. Los romanos pedían protección a Marte, y los nativos le pedían a la luna y a la naturaleza hartura y potencia para salir adelante. Ambolo imploraba a Conso ayuda y recuperación antes de la llegada de los bárbaros, porque en esas condiciones no podría luchar contra ellos, aunque él no quería luchar, no era un guerrero, había vivido siempre con un druida, reliquia de una época que ya no existía, y era un hombre de paz y así ésta le fue transmitida. Por ese tiempo Lucus Augusti parecía una ciudad desierta. Cuando se comenzó a construir la muralla muchos emigraron para buscar refugio en los bosques y en las montañas, huyendo del desorden que habían traído las obras, de los bárbaros y de la enfermedad; buscando una seguridad que no les podía garantizar la quebrantada Roma. El tiempo seguía su camino y la ciudad que tenía unos 6.000 habitantes cuando se comenzaron los trabajos de fortificación, una basílica, un templo de Marte, un edificio de los duunviros, erario público, curia, plazas públicas, foro, calles pavimentadas que casi todas irradiaban en el foro, aceras, canalizaciones, acueductos, caños para repartir el agua, fuentes, letrinas públicas, establecimientos de baños igualmente públicos, desagües sumideros, un teatro, biblioteca, estatuas, casas de prostitución, ahora se iba a rodear con una sólida muralla, con sus torres, con sus puertas y con sus centinelas. Los días pasaban y la amenaza de guerra, el anuncio de invasiones, bandidos; una prolongada inseguridad que duraba ya mucho tiempo, contribuía a vaciar la población que, apenas, contaba ya con 3.000 habitantes, y casi todos eran los artesanos que trabajaban en la fortificación. Cuando pasó la peste quedaban menos hombres; el equipo técnico no había sufrido ninguna baja importante, pero fallecieron muchos obreros. Sin duda se tenían que iniciar los trabajos con el máximo rendimiento posible. Por la noche no se podía trabajar por temor a que el enemigo divisara la luz de las antorchas que serían necesarias para ver en la oscuridad, por lo que hacía necesario reclutar más hombres. La muralla estaba muy atrasada y había que recuperar el tiempo perdido. La Gallaecia había quedado fuera de la organización administrativa romana y formaba parte de las regiones más peligrosas. El deterioro social en el que se encontró no fue sólo el resultado de verse envuelta en un desarrollo regular, sino también por las dificultades inherentes a las invasiones bárbaras y a la crisis económica. El día comenzaba de nuevo para Ambolo. Aliviado de las fiebres y recuperado con los buenos cuidados que le proporcionaba su mujer, decidió estar una temporada más trabajando en la muralla. En la obra hacían falta muchos hombres y los romanos no veían con buenos ojos que, los pocos que quedaban, abandonaran el trabajo. Ambolo echaba en falta a su hijo, el castro y a aquella naturaleza entre la que tan bien se encontraba. A veces, en sus sueños, penetraba en los suntuosos vergeles y veía las tierras bien trabajadas. Sin embargo, en la ciudad se sentía preso, como si la muerte lo recluyese esperando una condena prolongada, las casas, las puertas, las ventanas y las paredes lo observaban expectantes esperando a que no volviese a pasar por allí, con una expectación tal, que parecían seres humanos sedientos de sangre. Al anochecer, los hombres llevaban los brazos caídos, y volvían del trabajo entumecidos en el sudor de sus cuerpos, que respondía a un esfuerzo prolongado. Ambolo pasaba muchas noches sin poder conciliar el sueño, dando vueltas en el lecho con los pies dormidos por el esfuerzo de estar tantas horas de pie. La cintura se le quebraba y de vez en cuando parecía que caminaba eslomado. Calutia le ayudaba a enderezarse, y le daba masajes con las pócimas que le preparaba y éstas le ayudaban a andar Sólo con la sorpresa de alguna noche, Ambolo conseguía olvidarse de los trabajos que pasaba. En la oscuridad percibía la cara de Calutia y tocaba aquella forma de estatua perfumada en esencia de azafrán, su cuerpo todo, y lo tocaba, ansiosamente, con el olfato y con el tacto. Le paseaba las palmas de las manos por los senos, llevándolas desde la forma redonda hasta llegar al vientre, bordeando el ombligo pequeño con la punta de los dedos igual que si moldeara una figura. Como un escultor, sus dedos buscaban la curvatura de aquellas caderas y de aquellos senos de mármol. Aquel contacto era igual que el de otros tiempos, nada había cambiado, la materia era la misma, las formas eran las mismas Calutia seguía siendo muy hermosa, y así, en aquel viaje de las manos y rendido por el cansancio se fundieron en un placentero sueño. Calutia seguía tan liviana y tan ágil como siempre. Andaba desde el campamento a la ciudad y desde la ciudad al campamento. Cuando pasaba cerca de la muralla el canto de las piedras resonaba en su cabeza. Comenzaba a sentir lo mismo que sentía Ambolo. Cuando entraba dentro del circuito amurallado le parecía que entraba en un pozo o que caía en él hasta las profundidades, donde Careonte la conducía en una barca por un río de fuego, apartándola para siempre del mundo de los vivos. Por fortuna, la peste y la enfermedad ya habían pasado. Los dioses celtas, desde la cima de las grandes montañas, haciendo uso de su poder, provocaron grandes e impetuosas tormentas. La lluvia fluyó violentamente trayendo consigo a las diosas pobladoras de las aguas, que con su magia curaron a los enfermos y devolvieron a las personas a la eterna renovación creadora de la vida. Una de las cosas que más sobresalía del Imperio de finales del siglo III y principios del siglo IV era el aumento de la religiosidad. Durante el siglo III el cristianismo alcanzaba una rápida expansión en el Imperio Romano, aunque entre los galaicos, sólo en las urbes; esos influjos se reducían a pequeños núcleos de cristianos que no tenían todavía las consecuencias de otras partes del Imperio. Calutia con sus entradas y salidas al interior de la ciudad tuvo contactos con alguna organización cristiana que habitaba en ella. Apiliutas le había enseñado cosas sobre la fuerza de la magia y las supersticiones con las que vivía esa gente, las cuales le llamaban poderosamente la atención. Había oído decir que a los cristianos se les tenía por brujos y que dominaban las fuerzas ocultas, pero ella de alguna manera, también las dominaba, no hacía falta ser un cristiano. También los druidas y las brujas podían pasar por lo mismo. Cuando Ambolo supo que su mujer se relacionaba con los seguidores de Cristo comenzó a sentirse preocupado, En la obra se habla de los cristianos, Calutia, y no muy bien, así que ten cuidado, le previno Ambolo, Y qué dicen de ellos, preguntó Calutia, Pues lo que tú dices, que tienen fama de brujos, de dominar las fuerzas ocultas y de más cosas. Algunos piensan que son muy audaces, otros que sería lícita su exterminación. Sin embargo, también hay quien piensa que se les debe de dar posibilidad de salvarse. Además son hábiles trabajadores, dijo Ambolo hablando más de lo que acostumbraba, Son mejores que esos dioses de Roma, dijo Calutia, Lo que más enfurece a los romanos es que a los seguidores del cristianismo no se les puede acusar de andar con otras mujeres que no sea la suya propia, de ladrones, de borrachos ni de nada malo, Los romanos dicen que la peste que tuvimos la trajeron ellos, además de otras desgracias para el Imperio. Las vibraciones de la tierra, las calamidades, y, lo que es peor, de conspirar en contra de Roma. Dicen también que en la ciudad de León fue arrestado y martirizado un centurión de la legión VII Gemina. Hay edictos de Diocleciano y Maximiano puestos por las paredes que dicen Muerte a los cristianos. Les tienen mucha saña y si te ven con ellos pueden acusarte a ti también, y entonces estamos perdidos. Ambolo y Calutia había pensado marcharse de la ciudad. Escaparían a su castro en donde tenían su hogar y en donde los estaba esperando su hijo Ambato y toda su familia. Ellos no se consideraban siervos de nadie y mucho menos de los romanos, ni se encontraban en deuda con ellos para tener que servirlos durante quien sabe cuánto tiempo más, pues a la obra no se le percibía el final en muchos años y ellos no se querían hacer viejos en aquel lugar donde casi vivían en la esclavitud. Los siervos ni siquiera eran esclavos y ellos, con mucho menos motivo, lo serían. Ambolo llevaba casi siete años trabajando en la muralla y su compromiso de trabajo estaba tocando el fin. Vino a Lucus Augusti a trabajar por la influencia de los jefes de las villas, rectores del pueblo, druidas y otros personajes romanizados, y también con el fin de contribuir a la defensa de la ciudad y de sus vidas, pues allí tendrían un lugar en el que guarecerse si arribaban los bárbaros. Pero si eso ocurría, en el castro y en la libertad de los bosques también estarían seguros, Cuando Diocleciano y Maximiano abdicaron, Constantino fue proclamado augusto por las tropas de Bretaña y de la Galia, iniciándose un periodo confuso en la lucha por el poder. Ya entonces y después de la Batalla del Puente Milvio, Constantino otorgó el Edicto de Milán, proclamando la libertad de los cultos, y en los años siguientes les fueron devueltos a los cristianos los bienes que les fueron confiscados. De esa manera, muchos pueblos recuperaron su dignidad y el cristianismo su libertad. La muralla, por esas fechas, casi estaba terminada, y se acabó definitivamente cuando Acilio Severo, un cristiano y fiel colaborador de Constantino, lo habían nombrado Prefecto del Pretorio, y Juvenco recitaba sus versos. Desde la invasión y durante las generaciones que siguieron, los romanos suprimieron y exterminaron a los príncipes, jefes de tribus, druidas, archidruidas, bardos, vates y otros personajes de la población celta. A los jóvenes nativos les obligaron a ser soldados de las cohortes auxiliares, vendidos y condenados a ser esclavos. Los druidas también fueron perseguidos, pero por ser ésta una tierra apartada, encontraron refugio y pasaron desapercibidos. Sin duda, los tiempos habían cambiado y como casi todos los nativos estaban romanizados, aquellos druidas ya no eran tan peligrosamente seductores como fueran antaño. El miedo a los bárbaros oscurecía el esplendor que tuvieran en algún tiempo unos y otros. Para Calutia aquel era el último día que pasaba en la ciudad. Ella sabía que nadie denunciaría su marcha y así ésta no se vería obstaculizada. Ambolo y Calutia querían regresar cuanto antes al lado de su familia, a Facoi; el castro en donde tenían su verdadero hogar. Facoi era uno de los castros más grandes de la tierra de los coporos. Cuando por temor a las invasiones lo recuperaron, albergaba a unas pocas familias, pero, poco a poco, y a consecuencia del miedo a los bárbaros, a la inseguridad de los caminos abarrotados por grupos de bandidos y a la anarquía arrastrada desde Roma, estos castros importantes albergaron a las poblaciones de otras citanias más pequeñas, que iban quedando abandonadas. Con la llegada de los nuevos inquilinos, las fortalezas se fortificaron y ampliaron su espacio habitado o defendido con los materiales propios de cada zona. En estos lugares, contaban con espacios para el ganado y los animales domésticos, igual que en las villas. También tenían espacios para herramientas agrícolas, locales para los distintos oficios y talleres de artesanía en los que fabricaban cinturones, apliques, cerámica, bronces., todo lo cual era motivo de relación o de dependencia económica entre ellos. Calutia adoraba a todos los que llegaran a Lucus Augusti desde lejos y vivían en dulces oraciones. Poco a poco se apoderaban de ella el santo nombre de Cristo, con cuyos seguidores había tenido contacto en la ciudad. Para los cristianos, la tierra, todo aquello lo había hecho un solo Dios creador de todas las cosas, Señor del cielo y de la tierra, que había colocado a cada hombre y a cada pueblo en su lugar. Para Calutia, era un dios sin templos, pues ella no le conocía ninguno hecho por la mano del hombre, sin embargo, se revelaba su espíritu igual que se revelaba el espíritu de sus dioses, en la naturaleza y en el aire que respiraban. La vida y el ser existían en él, creían en la resurrección igual que los druidas. Calutia pensaba, sólo pensaba, y se le hacía atractivo un dios que no necesitaba sacrificios y que no era muy diferente de los dioses que ella y su pueblo idolatraron durante generaciones. Pero todo aquel misterio, aquel anuncio de los cristianos sobre los horribles tiempos que estaban por venir, escapaba a su comprensión. Además, la relación con aquellas sectas le podía causar muchos problemas con los romanos y también con los de su raza, incluyendo a los druidas. Tanto para unos como para otros, el cristianismo, y cualquier religión cuyos dioses no fueran los de Roma, eran ejércitos sectarios y de sombras, y de seguro temibles. Su fuerza podía destruir los lugares más grandes y las murallas más sólidas. Pero como en la vida de todo hay bueno y también de todo hay malo; al bien representado por Cristo, se opone el mal, o el anticristo, representado por un personaje maldito: Lucifer, que podía tomar forma de hombre, de caballo o de perro. Y cuando andaba suelto era muy difícil oponerse a su poder. Su ánima maligna penetraba el organismo de las personas ahuyentando al espíritu bueno que cada persona tiene, haciéndose el dueño de sus cuerpos y sirviéndose de ellos para hacer el mal allí en donde se encontraran. Cuando eso ocurría, para expulsar el demonio había que hacer cosas muy extrañas. Calutia vio cómo le golpeaban el cuerpo a un hombre para desalojarle el espíritu maligno que llevaba dentro. Calutia y Ambolo iniciaron la marcha hacia su casa una mañana antes de nacer del sol. Estuvieron mucho tiempo sin salir de la ciudad. Los caminos se les hacían desconocidos. Cómo estaría el castro y la tribu después de siete años sin verlos, y cómo sería su hijo que ya hacía casi dos años que no lo veían, iban pensando. Los caminos parecían más desorientadores, y los paisajes, los aromas y los sonidos se les mostraban diferentes. Nada parecía igual. A Ambolo todavía le retumbaban los oídos del tintineo de los martillos golpeando en la piedra. Sus corazones descansaban en el silencio de los bosques y debajo de los árboles que, al verlos pasar, pensaban: *Ahí van* Los ríos lloriqueaban y los pájaros cantaban.

Las ninfas complacidas entre el silencio de las arboledas, en el fluir pausado de los ríos, arrimadas a las fuentes y encima de los cerros, lucían sus mejores pinturas y peinados. Interrumpían su trabajo los pájaros carpinteros y las arañas no confeccionaban sus telas. Detenían los peces su marcha por el río y las nubes su migración por las alturas; y todos lloraban viéndolos pasar. Ejércitos de hormigas detenían la marcha para dejarles paso y las abejas no producían miel, los girasoles desviaban su cara del sol para contemplar a los caminantes. En las cumbres de las montañas no había niebla, para que las Oréadas lograran verlos venir desde allá arriba. Las cascadas no rugían y el campo se abarrotaba de mariposas. A Calutia la envidiaban las flores. Las perlas su belleza; las mimosas el color de sus cabellos, y el color de sus ojos, la hierba fresca y las manzanas verdes. Allí, a su paso, Calutia era la diosa. Los espíritus de los bosques la cubrían de diamantes, esmeraldas, ópalos, rubíes, oro, ídolos, alhajas, plata, telas bordadas, fragancias, entregándole cada espíritu lo mejor de su botín. De pronto la visión del castro interrumpió la fiesta. Sonaron trompetas y tambores. Los bardos cantaban su regreso. Algunos campesinos convertidos en soldados para proteger a la población se acercaban cegándolos con el brillo de sus espadas. Lucían lanzas y hermosos caballos. Llegaba la reina de la naturaleza floreada, de las flores florecidas, Calutia. Los caminos que dejaron detrás chispeaban de placer. Exclamaciones de dicha se oían entre las pallozas. Canciones de bienvenida acudían a sus oídos envueltos en partículas musicales de viento. Los niños corrían como para un asalto, mientras se cortaba la respiración de los presentes. También la respiración del aire se cortaba. Y así, a las puertas del castro, madre e hijo se disolvieron en un abrazo que expresaba la soledad y la pena de estar tanto tiempo ausentes.

GLOSARIO DEL CRONICÓN DE HIDACIO DE CHAVES.

Caetra. Pequeño escudo de forma redondeada hecho en cuero con refuerzos metálicos, empleado por los antiguos habitantes de España.

Cayo Vetio Aquilino. Poeta latino de origen español. Es conocido por su versificación en hexámetros de los Evangelios, titulada "Libro de los Evangelios o Historia Evangélica".

Claudio. Emperador romano (Lyon 743-807). Conquistó Bretaña y efectuó una política tolerante y encaminada al mayor bienestar del pueblo. Fue elegido a la muerte de Calígula. Se casó con Mesalina y con Agripina, sucesivamente; esta última, aprovechando el carácter pusilánime de Claudio le obligó a adoptar a su hijo Nerón

Conso. Principal dios de la guerra de los copori

Constantino I el Grande. Emperador romano (1059-1130 a. u. c.) Hijo de Constancio Cloro; después de la muerte de este fue proclamado "augusto" por las tropas de Bretaña y de las Galias (1059). Disputó el poder con Maximino Daya, Galerio, Licinio, Maximiliano y el hijo de este, Majencio. Maximiliano se suicidó en el año 1063; al año siguiente murió Galerio; el 28 de octubre del 1065 Constantino venció a Majencio y en el verano del 1066, Licinio (con el que Constantino acordara compartir la dignidad Imperial) derrotó a Maximino Daya. Pronto los dos vencedores entablaron una lucha por el poder único. En Andrinópolis el día tres de julio de 1077, Constantino en un resonante triunfo venció a Licinio, que cayó prisionero y fue ejecutado. Constantino completó las reformas políticas iniciadas por Diocleciano e imbuyó de espíritu cristiano la legislación romana. Se prohibieron los combates de gladiadores y se favoreció la manumisión de los esclavos. En 1079 sobre la situación de la antigua Bizancio, inició la construcción de una ciudad nueva, Constantinopla, que pocos años más tarde se convertiría en la capital del Imperio y rival de Roma. Dos años antes de morir, Constantino repartió el Imperio entre sus hijos Constantino, Constancio y Constante, y sus sobrinos Dalmacio y Anibaliano. Era un retorno al sistema implantado por Diocleciano, pero al que se le incorporaba el principio hereditario; sin embargo también fracasó.

Copori. Etnia asentada en Galicia. Habitaban una extensión de territorio que iba desde la sierra de Meira (Lugo), hasta Padrón (A Coruña). En sus dominios se asentaron las ciudades de Lucus Augusti e Iria Flavia.

Crocus. Aroma extraído del azafrán con el que se perfumaban las mujeres.

Curia. Sede del Senado.

Diócesis de España. Incluida en la reforma de Diocleciano, se crea la "diocesis Hispanariun" que gobernaba desde Mérida un vicario y que además de las tres provincias formadas por la tarraconense, cartaginense y Gallaecia se incluyeron las otras dos provincias hispanas primitivas, Bética y Lusitania, así como Mauritania y Tigitania.

Diocleciano. (Cayo Aurelio Valerio), emperador roma-no (Salona-Dalmacia, 998-1066 a. u. c.). Gobernó desde 1037 hasta 1058 a. u. c. Sus tropas lo proclamaron emperador a la muerte de Carino. Dividió el Imperio en cuatro partes, que eran gobernadas por dos augustos, él y Maximiano, y dos césares, que fueron Galerio y Constancio Cloro. Diocleciano gobernó la Tracia y el oriente del Imperio y conquistó Egipto. Restauro el paganismo y persiguió a los cristianos. Después de haber proporcionado paz al Imperio y fortalecido la autoridad imperial, abdicó en Galerio (1066).

Dríadas. Ninfas consideradas como el alma de los árboles. Una de las más famosas fue Eurídice, esposa de Orfeo.

Eros. Dios del amor. Era el encargado de insuflar en los corazones la pasión amorosa. Conocido también en Roma como Cupido.

Facoi. Aldea de la parroquia de San Xián de Vilachá de Mera, en el ayuntamiento de Lugo. A unos 100 metros al SE de las casas actuales está el castro. Situado, (junto con Bacurín, Prógalo, Poutomillos, Vilachá y Romá, citados en esta novela, y otros), en torno al Monumento Nacional de Santa Eulalia de Bóveda en la Provincia de Lugo.

Falcata. Espada o cuchillo de un solo filo empleado en la antigüedad, caracterizado por su forma angular y su hoja curvada.

Fauno. Dios que preside la fertilidad de la tierra, hace fecundo el ganado y lo protege de las alimañas.

Flora. Diosa de la vegetación y la primavera que presidía la floración de los cereales, árboles y plantas.

Foro. Plaza central de las ciudades romanas en donde se trataban los negocios públicos. Algunos adquirieron gran monumentalidad y agrupaban basílicas, curias, templos y diversos monumentos.

Gobernador. Esta palabra se refiere al cónsul, pretor, procónsul, o propretor que, generalmente durante un año mandaba en una provincia romana en nombre del Senado del pueblo de Roma. En su provincia era prácticamente un rey. Respondía de la defensa, administración, recaudación de impuestos etc.

Harpócrates. Dios del silencio

Hérpero. Hijo de la Aurora y de Atlante, fue metamorfoseado en estrella. Es la personificación del lucero vespertino.

Himeneo. Dios del matrimonio. Se representa con una antorcha y una corona de flores.

Hospitalario hogar. Tantas veces mencionado por los poetas romanos, estaba consagrado a los Lares, dioses domésticos de los romanos, hijos de la ninfa Lara y del dios Mercurio. Recibían culto diario y sacrificios ofrecidos por el cabeza de familia (pater familiae). Los Lares protegían a los miembros de la familia, incluso fuera del hogar. Se Representaban con la forma de un esbelto adolescente con un cuerno de la abundancia en las manos.

Juego del molino. Este juego consta de un tablero en el que se dibujan tres cuadrados o rectángulos inter ligados por medio de dos perpendiculares, formando cada línea tres puntos. En número de fichas es de 18, nueve de un color y las restantes de otro. El juego consiste en colocar tres piedras del mismo color en línea, con lo que se permitía retirar una ficha del contrario; remataba el juego en el momento en que uno de los contrincantes solamente tenía dos fichas.

Juego del soldado. Conocido popularmente como juego del soldado, responde a un tablero cuadrangular dividido en cuadrículas sobre el que se disponen en sus dos primeras filas horizontales, fichas "latrunculi o latrones", de dos tamaños. Las más pequeñas, "calculi ordiri", en la segunda fila que las más grandes, "calculi vagi", se ponen en la primera fila, pudiendo moverse en todas las direcciones. El "Calculus" que sobrepase una ficha del adversario, colocándose delante de ella en una cuadrícula vacía, supone la eliminación de la ficha contrincante, rematando la partida cuando se eliminan las fichas de uno de los contendientes.

Lares. Eran los más romanos de todos los dioses y no tenían forma, sexo, número ni mitología. Desempeñaban el papel de fuerzas protectoras de un lugar (encrucijadas y fronteras), un grupo social como en el caso de una familia, una profesión como la de marino o de toda una nación, como los lares públicos de Roma.

Lares Viales. Divinidades menores de origen sabino. Custodiaban las calles cuando estaban ocupadas de muchedumbre. Eran dioses de este tipo Apolo, Mercurio y Vibilia.

Lucus Augusti. Ciudad fundada por el primer emperador romano, Augusto, algunos años antes del nacimiento de Cristo en una colina sobre una vuelta del río (Minius) Miño.

Manes. Teólogo Babilónico (Mardidu, Babilonia, 968- Persia 1029 a. u. c). Fundó la secta del maniqueísmo, de gran influencia en Oriente y Occidente, y a la que durante algún tiempo permaneció san Agustín. De raíces hebreas, cristianas y zoroastras, tiene también elementos búdicos. Según esta religión el mundo está dividido en dos principios: el bien, representado por la luz, y el mal representado por las tinieblas.

Maniqueísmo. Doctrina religioso-filosófica gnóstica, atribuida al sacerdote babilónico Manes. Señala la existencia de dos principios eternos que luchan entre sí: un reino bueno de la luz y otro malo de las tinieblas, al cual pertenece todo lo material y corpóreo. Suprime el libre albedrío y, por tanto, la responsabilidad. La autosotería o propia redención tiene dos grados: el superior (los que se privan del matrimonio, carne, vino y trabajos manuales) y el inferior (los que se limitan a la observancia de los 10 mandamientos).

Marcelo. Centurión de la legio VII Gemina (según algunos autores). Fue arrestado en León tras los decretos de persecución contra los cristianos y decapitado en Tanger.

Marco Aurelio Sadurniño. Ilustre liberto griego del emperador Septimio Severo, o quizás de Caracalla. Fue el responsable de la administración de los monopolios imperiales del noroeste en el siglo III d. de C.

Marco Lucio Vitrubio. Arquitecto romano. Escribió en torno al año 728 a. u. c. a., el famoso tratado "De architecture".

Marte. En la mitología romana es el dios asimilado al griego Ares; aunque probablemente el culto a Marte en Italia era anterior a las influencias helénicas. Se le consideraba hijo de Júpiter (Zeus) y de Juno (Hera), y era el dios de la guerra y, consecuentemente, de la primavera (estación más propicia para las batallas) y de la juventud (elemento esencial de los ejércitos). Fruto de su unión con Rea Fueron Rómulo y Remo.

Mimos. Farsantes hábiles en gesticular y en imitar a otras personas.

Minerva. Introducida en la mitología romana por Numa. Minerva fue asimilada con el tiempo a la diosa griega Atenea. Era adorada en el Capitolio, donde junto a Júpiter y Juno formaban la llamada "triade Capitolina". Se le consideraba la diosa de la sabiduría y presidía todas las actividades intelectuales, especialmente la medicina.

Mitra. Divinidad de la antigua mitología persa. Era un dios benévolo y protector de las cosechas, de la luz y de la fecundidad; una de sus misiones consistía en pesar las almas de los muertos. Su culto se extendió por todo el mundo antiguo y se introdujo en Egipto y en los países latinos llegando hasta las Galias y Germania. En el noroeste de Hispania se introdujo al mismo tiempo que el cristianismo y se polarizaría, sobre todo, a lo largo del eje Astorga-León-Mérida. Algunos autores no vacilan en considerarlo "un rival de Cristo en España", aunque a lo largo de su estudio se admite que una doctrina en donde se hablaba del bien y del mal que se disputaban al hombre, el juicio final, con infierno para los malos y un cielo dividido en siete esferas (consiguiendo en cada una la indulgencia de uno de los siete pecados capitales), en realidad preparó el camino al cristianismo.

Ninfas. Hijas de Zeus, que personificaban las fuerzas de la naturaleza. Eran las deidades de los bosques, de los ríos, de las fuentes, de las montañas, de los árboles, etc. Recibían nombre especiales, según la función que tuviesen atribuida. Las más conocidas eran las Meliades, o ninfas de los fresnos, las Náyades, o ninfas de las fuentes y de los ríos, las Nereidas, o ninfas del mar, las Oréadas, o ninfas de las montañas, las Hemadríades, o ninfas de los árboles, etc. Se representaban en forma de jóvenes de gran belleza y casi desuní-das. Se les erigían templos y altares en los bosques y junto a los ríos y a las fuentes.

Nubera. Especie de bruja o meiga o sacerdotisa, que atrae los nublados y las tempestades para que caiga el granizo, o el pedrisco, y la lluvia sobre los campos.

Paulo Fabio Máximo. Cuestor de la provincia de Acacia sobre el 626 a. u. c; cónsul ordinario, sobre el 742 a. de C., y procónsul de Asia alrededor del 744 a. u. c. Su legatura como gobernador de la España Citerior tendría lugar el 750/751 a. u. c. Acercado por vínculos familiares al emperador; durante los años 738/740 a. u. c., y mientras Augusto fundaba personalmente Asturica, Paulo Fabio Máximo hacía lo mismo con Lucus Augusti y Brácara.

Pontífice. Entre los antiguos, magistrado sacerdotal que presidía los ritos y las ceremonias religiosas.

Postumio Luperco. Perteneciente a la orde ecuestre, fue el primer gobernador de la España Citerior desde el inicio de la reorganización administrativa iniciada por Diocleciano. La existencia de Postumio Luperco es conocida por una inscripción, en la actualidad desaparecida, que se encontraba en la catedral de Tarragona, cerca del altar de Santa Bárbara y que se fecha en: (981-1042 a. u. c.)

Spique. Nombre de una doncella, amada por Cupido e inmortalizada por Júpiter.

Termas. Baños públicos de los antiguos romanos que desempeñaron en la vida de estos un papel de primer orden. No sólo se destinaban a baños públicos, sino que en ellas existían salas de reunión, bibliotecas, salas de juego y demás dependencias. Sus partes principales eran el *frigidariun* (piscina de agua fría), el *tepidariun* (con calefacción de aire caliente bajo el pavimento) y el *caldariun* (dedicado al baño de agua caliente, de vapor y al masaje). El lugar destinado a los vestuarios se denominaba *apodyteriun*. Las termas romanas más importantes fueron las construidas por Trajano, seguidas luego por las de Caracalla y más tarde por las de Diocleciano.

Teselas. Cada una de las piezas cúbicas con las que los antiguos formaban los pavimentos de mosaico

Titánide. Diosa de la magia y de los encantamientos. A veces se le confundía con Atyemis o con Selene.

Torques. Gran anillo macizo, por lo general de oro, abierto por uno de sus lados y rematado mediante borlas de diferentes estilos. Se llevaba como señal de poder y grandeza.

Vates. Los *vates* son como los sacerdotes normales y nunca podían convertirse en druidas.

Vesta. Diosa romana protectora del hogar. Es identificada con la griega Hestia. A su culto estaban consagradas las vestales. El templo erigido en Roma en su honor tiene forma circular y está rodeado por 20 columnas. Su construcción corresponde al siglo uno del Imperio.

Vestales. Doncellas romanas consagradas a la diosa Vesta.